Historiografia brasileira:
uma breve história
da história no Brasil

2ª edição

Historiografia brasileira: uma breve história da história no Brasil

Helder Silva Lima
José Adil Blanco de Lima
Raphael Guilherme de Carvalho

Rua Clara Vendramin, 58 . Mossunguê . CEP 81200-170 . Curitiba . PR . Brasil
Fone: (41) 2106-4170 . www.intersaberes.com . editora@intersaberes.com

Conselho editorial
   Dr. Alexandre Coutinho Pagliarini
   Drª. Elena Godoy
   Dr. Neri dos Santos
   Mª. Maria Lúcia Prado Sabatella
Editora-chefe
   Lindsay Azambuja
Supervisora editorial
   Ariadne Nunes Wenger
Assistente editorial
   Daniela Viroli Pereira Pinto
Edição de texto
   Monique Francis Fagundes Gonçalves

Capa
   Iná Trigo
Projeto gráfico
   Bruno de Oliveira
Diagramação
   Andreia Rasmussen
Equipe de design
   Iná Trigo
   Charles L. da Silva
Iconografia
   Regina Claudia Cruz Prestes

Dados Internacionais de Catalogação na Publicação (CIP)
(Câmara Brasileira do Livro, SP, Brasil)

> Lima, Helder Silva
>   Historiografia brasileira : uma breve história da história no Brasil / Helder Silva Lima, José Adil Blanco de Lima, Raphael Guilherme de Carvalho. -- 2. ed. -- Curitiba, PR : InterSaberes, 2023.
>
>   Bibliografia.
>   ISBN 978-85-227-0801-7
>
>   1. Brasil – História 2. Brasil - História – Historiografia 3. História – Pesquisa I. Lima, José Adil Blanco de. II. Carvalho, Raphael Guilherme de. III. Título.
>
> 23-167482   CDD-981.0072

Índices para catálogo sistemático:
1. Brasil : Historiografia   981.0072
2. Historiografia : Brasil   981.0072

Eliane de Freitas Leite – Bibliotecária – CRB 8/8415

1ª edição, 2018.

2ª edição, 2023.

Foi feito o depósito legal.

Informamos que é de inteira responsabilidade dos autores a emissão de conceitos.

Nenhuma parte desta publicação poderá ser reproduzida por qualquer meio ou forma sem a prévia autorização da Editora InterSaberes.

A violação dos direitos autorais é crime estabelecido na Lei n. 9.610/1998 e punido pelo art. 184 do Código Penal.

Sumário

11 Apresentação

17 Organização didático-pedagógica

Capítulo 1
21 **Primeiras histórias no período colonial**

(1.1)
25 Cronistas e viajantes do período colonial

(1.2)
29 Pero de Magalhães Gandavo e a *História da província Santa Cruz, a que vulgarmente chamamos Brasil*

(1.3)
37 Padre Fernão Cardim e Gabriel Soares de Souza: tratados sobre a terra do Brasil

(1.4)
43 Frei Vicente do Salvador e Sebastião da Rocha Pita

(1.5)
49 Crônica das reduções jesuítas, do Padre Antonio Ruiz de Montoya

Capítulo 2
59 O Instituto Histórico e Geográfico Brasileiro (IHGB) e a construção da historiografia nacional

(2.1)
62 A formação do Estado nacional e a fundação do IHGB

(2.2)
67 Karl Friedrich Philipp von Martius e a escrita da história do Brasil

(2.3)
73 Francisco Adolfo de Varnhagen e o Segundo Reinado

(2.4)
77 *A História geral do Brasil*, de Varnhagen

Capítulo 3
91 O pensamento histórico na geração de 1870

(3.1)
93 Entre a história e a literatura: missão, civilização e ironia

(3.2)
99 Joaquim Nabuco, o abolicionista

(3.3)
106 Machado de Assis e a história

(3.4)
110 *Os sertões*, de Euclides da Cunha

(3.5)
119 Capistrano de Abreu e Oliveira Lima: historiadores brasileiros

Capítulo 4
135 Os intérpretes do Brasil

(4.1)
138 Modernismo: a redescoberta do Brasil

(4.1)
145 Paulo Prado e Oliveira Vianna: entre a vanguarda e a ciência

(4.3)
155 Gilberto Freyre e o saudosismo do passado colonial

(4.4)
160 Sérgio Buarque de Holanda
e o mal-entendido da democracia

(4.5)
167 Caio Prado Júnior e o sentido da colonização

Capítulo 5
179 Os primórdios da historiografia universitária brasileira

(5.1)
181 A história na universidade

(5.2)
184 A fundação da USP e a vinda da missão universitária francesa

(5.3)
188 O curso de História e Geografia da USP

(5.4)
189 Os mestres franceses

(5.5)
193 A cátedra de História da Civilização Brasileira

(5.6)
204 A memória dos professores catedráticos da USP

(5.7)
206 O ensino universitário de história

(5.8)
208 A história na UDF

(5.9)
214 O fim da UDF e a estruturação da Faculdade Nacional de Filosofia

(5.10)
223 Balanços historiográficos nos anos 1940-1950

Capítulo 6
233 **A historiografia brasileira nos últimos 50 anos**

(6.1)
236 Reorganização da produção de saberes

(6.2)
241 Os brasilianistas

(6.3)
247 História da historiografia: despertar nos anos 1970

(6.4)
252 Histórias plurais nos anos 1980 e 1990

(6.5)
257 História, memória e perspectivas da historiografia brasileira

281 Considerações finais
285 Referências
309 Bibliografia comentada
315 Respostas
319 Sobre os autores

Apresentação

"No princípio está o espírito. Nunca em ciência alguma, a observação simplesmente passiva conduziu a resultados fecundos" (Holanda, 2008, p. 601). Sérgio Buarque de Holanda (1902-1982) elaborou essa reflexão quando analisou, em 1951, o pensamento histórico do Brasil na primeira metade do século XX. Para melhor conhecer o ponto de vista de uma época ou de determinado autor, dizia o historiador paulista, deve-se sondar as teorias e as perspectivas que informam as práticas de escrita da história (Holanda, 2008).

Uma das grandes influências de Sérgio Buarque de Holanda foi o filósofo e historiador italiano Benedetto Croce (1866-1952), para quem o pensamento histórico pode ser encarado como um "ato de entendimento e compreensão induzido pelas exigências da vida prática" (Croce, 2006, p. 26). Isso significa que a reflexão sobre os acontecimentos do passado, transformada em conhecimento por meio de métodos e práticas próprios à escrita da história, está sempre impregnada das exigências características do tempo presente. Croce (2006, p. 29) repetia a fórmula segundo a qual "toda história é história contemporânea".

A breve análise da historiografia que ora apresentamos não é diferente, pois está marcada pelas preocupações atuais, como a democracia e a pluralidade de ideias no espaço público, a globalização e seus dilemas, o meio ambiente e a presença indígena e o racismo. Por isso, a tarefa de analisar, em linhas gerais, a história da história no Brasil, desde o período colonial até hoje, é das mais difíceis, porém, na mesma intensidade, das mais gratificantes.

A razão é que, inicialmente, há uma imensa variedade de autores e textos escritos em mais de cinco séculos de história a ser abordada. Além disso, o conhecimento histórico brasileiro se produziu e se produz em diferentes suportes: crônicas, tratados, romances, ensaios, monografias, teses, artigos, aulas, conferências etc., atravessando diferentes paradigmas, modos de fazer e funções sociais, que se alteram em função dos diversos contextos surgidos ao longo do tempo.

Considerando, portanto, a necessária seletividade e a inevitável parcialidade de escolhas, caminhos e abordagens, apresentar uma breve história da historiografia brasileira é um grande desafio, porém, como já mencionamos, gratificante, na medida em que nos coloca – professores, estudantes e interessados – em contato com os principais historiadores e com uma grande riqueza de concepções, métodos e abordagens, que mostram a pluralidade de interpretações possíveis do passado. Revisitá-lo, portanto, é uma forma de reabrir nossos horizontes, alimentar nossas esperanças e redimensionar nossos projetos.

Nossa leitura da historiografia brasileira e de seu desenvolvimento segue organizada em grandes fases, que facultam observá-la em escala abrangente, demarcadas a partir de seus marcos institucionais e dos lugares de sua produção, desde o Instituto Histórico e Geográfico Brasileiro (IHGB), no século XIX, passando pelo surgimento das faculdades de Filosofia em São Paulo e no Rio de Janeiro nos anos 1930, até chegar, enfim, à reinstitucionalização da história universitária nos programas de pós-graduação dos anos 1970. Essa perspectiva busca superar o desafio de não produzir uma narrativa da historiografia pautada no arrolamento de nomes e obras – mais afeita à construção de uma memória da disciplina, como já se notou em relação ao modelo que remonta a um dos pioneiros na matéria, José Honório Rodrigues (1913-1987), por vezes mais preocupado com as políticas do campo do que propriamente com a análise historiográfica (Guimarães, 2005).

A escolha desses marcos institucionais traz, porém, novos problemas, como o risco de reduzir o estudo a uma espécie de linha evolutiva da cientificidade da história no Brasil. Importantes períodos de nossa historiografia nem sempre se deram nos limites institucionais, como o ensaio histórico da década de 1930, de Gilberto Freyre (1900-1987), as relações entre literatura e pensamento social na chamada *geração de 1870*, de Euclides da Cunha (1866-1909), ou mesmo antes da história nacional do IHGB, com os cronistas do período colonial.

Desse modo, a orientação teórica geral na qual nos movimentamos é a operação historiográfica de Michel de Certeau (1925-1986), por meio da qual procuramos articular e equilibrar os componentes envolvidos na escrita da história e sua análise. De acordo com Certeau (2008), três eixos principais compõem essa orientação: o lugar social e institucional a que se vincula o historiador e a produção de seu conhecimento; a prática, isto é, os cânones da disciplina ou conjunto de procedimentos e métodos para a produção desse conhecimento; e a escrita propriamente dita, por meio da qual a pesquisa se configura em texto historiográfico, veículo do discurso histórico.

Assim, neste livro, buscamos situar as práticas e o discurso dos autores que escreveram a história do Brasil em seus contextos e em suas sociedades e instituições, mantendo-nos atentos não apenas às maneiras como a história foi escrita, mas também às questões e às disputas institucionais e políticas ou memoriais que vigoravam em cada tempo.

Dessa forma, no Capítulo 1, abordaremos o desenvolvimento dos primeiros escritos de história da América portuguesa, antes de existir a história acadêmica e antes de o Brasil tornar-se independente. Nesse ínterim, também buscaremos mostrar a importância do passado indígena na formação do país, uma alternativa frequentemente deixada de lado em livros como este, embora permita realizar uma aproximação maior com os estudos antropológicos que se desenvolvem nos dias de hoje.

No Capítulo 2, analisaremos a construção da historiografia nacional produzida pelas elites luso-brasileiras do Império, que pretendiam enaltecer a nova nação com uma história feita com base nos critérios mais avançados da época, mediante trabalho rigoroso, coletivo e sistemático. A ênfase nessa abordagem recai principalmente sobre o IHGB e os escritos de Karl Friedrich Philipp von Martius (1794-1868) e Francisco Adolfo de Varnhagen (1816-1878).

Já no Capítulo 3, discutiremos os autores brasileiros que vieram entre a segunda metade do século XIX e as primeiras décadas do século XX. Esse foi um período bastante efervescente e criativo em termos intelectuais, no qual existiram não apenas grandes autores essenciais para a consolidação da pesquisa histórica científica no Brasil, como Capistrano de Abreu e Oliveira Lima, mas também escritores e ensaístas que, ao aproximarem história e arte, foram fundamentais para o pensamento histórico de sua época, como Joaquim Nabuco, Euclides da Cunha e Machado de Assis.

No Capítulo 4, refletiremos sobre os famosos *intérpretes do Brasil*, ou seja, os principais autores da primeira metade do século XX, que se transformaram no cânone da moderna historiografia brasileira.

Nesse ponto, falaremos principalmente daqueles vinculados aos movimentos modernistas das décadas de 1920 e 1930, preocupados em redescobrir o Brasil e estabelecer os contornos da brasilidade, representados especialmente pelo trio de ferro da historiografia brasileira dos anos 1930: Gilberto Freyre, Sérgio Buarque de Holanda e Caio Prado Júnior (1907-1990).

A fundação das primeiras universidades brasileiras será vista no Capítulo 5, no qual veremos com atenção os impactos que essas instituições tiveram na produção do pensamento histórico do Brasil entre as décadas de 1930 e 1960. Dessa forma, trataremos do momento em que a pesquisa histórica passou a se tornar majoritariamente universitária. Porém, limitaremos nossa discussão aos casos da Universidade de São Paulo (1934) e da Universidade do Distrito Federal (1935), entidades que trouxeram missões de mestres franceses e que contaram com a participação de importantes intelectuais brasileiros. Ainda, buscaremos destacar o papel das organizações universitárias e as novas formas de ensinar a prática da pesquisa histórica que foram difundidas no Brasil.

Por fim, no Capítulo 6, traçaremos uma perspectiva panorâmica dos estudos históricos brasileiros nos últimos 50 anos, desde que apareceram as associações profissionais atuais, quando foram criados os primeiros departamentos e programas de pós-graduação em História, divididos em campos de especialização e em subdisciplinas. Foi esse o momento em que se estruturaram as bases do ofício de historiador tal como o conhecemos hoje. Desse período, destacamos, sobretudo, as tendências à crítica das ideologias (anos 1970), os estudos do cotidiano e das mentalidades (anos 1980 e 1990), as relações entre memória e história na entrada do século XXI e, enfim, as tendências contemporâneas.

Assim, correlacionando textos e contextos, concepções e práticas historiográficas, apresentamos uma narrativa da historiografia brasileira, ampla, mas parcial – pois não temos a pretenção de que ela seja completa ou definitiva –, considerando as interações com outras tradições – sobretudo, no século XX, a francesa – e privilegiando a pluralidade interpretativa em torno dos diversos autores analisados.

A você, leitor, desejamos que, ao seguir pelos caminhos aqui propostos, deixe-se enveredar pelas diferentes histórias dos historiadores brasileiros.

Boa jornada!

Organização didático-pedagógica

Esta seção tem a finalidade de apresentar os recursos de aprendizagem utilizados no decorrer da obra, de modo a evidenciar os aspectos didático-pedagógicos que nortearam o planejamento do material e como o aluno/leitor pode tirar o melhor proveito dos conteúdos para seu aprendizado.

Introdução do capítulo

Logo na abertura do capítulo, você é informado a respeito dos conteúdos que nele serão abordados, bem como dos objetivos que os autores pretendem alcançar.

Síntese

Você conta, nesta seção, com um recurso que o instigará a fazer uma reflexão sobre os conteúdos estudados, de modo a contribuir para que as conclusões a que chegou sejam reafirmadas ou redefinidas.

Indicações culturais

Nesta seção, os autores oferecem algumas indicações de livros, filmes ou *sites* que podem ajudá-lo a refletir sobre os conteúdos estudados e permitir o aprofundamento em seu processo de aprendizagem.

Atividades de autoavaliação

Com estas questões objetivas, você tem a oportunidade de verificar o grau de assimilação dos conceitos examinados, motivando-se a progredir em seus estudos e a se preparar para outras atividades avaliativas.

Atividades de aprendizagem

Aqui você dispõe de questões cujo objetivo é levá-lo a analisar criticamente determinado assunto e aproximar conhecimentos teóricos e práticos.

Bibliografia comentada

Nesta seção, você encontra comentários acerca de algumas obras de referência para o estudo dos temas examinados.

Capítulo 1
Primeiras histórias
no período colonial

A conquista da América foi também a escrita de uma conquista. A operação historiográfica da cultura europeia estabeleceu-se como parte do avanço da colonização. Essa foi a leitura que fez **Michel de Certeau** (2008) em *A escrita da história*, obra publicada originalmente em 1975. Sua perspectiva é de difícil apreensão, pois parte de uma formação muito variada, visto que ele foi teólogo, psicanalista e historiador. Removendo camadas e camadas de discurso sedimentado da historiografia ocidental, em um procedimento analítico que deve muito à clínica psicanalítica freudiana, Certeau (2008) extrai uma espécie de **inconsciente da escritura da história**.

Assim, a história, conforme a entendemos comumente, é parte do processo civilizacional de expansão imperial que marcou a época moderna. Antes de ela adquirir sentido de instrumento da conquista, ou seja, antes de sua escrita dominar um corpo – a América –, existiam outras histórias acontecendo no continente americano, pois havia imensa diversidade de povos que habitavam toda essa região desde aproximadamente 30.000 a 35.000 anos atrás. Porém, essas narrativas e suas memórias foram suplantadas por uma escrita da história civilizadora, tal como a definiu Certeau (2008).

O historiador francês organizou seus estudos de tal forma a demarcar uma cronologia da prática da escrita da história: do século XVI, com "a organização 'etnográfica' da escrita na sua relação com a oralidade 'selvagem', 'primitiva', 'tradicional', ou 'popular' que ela estabelece com seu outro [...] [até] o sistema atual da 'indústria' historiográfica" (Certeau, 2008, p. 10-11). Esta última, cada vez mais atual, dada a aceleração da produção segundo parâmetros quantitativos, é muito diferente dos saborosos testemunhos e relatos de cronistas e viajantes que passaram pelas Américas espanhola e portuguesa, os quais, além de relatar as informações necessárias para a exploração do novo território – com a descrição da natureza e das gentes da terra –, estavam imbuídos de uma missão civilizacional. Deleitosos para a imaginação europeia, também cumpriam função religiosa e moralizante, ao censurar os hábitos e a espiritualidade dos nativos. Percorreremos alguns desses relatos neste capítulo, ainda que de forma breve e parcial.

Na Figura 1.1, podemos observar a gravura de Jan Var der Straet, conhecido como Stradanus, para *Americae pars decima*, de Jean-Théodore de Bry, Oppenheim, 1619. Essa alegoria foi analisada por Certeau (2008): a escrita como um instrumento que coloniza o corpo nu da América.

Figura 1.1 – Alegoria da descoberta da América

STRADANUS. **Discovery of America**: Vespucci Landing in America. [ca. 1587-1589]. Gravura em metal, 19 × 26,9 cm. Metropolitan Museum of Art, Nova York.

(1.1)
CRONISTAS E VIAJANTES DO PERÍODO COLONIAL

Como podemos depreender da alegoria e das interpretações de Certeau (2008), a conquista da América foi um dos acontecimentos mais impactantes de toda a história. Segundo um dos grandes especialistas no tema, evoca um poderoso simbolismo, principalmente para os povos cuja memória histórica foi diretamente afetada por essa força:

> *para os americanos indígenas, os latino-americanos, as minorias de ascendência hispânica ou latina, e os espanhóis e portugueses, essa vinculação é muito forte. O ano de 1492 simboliza uma virada decisiva no destino histórico: para os ameríndios significa a desgraçada mudança de uma história independente para uma história de colonização; para os ibéricos a violenta investida de um capítulo de sua história que lhes granjeou a controvertida reputação de imperialistas; para os latino-americanos a diáspora latina, o doloroso nascimento de diferentes culturas a partir de enfrentamentos de poder entre europeus ibéricos, americanos indígenas, africanos e o amplo espectro de descendentes que mantiveram ou mesclaram os principais grupos raciais.* (Stern, 2006, p. 27)

As crônicas eram – e, de certa forma, ainda são – peças importantes dessa engrenagem de poder, visto que podemos observar o passado colonial ou pré-colombiano através dos olhares dos cronistas, que, na maioria das vezes, menosprezavam o elemento indígena e seus costumes. Esse período – embora a crônica seja considerada um gênero literário menor – é estudado também na literatura brasileira. Desde José Veríssimo (1857-1916), crítico e historiador da literatura, considera-se que o período foi marcado pelo nativismo – centrado, sobretudo, nas relações entre o homem e a terra, a exaltação da natureza e das coisas materiais, o louvor servil da realeza, a informação subordinada aos interesses políticos, administrativos e religiosos e, principalmente, o confronto com o elemento indígena, que forjou sua imagem histórica ou mítica (Castello, 2004).

De origem medieval e ligadas à nobreza, as crônicas tinham a função básica de celebrar e salvaguardar os grandes feitos de monarcas, literalmente listados a título de exemplaridade. Destaca-se, do período tardo-medieval, o cronista português da casa de Avis, Fernão Lopes (séculos XVI-XV), que promoveu a tematização da subjetividade do autor e a autonomia dos assuntos históricos em relação aos interesses religiosos, o que o colocou nos limiares da época moderna (Lima, 1986). Após uma conquista, as ordenações reais previam a visitação exploratória dos novos territórios e, nas expedições, faziam-se presentes os **vedores**, cuja tarefa era registrar as riquezas da terra e os costumes nativos – Fernão Lopes constituiu de fato uma exceção a essa regra, pois ele não se limitava efetivamente ao caráter descritivo das regiões.

Nessa época, o assombro e até mesmo certa repugnância para com aquela humanidade que o europeu desconhecia forjaram representações altamente hierarquizadas. Também a fauna e a flora produziram encantamento, assim como as fábulas e os relatos maravilhosos de monstros e demônios, embora com acentuado caráter moralizante. Em termos práticos, as crônicas se relacionavam com as projeções cartográficas existentes, as quais ainda representam importantes fontes de conhecimento do período. Nos séculos seguintes, XVII e

XVIII, os viajantes tiveram outro centro de atenção, ligado à ciência e à catalogação das variedades naturais, com o propósito de melhor exercer seu domínio. Como não podemos presumir dos homens do século XVI a compreensão de conceitos da psicanálise que Certeau (2008) utiliza em sua leitura da historiografia colonial, cabe a nós o cuidado de examinar essas fontes. Isso nos previne do etnocentrismo e do eurocentrismo comumente reproduzidos por falta de atenção.

> *O interesse contemporâneo no reexame da contribuição dos viajantes que passaram pelo Brasil é um reconhecimento de que eles escreveram páginas fundamentais de uma história que nos diz respeito. [...] No entanto, essas obras só podem dar a ver um Brasil pensado por outros. O olhar dos viajantes espelha, também, a condição de nos vermos pelos olhos deles. As obras configuradas pelos viajantes engendram uma história de pontos de vista, de distâncias entre modos de observação, de triangulações do olhar. Mais do que a vida e a paisagem americana, exigem que se focalize a espessa camada da representação. Evidenciam versões mais do que fatos. Na sua origem, as imagens elaboradas pelos viajantes participam da construção da identidade europeia.* (Belluzzo, 1996, p. 10)

São muitas – mais de 200 – as obras conhecidas de viajantes de diversas regiões do planeta, principalmente franceses e holandeses, além de portugueses e espanhóis, que escreveram sobre as terras americanas no período colonial. A primeira delas, da qual todo estudante brasileiro tem informação, é a *Carta de Pero Vaz de Caminha* (1450-1500) ao rei de Portugal e Algarves, D. Manuel I (1495-1521), que permaneceu desconhecida até o século XIX, quando foi descoberta no Arquivo Nacional da Torre do Tombo, em Lisboa.

Entretanto, houve outros relatos: em 1555, chegou ao Rio de Janeiro a armada de Villegagnon, com a pretensão de fundar a França Antártica em nome da Coroa Francesa, trazendo os religiosos Andre Thevet (1502-1590) e Jean de Léry (1536-1613), que legaram diferentes percepções das novas terras. Léry tinha uma visão mais aberta e empática em relação aos indígenas, expressa na obra *Viagem ao Brasil*, de 1578. O antropólogo Claude Lévi-Strauss (1908-2009), também em um relato de viagem ao Brasil – moderno e autobiográfico –, considera Léry como o verdadeiro mestre de obras da literatura etnográfica (Lévi-Strauss, 1955).

Hans Staden (1525-1576), mercenário alemão, esteve duas vezes no Brasil: em 1548, quando colaborou com o governador de Pernambuco para deter uma rebelião indígena; e em 1550, ocasião na qual o navio espanhol em que se encontrava naufragou na costa sul brasileira e ele foi feito cativo por uma tribo de índios tupinambá durante nove meses – período em que viveu sob constante ameaça de ser devorado em um ritual de antropofagia –, até ser libertado por um navio francês. De volta à Europa, publicou, em 1557, sua *História verdadeira e descrição de uma terra de selvagens, nus e cruéis comedores de seres humanos, situada no Novo Mundo da América, desconhecida antes e depois de Jesus Cristo nas terras de Hessen até os dois últimos anos, visto que Hans Staden, de Homberg, em Hessen, a conheceu por experiência própria e agora a traz a público com essa impressão*, também conhecida por *Duas viagens ao Brasil*, como foi rebatizada modernamente.

No entanto, nosso interesse recai sobre dois dos principais cronistas que atuaram nessa época e escreveram sobre a América portuguesa.

(1.2)
PERO DE MAGALHÃES GANDAVO E A *HISTÓRIA DA PROVÍNCIA SANTA CRUZ, A QUE VULGARMENTE CHAMAMOS BRASIL*[1]

Os relatos de que dispomos e que consideramos as primeiras crônicas de história da terra que receberia o nome de *Brasil* vêm de uma tradição letrada ibérica, própria do período de transição da Era Medieval para a Era Moderna. Nessa época, a Coroa Portuguesa contava com homens de letras, sobre os quais poderíamos projetar anacronicamente o papel de intelectuais, que serviam ao regime monárquico e à administração imperial. Seu conhecimento estava perto da ordenação medieval dos saberes, em que a história e a crônica se aproximavam da gramática e da retórica. Dessa forma, os textos que escreviam apresentavam aspectos literários e havia muito pouca distinção entre a realidade e a ficcionalidade.

A grande perspectiva do pensamento histórico colonial era a transposição da mentalidade ibérica, com suas instituições reais e eclesiásticas da catolicidade romana, para o povoamento e a exploração econômica da terra que viria a ser o Brasil – um pensamento histórico do qual o **centro simbólico ordenador era a Coroa Portuguesa** e cujas funções práticas consistiam em auxiliar o trabalho administrativo e informar ao rei as potências da nova terra. Outrossim, o centro metafísico e espiritual era o catolicismo, do qual provinham as ordenanças para conquista espiritual dos indígenas, baseada na

---

1 Nesta obra, citamos vários relatos antigos, cuja escrita original retrata a ortografia da época. Para facilitar a leitura desses textos, optamos por atualizá-los conforme o Acordo Ortográfico da Língua Portuguesa de 1990, assinado pelos países lusófonos e em vigor no Brasil desde 2009 (Acordo ortográfico, 2018).

superioridade religiosa – em uma prerrogativa dos nomes de Jesus Cristo e de Deus, como propriedades exclusivas da instituição romana que roga para si o desígnio de *Igreja*. Em nome de Deus, de Cristo e do Rei secular, empenharam-se homens venturosos na conquista, na conversão e na exploração dos seres que habitavam o Brasil.

A superioridade europeia sobre o Novo Mundo transplantou toda a concepção simbólica e metafísica para a nova terra na prática e na escrita da conquista. Essa situação gerou mudanças culturais próprias em virtude do contato e do deslocamento de culturas. A Colônia fazia parte do sistema de economia da metrópole, estruturando o mundo moderno, a divisão de trabalho, o mercado de bens e o centro de poder econômico na Europa durante a Idade Moderna (Wallerstein, 1974). Na Colônia, eram sentidas as contradições do sistema mundial e do posicionamento dos indivíduos, que se viam em uma situação limítrofe entre o valor de suas vidas e o desvalor de suas humanidades – por serem apenas empregados de uma imensa máquina de negócios coloniais (Schwartz, 2002) – vividas como distorções da sociedade que perduram até hoje – extrema pobreza e extrema violência, por exemplo.

A *História da província Santa Cruz, a que vulgarmente chamamos Brasil* (Gandavo, 1576) –, escrita por **Pero de Magalhães Gandavo** (1540-1579), foi impressa em 1576 em Lisboa, e é um tratado sobre a nova terra oferecido a Dom Lionis Pereira, vassalo do rei de Portugal, e, como tal, constitui um documento acerca dos **domínios do rei**, louvado como senhor que domina a nova região.

No texto de Gandavo (1576), percebemos as instituições e a burocracia real com a intenção do uso da escrita na **função colonizadora**, ou seja, na regulamentação administrativa do domínio colonial.

Pouco se sabe sobre a biografia do autor, senão que ele conhecia os trâmites da fidalguia e os procedimentos políticos das instituições reais que se submetiam à hierarquia da corte – mundo estranho à sociedade moderna, que está acostumada aos processos liberais democráticos regulamentados pela República. No entanto, no processo histórico brasileiro, a origem colonial, baseada em instituições régias e em laços de vassalagem, é necessariamente lembrada para se entender a peculiaridade das relações sociais que são o fundamento do país como nação moderna no contexto global.

No século XIX, a obra de Gandavo (1576) foi lida como se fosse nossa primeira história e tornou-se uma fonte para a compreensão do princípio da colonização. O autor tratava, em seu texto, dos rios brasileiros e de suas posições, das cidades da costa nacional e revelava os interesses do Estado de Dom Manuel I, além de evidenciar a sujeição da terra de Santa Cruz ao domínio real.

O livro representa um gênero próprio dentro do sistema de saberes do antigo regime, herdado da Idade Média e da tradição latina. Dessa forma, a história que ele narra segue o padrão retórico e aprofunda-se na visão ética do universo propagada pela Igreja Católica Romana. Essa visão era a contraparte religiosa do ordenamento simbólico em função do poder central da cultura portuguesa, ou seja, complementava o dístico **o rei e a Igreja**. Em nome de ambos, faziam-se a conquista, a colonização, o extermínio e a escravidão dos povos indígenas e, no momento seguinte, o tráfico africano de escravos para suprir a mão de obra necessária ao projeto de exploração do continente americano.

Além disso, Gandavo (1576) segue, por meio de sua retórica, a linha da exaltação das pessoas, elevando-as em caráter, em honras e em eventos marcantes, sobretudo a fama do monarca, dos homens de armas e de seus vassalos. Com isso, ele buscava **legitimar a autoridade**, o senhorio e o direito à propriedade sobre terras, rios, animais, vegetais, pedras e metais – o uso dos recursos da terra –, enfim, como louvor da cristandade portuguesa. Assim, estabelece-se um elo histórico de dominação que passa da civilização latina às Américas, uma vez que o Império Romano sobrevivia na Igreja Católica, com suas práticas de subjugação, perseguição e homicídios de mestres, pajés, hereges e comunidades que a ela se opunham, acreditando em outros valores religiosos. Dessa forma, a escrita da história desenvolvida pelo Ocidente carregava essas marcas da civilização latina e, por intermédio dela, com seus tratados sobre a terra e as histórias do Brasil, passaram-na ao Novo Mundo.

No entanto, questiona-se se Gandavo visitou mesmo o Brasil ou se viveu por aqui – há mais indícios positivos do que negativos a esse respeito. Seu texto louva as vantagens da terra como meio para atrair imigrantes, funcionando como uma publicidade. Como era centrado na ordenação simbólica europeia, unificada pela cristandade medieval sob ordenação espiritual do papado, o autor trata o gentio da terra como incivilizado e algumas nações indígenas como bárbaras, quase bestas, disformes, de maus costumes. Para isso, depende de um modelo teológico católico e sua metafísica correspondente e, assim, representa o índio como um ser humano, mas reduzido à condição animal pelo descontrole de sua alma, como se nele não houvesse razão. Para Gandavo (1576), os índios, sem pudores, entregavam-se à voracidade do corpo e à loucura, sem possibilidade de governo – os aimorés, por exemplo, eram considerados bestas e cheios de impiedade.

A descrição adotada pelo escritor era a opinião comum dos colonos portugueses no Brasil e servia, evidentemente, à legitimação da escravidão dos índios para cumprir os interesses dos portugueses – objetivo que foi partilhado por homens de letras e missionários, com algumas exceções importantes. Segundo Santos e Valle (2008), na descrição dos índios feita por Gandavo, podemos conhecer os modos de uma escrita da história que legitima a dominação sobre terras, homens e até animais. Como possessão da cristandade, era fundamental a obediência aos monarcas cristãos sob a fundação da Igreja Romana, pois seu princípio de autoridade era legitimado pela linhagem dos apóstolos de Jesus – Pedro e Paulo – segundo o dogma romano. Isso garantia a coerência simbólica da ordem e da empresa de colonização do Novo Mundo pelas monarquias ibéricas (Gandavo, 1576). Dessa forma, a **cruz** e a **coroa** chegavam ao Novo Mundo, e Gandavo (1576) inaugurava o complemento letrado, a história, o registro escrito da terra – ele dizia que os índios viviam sem fé, sem rei e sem lei.

Não obstante, aspectos mitológicos, do mundo dos seres fantásticos, passavam de uma cultura a outra e, aqui na América, havia muitos monstros – Gandavo (1576) relata o surgimento na praia de um monstro marinho típico dessa região. Essa narrativa seria recontada por outros cronistas coloniais, como Frei Vicente do Salvador (1564-1636). Vejamos como Gandavo descreve o aparecimento dessa criatura, primeiro em imagem, na Figura 1.2, e, depois, em texto.

Figura 1.2 – O monstro marinho de Gandavo

Fonte: Gandavo, 1576, p. 32.

Vejamos, agora, o relato do autor para esse episódio:

Foi causa[2] tão nova e tão desusada aos olhos humanos a semelhança daquele feroz e espantoso monstro marinho que nesta Província se matou

---

2   *No texto original (Gandavo, 1576), consta a palavra* cousa, *que a edição de 2008, publicada pelo Senado Federal (Gandavo, 2008), atualizou para* causa. *Porém, no contexto do relato, pensamos que o termo* coisa *é mais pertinente.*

no ano de 1564, que ainda que por muitas partes do mundo se tenha notícia dele, não deixarei, todavia, de dá-la aqui outra vez de novo, relatando por extenso tudo o que acerca disto passou; porque na verdade a maior parte dos retratos ou quase todos em que querem mostrar a semelhança de seu horrendo aspecto, andam errados, e, além disso, conta-se o sucesso de sua morte por diferentes maneiras, sendo a verdade uma só, a qual é a seguinte: Na capitania de São Vicente sendo já alta noite a horas em que todos começavam de se entregar ao sono, acertou de sair de fora de casa uma índia escrava do capitão; a qual lançando os olhos a uma várzea que está pegada com o mar, e com a povoação da mesma capitania, viu andar nela este monstro, movendo-se de uma parte para outra com passos e meneios desusados, e dando alguns urros de quando em quando tão feios, que como pasmada e quase fora de si se veio ao filho do mesmo capitão, cujo nome era Baltasar Ferreira, e lhe deu conta do que vira, parecendo-lhe que era alguma visão diabólica; mas como ele fosse não menos sizudo que esforçado, e esta gente da terra seja digna de pouco crédito, não lhe deu logo muito às suas palavras, e deixando-se estar na cama, a tornou outra vez a mandar fora dizendo-lhe que se afirmasse bem no que era. E obedecendo a índia a seu mandado, foi; e tornou mais espantada; afirmando-lhe e repetindo-lhe uma vez e outra que andava ali uma cousa tão feia, que não podia ser senão o Demônio. Então se levantou ele muito depressa e lançou mão a uma espada que tinha junto de si com a qual botou somente em camisa pela porta fora, tendo para si (quando muito) que seria algum tigre ou outro animal da terra conhecido com a vista do qual se desenganasse do que a índia lhe queria persuadir, e pondo os olhos naquela parte que ela lhe assinalou viu confusamente o vulto do monstro ao longo da praia, sem poder divisar o que era, por causa da noite lhe impedir, e o monstro também ser cousa não vista e fora do parecer de todos os outros animais. E chegando-se um pouco mais a ele, para que melhor se pudesse ajudar da vista, foi sentido do mesmo monstro: o qual em levantando a cabeça, tanto que o viu começou de caminhar para o mar de onde viera. Nisto conheceu o mancebo que era aquilo cousa do mar e antes que nele se metesse, acudiu com muita presteza a tomar-lhe a dianteira, e vendo o monstro que ele lhe embargava o caminho, levantou-se dianteira, direito para cima como um homem ficando sobre as barbatanas do rabo, e estando assim a par com ele, deu-lhe uma estocada pela barriga, e dando-lha no mesmo instante se desviou pera uma parte com tanta velocidade, que não pôde o monstro levá-lo debaixo de si: porém não pouco afrontado, porque o grande torno de sangue que saiu da ferida lhe deu no rosto com tanta força que quase ficou sem nenhuma vista: e tanto que o monstro se lançou em terra deixa o caminho que levava e assim ferido urrando com a boca aberta sem nenhum medo, remeteu a ele, e indo para o tragar a unhas, e a dentes, deu-lhe na cabeça uma cutilada muito grande, com a qual ficou já muito débil, e deixando sua vã porfia tornou então a caminhar outra vez para o mar. Neste tempo acudiram alguns escravos aos gritos da índia que estava em vela: e chegando a ele, o tomaram todos já quase morto e dali o levaram à povoação onde esteve o dia seguinte à vista de toda a gente da terra. E com este mancebo se haver mostrado neste caso tão animoso como se mostrou, e se ter tido na terra por muito esforçado saiu, todavia desta batalha tão sem alento e com a visão deste medonho animal ficou tão perturbado e suspenso, que perguntando-lhe o pai, que era o que lhe havia sucedido não lhe pôde responder, e assim como assombrado sem falar cousa alguma por um grande espaço. O retrato deste monstro é este que no fim do presente capítulo se mostra [Figura 1.2], tirado pelo natural. Era quinze palmos de comprido e semeado de cabelos pelo corpo, e no focinho tinha umas sedas muito grandes como bigodes. Os índios da terra lhe chamam em sua língua ipupiara, que quer dizer demônio da água. Alguns como este se viram já nestas partes, mas acham-se raramente. E assim também deve de haver outros muitos monstros de diversos pareceres, que no abismo desse largo

e espantoso mar se escondem, de não menos estranheza e admiração; e tudo se pode crer, por difícil que pareça: porque os segredos da natureza não foram revelados todos ao homem, para que com razão possa negar, e ter por impossível as cousas que não viu nem de que nunca teve notícia.
(Gandavo, 2008, p. 129-131)

Podemos notar que, no relato de Gandavo, não há reflexão ou questionamento crítico sobre quem seria, afinal, o bárbaro. A crueldade do processo civilizatório procurava demonstrar a bestialidade do outro, para que a conquista, a subjugação e a exploração parecessem aos olhos deste como um ato de civilidade. Assim se deu o movimento civilizatório eurocêntrico. No pensamento histórico brasileiro, como veremos, a alteridade do que é diferente, seja a do negro, seja a dos indígenas, tende a não ser aceita ou ser relegada a uma condição de menoridade ou de inferioridade. O choque entre estruturas culturais com distintos valores é ainda hoje algo sem solução política ou social no Brasil.

(1.3)
Padre Fernão Cardim e Gabriel Soares de Souza: tratados sobre a terra do Brasil

Fernão Cardim (1540-1625) foi um padre jesuíta que escreveu a obra *Tratados da terra e gente do Brasil*, em que relata suas observações da nova terra onde viveu por 40 anos, durante os quais presenciou o ambiente colonial no Brasil. O livro, escrito pouco depois do de Gandavo (1576), só foi publicado no século XX – em 1925 –, no esforço conjunto de Capistrano de Abreu (1853-1927), Baptista Caetano (ca. 1826-1882) e Rodolfo Garcia (1873-1949) em compor um quadro da historiografia e das crônicas brasileiras.

A vida pessoal de Cardim é quase desconhecida, mas supõe-se que ele tenha nascido em 1540, em Viana de Alvito, arcebispado de Évora, em Portugal. Aos 15 anos, ele entrou para a Companhia de Jesus, segundo o Padre Antônio Vieira no *Anuário da Província do Brasil* dos anos 1623 e 1624 (Rodrigues, 1978b). Foi designado para vir ao Brasil em 1582, e chegou à Bahia em 9 de maio de 1583. No país, ocupou-se das tarefas da Companhia de Jesus e participou do colégio da Bahia e da catequese, como provincial e reitor. Faleceu no dia 27 de janeiro de 1625, em Salvador.

Padre Cardim deixou escritos importantes como fontes históricas da atuação da **Companhia de Jesus** na primeira fase da colonização, bem como tratados sobre a terra do Brasil. Assim, podemos incluí-lo entre os primeiros cronistas da povoação portuguesa. Sua obra *Tratados da terra e gente do Brasil* (Cardim, 1978) é uma crônica informativa sobre os elementos da nova terra destinado aos portugueses.

O texto relata e inventaria o clima, a flora, a fauna, a origem dos índios e contém informações sobre a missão do Padre Cristóvão de Gouveia. Os escritos de Cardim foram reunidos por Capistrano de Abreu para compor a obra – como a conhecemos hoje – e publicá--la na Coleção Brasiliana, em 1939.

Sobre o **clima** e a **terra** do Brasil, Cardim (1978) afirma que ambos são bons, ainda que um tanto melancólicos. Ele descreve o clima temperado e como, na região do litoral, as árvores são sempre verdes. Sobre os rios e as águas, Cardim relata que são abundantes, tanto pelas chuvas quanto pelos mantimentos sadios encontrados neles. O autor também elabora um inventário dos animais da terra, como as cobras – com e sem peçonha – e as aves. Então, passa a detalhar as características de árvores, ervas, óleos, peixes, mariscos e caranguejos. Enfim, como já mencionamos, o livro de Cardim (1978) é um inventário sobre a **flora** e a **fauna** brasileiras destinado aos leitores portugueses e passa a ideia de como era a colonização no último quartel do século XVI, cumprindo, a seu modo, mostrar que o Brasil já era outro Portugal, pelas comodidades que aqui se encontravam, segundo a ótica de Cardim.

Sobre os **índios**, o padre segue a visão que deve ter sido comum entre os primeiros colonizadores, baseada na cultura portuguesa cristã, ou seja, cabia, em sua escrita, incorporar o outro a seu modelo de conhecimento social religioso. Em suas palavras, ele relata o conhecimento que os indígenas tinham do Criador:

> *Este gentio não tem conhecimento algum de seu Criador, nem de coisa do Céu, nem se há pena nem glória depois desta vida, e portanto não tem adoração nenhuma nem cerimônias, ou culto divino, mas sabem que têm alma e que esta não morre e depois da morte vão a uns campos onde há muitas figueiras ao longo de um formoso rio, e todas juntas não fazem outra cousa senão bailar; e têm grande medo do demônio, ao qual chamam Curupira, Taiguaigba, Macachera, Anhanga, e é tanto o medo que lhe têm, que só de imaginarem nele morrem, como aconteceu já muitas vezes; não o adoram, nem a alguma outra criatura, nem têm idolos de nenhuma sorte, somente dizem alguns antigos que em alguns caminhos têm certos postos, onde lhe oferecem algumas coisas pelo medo que têm deles, e por não morrerem. Algumas vezes lhe aparecem os diabos, ainda que raramente, e entre eles há pouco endemoniados. Usam de alguns feitiços, e feiticeiros, não porque creiam neles, nem os adorem, mas somente se dão a chupar em suas enfermidades, parecendo-lhes que receberão saúde, mas não por lhes parecer que há neles divindade, e mais o fazem por receber saúde que por outro algum respeito. Entre eles se alevantaram algumas vezes feiticeiros, a que chamam Caraíba, Santo ou Santidade, e é de ordinário algum Índio de ruim vida: este faz alguma feitiçarias, e coisas estranhas à natureza, como mostrar que ressuscita a algum vivo*

> *que se faz morto, e com esta e outras coisas semelhantes traz após si todo o sertão enganando-os dizendo-lhes que não rocem, nem plantem seus legumes, e mantimentos, nem cavem, nem trabalhem, etc., por que com sua vinda é chegado o tempo em que as enxadas por si hão de cavar, e os panicús ir às roças trazer os mantimentos, e com esta falsidade os traz tão embebidos, e encantados, deixando de olhar por suas vidas, e granjear os mantimentos que, morrendo de pura fome, se vão estes ajuntamentos desfazendo pouco a pouco, até que a Santidade fica só, ou a matam. Não têm nome próprio com que expliquem a Deus, mas dizem que Tupã é o que faz os trovões e relâmpagos, e que este é o que lhes deu as enxadas, e mantimentos, e por não terem outro nome mais próprio e natural, chamam a Deus Tupã.* (Cardim, 1980, p. 87-88)

Assim, sua perspectiva etnológica era a do cristão católico jesuíta. Segue-se a descrição das observações do modo de vida dos índios, dos casamentos entre eles, do que comiam e bebiam, como dormiam e se vestiam, como cuidavam das casas e criavam os filhos. Cardim (1978) registra também o canibalismo do gentio. A visão do padre constitui o modelo que Roma tinha sobre os índios, o que confirmaria o estereótipo e o lugar-comum do selvagem entre os colonos e deixaria ao nativo a exclusão da sociedade brasileira ao longo de sua história.

Outro cronista que nos interessa é **Gabriel Soares de Souza** (1540-1591), que produziu um texto notável no cânone histórico brasileiro, o *Tratado descritivo do Brasil em 1587* (Souza, 1851). Ele era um português que residiu na Bahia por 17 anos e depois voltou a Portugal. Seu texto é considerado o melhor que se produziu sobre a nova terra (Iglésias, 2000), embora seja mais rico em descrições da natureza do que propriamente em narração histórica.

Tal como Gandavo(1576) e Cardim (1978), a intenção de Souza (1851) foi descrever a região da nova terra a fim de revelá-la aos portugueses e chamar a atenção do rei e da corte para a colônia. Seu livro é devidamente dividido em duas partes: uma descreve muitas características sobre a costa do Brasil e a outra trata de informar as grandezas da Bahia de Todos os Santos. Ambas são muito ricas em **exposições geográficas** e mencionam os **grupos indígenas**, trazendo várias informações sobre seus costumes. Eis um trecho do que Souza relatou sobre o Brasil:

É esta província mui abastada de mantimentos de muita substância e menos trabalhosos que os de Espanha. Dão-se nela muitas carnes assim naturais dela, como das de Portugal, e maravilhosos pescados; onde se dão melhores algodões que em outra parte sabida, e muitos açúcares tão bons como na ilha da Madeira. Tem muito pau de que se fazem as tintas. Em algumas partes dele se dá trigo, cevada e vinho muito bom, e em todas todos os frutos e sementes de Espanha, do que haverá muita qualidade, se Sua Majestade mandar prover nisso com muita instância, e no descobrimento dos metais que nesta terra há; porque lhe não falta ferro, aço, cobre, ouro, esmeralda, cristal e muito salitre, e em cuja costa sai do mar todos os anos muito bom âmbar; e de todas estas e outras podiam vir todos os anos a estes reinos em tanta abastança, que se escusem os que vêm a eles dos estrangeiros, o que se pode facilitar sem Sua Majestade meter mais cabedal neste Estado que o rendimento dele nos primeiros anos; com o que pode mandar fortificar e prover do necessário à sua defensão; o qual está hoje em tamanho perigo, que se nisso caírem os corsários, com mui pequena armada se senhorearão desta província, por razão de não estarem as povoações dela fortificadas, nem terem ordem com que possam resistir a qualquer afronta que se oferecer; do que vivem os moradores dela tão atemorizados, que estão sempre com o fato entrouxado para se recolherem para o mato, como fazem com a vista de qualquer nau grande, temendo-se serem corsários, a cuja afronta Sua Majestade deve

> *mandar acudir com muita brevidade; pois há perigo na tardança, o que*
> *não convém que haja; porque se os estrangeiros se apoderarem desta terra*
> *custará muito lançá-los fora dela, pelo grande aparelho que têm para nela*
> *se fortificarem, com o que se inquietará toda Espanha, e custará a vida de*
> *muitos capitães e soldados, e muitos milhões de ouro em armadas e no*
> *aparelho delas, ao que agora se pode atalhar acudindo-lhe com a presteza*
> *devida.* (Souza, 1851, p. 2-3)

Para Souza, a nova província era muito abastada de mantimentos e, assim, ter-se-ia menos trabalho para se viver da terra, ou seja, o cronista chama a atenção para a fertilidade do solo, descrevendo as espécies vegetais nativas e como as plantas europeias aqui se aclimatavam com facilidade. Além disso, ele inclui, em seu texto, descrições dos animais de caça e dos peixes; indica o perigo das cobras, das aranhas, dos escorpiões e dos carrapatos; e comenta os danos causados aos agricultores pela formiga saúva. Ao final do livro, como mais um estímulo ao interesse dos portugueses, dá a notícia de pedras preciosas encontradas no Brasil.

A descrição da vida indígena aponta particularidades de costumes de cada tribo. O autor aparenta ter mais simpatia pelos tupinambás, relatando seus costumes e sua arte militar. Diz, contudo, que os nativos eram bárbaros e que viviam nas florestas, isolados, como animais selvagens (Souza, 1851).

Talvez possamos se dizer que a obra de Souza (1851) seja a mais detalhada em dados para a compreensão do início desse período da história brasileira. Sua descrição minuciosa da costa brasileira, as informações sobre a administração colonial e os fundadores de cada capitania hereditária, a revelação dos minerais preciosos existentes e a descrição de várias tribos indígenas tornam-na um **retrato da vida cotidiana** no primeiro século da colônia no Brasil. O livro, assim, também lembra aos portugueses que deveria haver apoio da metrópole para manter a nova colônia com todos os seus benefícios (Souza, 1851).

(1.4)
Frei Vicente do Salvador e Sebastião da Rocha Pita

Frei Vicente do Salvador, chamado Vicente Rodrigues Palha, nasceu em 1564, na Bahia, e faleceu por volta de 1636. Teve uma vida religiosa e cumpria as atividades da ordem de São Francisco. Ele escreveu a *Crônica da custódia do Brasil*, mas essa obra desapareceu. Sua outra composição é *História do Brasil*, concluída em 1627, rica em acontecimentos que descrevem o primeiro século colonial. Frei Vicente a assinou com dedicatória a Manuel Severim de Faria, um erudito português. No livro, ele narra os acontecimentos da terra e, pelo fato de ser um religioso, podemos dizer que seu objetivo é mais **memorialista** do que propagandista. O autor revela, no texto, uma formação edificada, baseada em Aristóteles.

Frei Vicente estudou no Brasil e em Portugal e tinha uma educação ampla que abrangia áreas como direito, teologia, história, filosofia e literatura. De origem baiana, passou por Pernambuco, Paraíba e Rio de Janeiro, porém permanecia mais em seu estado natal. Seu ponto de vista revela uma caridade cristã singular: ele conta sobre os missionários que pregavam contra a exploração do gentio – dizia que essa ação era como pregar no deserto, pois os colonos não davam ouvidos às críticas sociais (e contra a desumanização da escravidão) pautadas no evangelho cristão.

O frade teve acesso a documentos, leu e estudou amplamente o tema de seu livro e revela um estilo direto e narrativo dos acontecimentos da época, com muitas menções a nomes de portugueses importantes da Colônia. Ele também cita, assim como Gandavo (1576), o monstro marinho Ibupiara, conhecido dos indígenas, que teria aparecido na praia de São Vicente em 1564.

O livro de Frei Vicente (2013) é rico em histórias que aconteceram nos **primeiros 127 anos do período colonial** e está dividido em cinco partes, que se juntam para formar os cinco tomos de sua obra. O tema do qual o autor trata abrange desde o descobrimento da terra até a tentativa de conquista holandesa da Bahia, no século XVII e realça as ações dos governantes e os movimentos do governo. Frei Vicente participa, assim, da concepção de escrita da história latina, da história que serve como mestra da vida.

Como já dissemos, tal como Gandavo (1576) – porém de forma mais comedida – Frei Vicente relata em sua *História do Brasil* o encontro com o monstro marinho fantástico:

> *Há também homens marinhos, que já foram vistos sair fora de água após os índios, e nela hão morto alguns que andavam pescando, mas não lhes comem mais que os olhos e nariz, por onde se conhece que não foram tubarões porque também há muitos neste mar, que comem pernas e braços e toda a carne. Na capitania de São Vicente, na era de 1564, saiu uma noite um monstro marinho à praia, o qual, visto de um mancebo chamado Baltasar Ferreira, filho do capitão, se foi a ele com uma espada e, levantando-se o peixe direito como um homem sobre as barbatanas do rabo, lhe deu o mancebo uma estocada pela barriga com que o derribou e, tornando-se a levantar com a boca aberta para o tragar, lhe deu um altabaixo na cabeça com que o atordoou, e logo acudiram alguns escravos seus que o acabaram de matar, ficando também o mancebo desmaiado e quase morto, depois de haver tido tanto ânimo.* (Vicente do Salvador, 2013, p. 14)

Há algumas **críticas** que Frei Vicente do Salvador (2013) fez à colonização. Nesse sentido, ele relatou os conflitos entre os portugueses e os gentios e os maus-tratos destinados aos nativos, além de contar sobre furtos e abusos do poder. É do frade a metáfora sobre a falta de iniciativa dos portugueses, que não exploravam as regiões afastadas da encosta: "Da largura que a terra do Brasil tem para o sertão não trato, porque até agora não houve quem a andasse por negligência dos portugueses que, sendo grandes conquistadores de terras, não se aproveitam delas, mas contentam-se de as andar arranhando ao longo do mar como caranguejos" (Vicente do Salvador, 2013, p. 5).

O estilo literário de Frei Vicente do Salvador é considerado por José Honório Rodrigues (1913-1987) – pioneiro na história da historiografia brasileira no século XX, autor a ser abordado no Capítulo 6 –, como natural e sem artifícios, uma narrativa ingênua e carregada de casos populares. Em outras palavras, é uma coleção de histórias do Brasil seiscentista muito rica em detalhes.

Em seu texto, o frade trata de um tema constante no cotidiano colonial: a **luta** contra os indígenas, contra os franceses e contra os ingleses, que disputavam com os portugueses o domínio das terras do litoral. Bahia e Pernambuco são o centro geográfico de sua narrativa, e a disposição dos acontecimentos segue a ordem cronológica. Desde o princípio até 1627, há conflitos com os índios – tabajaras, potiguaras, aimorés, tamoios e caetés. Rodrigues (1979, p. 491) considera a obra "viva e inteligente de nossos 127 primeiros anos".

Outro brasileiro que descreveu o início da colonização foi **Sebastião da Rocha Pitta**, que nasceu em Salvador, em 1660, e morreu na mesma cidade, em 1734. Foi filho de João Velho Godin e Brita da Rocha Pitta. Fez sua formação no colégio dos jesuítas, na Bahia, e tinha uma posição social importante entre a alta política de Salvador, pois foi membro da Câmara da Cidade entre 1692 e 1721. Sua obra completa compreende a *História da América portuguesa desde o ano de mil e quinhentos do seu descobrimento até o de mil e setecentos e vinte e quatro* – seu livro mais conhecido –, o *Breve compêndio e narração do fúnebre espetáculo que na cidade da Bahia se viu na morte d'El Rei*

D. Pedro II e o *Sumário da vida e Morte da Exma. Senhora D. Leonor Josepha e Vilhena e das exéquias que se celebraram à sua memória na cidade da Bahia.*

A *História da América portuguesa* (Pitta, 1878) baseia-se em testemunhos e em informações que o autor se dispôs recolher: "com a ciência de que o Autor as inquiriu para compor esta História, cujo essencial instituto é a verdade" (Pitta, citado por Rodrigues, 1979, p. 496). No prólogo do livro, Pitta (1878) diz que a Real Academia Portuguesa lhe deu fôlego para compor a história do Brasil.

Na primeira parte do livro, o autor faz uma **exaltação do Brasil**, contando sobre o descobrimento e descrevendo a geografia do território. Assim, inventaria, como os outros cronistas do século XVI, as montanhas, os rios navegáveis, a costa e o oceano, os frutos da terra, a cana e o açúcar, o tabaco, a mandioca, a aguardente etc. Também revela uma **superioridade aristocrática** diante da plebe – o povo miúdo – e perante os índios, além de ser antigentio e discriminatório.

Depois, trata da Bahia como centro do Brasil. Sua descrição das outras capitanias é deficiente, pois não ele não tinha conhecimentos suficientes sobre elas. Com relação a seu estado, exalta as autoridades, as instituições e a administração e faz um compêndio para dar uma ideia de todo a Colônia: 14 províncias, 8 donatarias, 12 cidades, 60 vilas, muitos povoados, 4 bispados e 1 arcebispado. Registra a existência de aulas de humanidades, filosofia e teologia e conta que indivíduos naturais do Brasil conseguiam ir estudar na Universidade de Coimbra.

Sobre os **índios**, citamos o relato no qual vemos os costumeiros estereótipos dos gentios – algo comum na época colonial, como observado neste capítulo.

A GENTILIDADE, QUE A HABITAVA [a terra do Brasil]. — Todo este vastíssimo corpo, que temos mostrado estava possuído, e habitado de inculta gentilidade, dividida em inumeráveis Nações, algumas menos ferozes, mas todas bárbaras: não tinham culto de Religião, idolatravam à gula, e serviam ao apetite, sem regime de lei, ou de razão; tinham principais, a quem davam moderada obediência, que mais era respeito, que sujeição, repugnantes à doutrina Evangélica, que lhes pregou o glorioso Apóstolo S. Thomé, a quem não quiseram ouvir, e afugentaram de todos os seus Países, dos quais ausentando-se o Sagrado Apóstolo, deixou por muitos lugares (em prova da sua vinda, e dos seus prodígios) impressos, e retratados em lâminas de pedra os sinais do seu cajado, e dos seus pés, uns ainda permanentes nas estampas, e todos constantemente venerados nas tradições (se pode assegurar-se esta pia opinião, autorizada com os testemunhos, e Escritores, que em abono dela trataremos logo.

[...]

COSTUMES, e VIDA DE TODOS. — Não usavam de roupas os Gentios das várias Nações desta Região. Todos andavam nus, representando a inocência dos nossos primeiros Pais, (enquanto o pecado lhes não introduziu o pejo [sentimento de vergonha], com o conhecimento da graça, e natureza, de que tinham degenerado, para se cobrirem de folhas) porque estes seus descendentes de tudo o que era culpa tinham ignorância; só em algumas festas manchavam os corpos de tintas de paus, que imaginavam os faziam mais formosos, e ficavam mais horríveis; exceto os Gentios da Nação dos Carijós, que pelo Inverno lançavam sobre si por uma, e outra parte as peles das caças, que matavam, com que se reparavam do frio. Nas cabeças usavam algumas penas de pássaros, que lhes serviam de rústicos martinetes [adorno em forma de penacho]; e os da Nação Tamoios furavam os beiços, e neles metiam umas pontas de ossos, com cabeças como de pregos, que pela parte interior as sustentavam; sendo este o sinal, ou caráter da sua dignidade, ou nobreza.

[...]

SOBRE A ORIGEM, QUE TIVERAM. — *Deixo a controvérsia sobre a origem dos primeiros habitadores, que a esta Região passaram, e de donde vieram, se de Troia, de Fenícia, de Cartago, de Judeia, dos fabricadores da Torre de Babel, ou se de Ofir Indo, porque sobre este ponto não têm mais forças, que algumas débeis conjecturas, os argumentos dos Autores; sendo em quanto aos acidentes da cor, pela grande intensão do Sol, mais verossímil a opinião dos Filósofos; é comum em todas a cor baça [parda], menos corada, ou mais vermelha; também omito as supersticiosas cerimônias dos seus enterros, tão diferentes, e bárbaras, como pontualmente observadas em cada uma das suas Nações. Não tinham os Gentios da América Portuguesa Templos, Ídolos, e sacrifícios, Palácios, e grandeza da majestade nos seus Príncipes, como os da Castelhana; porque os nossos, das coisas eternas só alcançavam, e reconheciam, que havia no Céu um superior poder, que era móvel de tudo, ao qual chamavam Grão-Tupã, porém não o imploravam com outros votos, e rogativas, mais que com as vinganças, que tomavam dos seus próprios inimigos, que eram entre eles as virtudes, e os atos meritórios, que sabiam obrar, e oferecer. O caráter, e representação dos seus principais Senhores, não consistia em outra cerimônia, e ostentação de soberania, senão na obediência que lhes queriam dar, porque eram tão ferozes, e bárbaros estes Gentios, como cultos, e políticos os outros.* (Pitta, 1878, p. 33-36)

Pitta sempre defende o rei como **majestade augusta**, nunca censura o governo e, dessa forma, aparenta ter sido servil a Portugal. Da terceira parte até o fim do livro, o autor descreve a história cronológica e os fatos sobre o governo, exprimindo a visão da Monarquia Portuguesa e da Igreja Católica Romana – naquela época tão atrelada ao poder político. Assim, entendemos, pois, como a Academia Real Portuguesa apoiou o livro – era uma história para a administração portuguesa, com a visão de oficiais, fidalgos, nobres. Trata-se de exaltação dos procedimentos administrativos coloniais dos portugueses. Segundo Rodrigues (1979, p. 498), além disso, Pitta tem opiniões "anti-índio, antinegro, pró-escravidão, antijudeu, antipaulista, antiBrasil, pró-Portugal". Para Pita, portanto, Portugal era a maior monarquia do mundo, e a América não podia ser brasileira, senão de Portugal (Rodrigues, 1979).

(1.5)
Crônica das reduções jesuítas, do Padre Antonio Ruiz de Montoya

A crônica do **Padre Antonio Ruiz de Montoya** (1585-1652), fonte primeira escrita sobre as **Reduções Guaranis**, informa sobre a história do século XVII dos atuais estados do Paraná e do Rio Grande do Sul, territórios antigos do Guaíra e do Tape. *Conquista espiritual hecha por los religiosos de la Compañia de Jesus, en las Provincias del Paraguay, Parana, Uruguay y Tape*, a obra mais antiga e importante das reduções jesuítas do período de 1609 a 1639, foi publicada originalmente em espanhol, na edição feita em Madri, em 1639. Reeditada em Bilbao pela Imprenta del Corazón de Jesús, em 1892, foi traduzida ao português pelo Padre Arnaldo Bruxel e editado em Porto Alegre, em 1985. É considerada uma das fontes fundamentais para quem deseja escrever história sobre as Reduções Guaranis e sobre a história da Companhia de Jesus no território americano (Montoya, 1985).

Montoya nasceu em Lima, no Peru, em 1585 e tornou-se jesuíta no dia 1º de novembro de 1606. Relacionando o trabalho dessa ordem religiosa com a catequese dos indígenas, escreveu a primeira gramática da língua guarani – o *Tesoro de la lengua guaraní* –, editado em Madri. Montoya fundou as reduções do Guariá, acompanhado na missão jesuíta pelos padres Cataldino e Mazeta. Nessa redução, levou muitas tribos indígenas ao cristianismo, batizando e pregando a doutrina cristã conforme era propagada pela Igreja Católica Romana. Foi chefe das missões no curso superior e médio do Rio Paraná e do Rio Uruguai (Paradiso, 2012).

Montoya enfrentou, como religioso e como cristão, as incursões dos bandeirantes paulistas, que ambicionavam escravizar os índios em suas expedições pelo sertão. Em uma delas, ocorreu o episódio de transposição, pela água, de 15 mil indígenas – que fugiam da violência bandeirante – para outra região, utilizando mais de 700 canoas e embarcações. Seu texto sobre a conquista espiritual feita pelos religiosos da Companhia de Jesus é uma carta ao Rei de Espanha relatando os acontecimentos da época e reclamando soluções para os problemas enfrentados pelos jesuítas para a proteção dos indígenas (Paradiso, 2012).

Portanto, a *Conquista espiritual* é uma obra clássica não só para a historiografia das **missões jesuíticas**, mas também para a **antropologia ameríndia**. Segundo os padres Arnaldo Bruxel e Arthur Rabuske, "Montoya, tido por muitos como um dos principais missionários entre os guaranis, semelha-se não pouco a seu grande irmão Anchieta nos aldeamentos indígenas brasileiros... Merece, pois, ser conhecido entre nós e apreciado" (Bruxel; Rabuske, 1985, p. 10).

Além disso, por seu estilo literário imerso no ambiente religioso, a obra é um testamento do barroco americano. Segundo Lívia Nascimento Monteiro (2012, p. 2):

> *De maneira geral, podemos considerar que foram os jesuítas e outras ordens católicas, os responsáveis pela disseminação da fé católica na América, além de tradutores da fé cristã. Os jesuítas, em especial, através*

das missões, organizavam os povos indígenas em torno de um regime de trabalho que combinava atividades produtivas e religião. A principal e clássica pedagogia empregada pelos jesuítas foi a utilização de elementos da cultura nativa como "linguagem" para ligar os conteúdos da fé católica aos elementos indígenas.

O encontro dos jesuítas missionários com os indígenas foi o embate entre culturas e espiritualidades distintas. Muitas vezes criticado pelo olhar contemporâneo em razão do culturalismo, isto é, o entendimento de que cada cultura deva ser respeitada em sua própria expressão, esse encontro historicamente foi importante para a disseminação da mensagem cristã de amor e de louvor a Deus na América – assunto controverso, por certo (Bogoni, 2008). Porém, devemos atentar para a historicidade do que narra o Padre Montoya em sua obra. Os jesuítas acreditavam profundamente em sua fé e em sua tarefa. Para eles, as missões tinham um significado espiritual; logo, quando constatamos a pregação de que o demônio se utilizava dos feiticeiros indígenas para espalhar suas maldades, devemos ter em conta que, para os religiosos, isso era uma realidade, ou seja, não se tratava de um preconceito cultural, mas de um **choque espiritual** entre duas forças contrárias: a de Jesus Nazareno e a do demônio.

Assim, observemos com atenção a narração histórica do próprio Montoya (1985, p. 19-20):

> *Incita-me a procurar esta pacificação a caridade cristã, o desamparo total dos índios, o exemplo dos meus antepassados que os conquistaram e deixaram por legado obras dignas de imitação, e, por fim, o fato de estar fazendo quase trinta anos que, sem deixar-me desviar a outro encargo qualquer, minha principal ocupação tenha sido seu ensino catequético e sua conversão a nossa santa fé, coroando meu desejo trabalhos e os mais comuns perigos de morte, como o de ser devorado pelos bárbaros. [...].*

> *Vivi todo o tempo indicado na Província do Paraguai e por assim dizer no deserto, em busca de feras, de índios bárbaros, atravessando campos e transpondo selvas ou montes em sua busca, para agregá-los ao aprisco da Santa Igreja e ao serviço de Sua Majestade. E de tais esforços, unidos aos de meus companheiros, consegui o surgimento de treze "reduções" ou povoações. Foi, em suma, com tal fome, desnudez e perigos frequentes de vida, que a imaginação mal consegue alcançar. Certo é que nessa ocupação exercida parecia-me estar no deserto. Porque, ainda que aqueles índios que viviam de acordo com os seus costumes antigos em serras, campos, selvas e povoados, dos quais cada um contava de cinco a seis casas, já foram reduzidos por nosso esforço ou indústria a povoações grandes e transformados de gente rústica em cristãos civilizados com a contínua pregação do Evangelho.*

Ressaltamos sua sinceridade e sua confiança na missão de pregar o Evangelho. Para os padres jesuítas, a fé era uma vivência profunda, pois a Companhia de Jesus praticava assiduamente os exercícios espirituais ensinados por Ignácio de Loyola (1491-1556). As ciências humanas trabalham baseadas na perspectiva secular e, dessa forma, não consideram a dimensão espiritual que envolve os assuntos da Igreja, tal como aqueles que agem e interpretam o mundo pelo viés da fé e da espiritualidade. Porém, observando a narrativa de Montoya, percebemos que ali estavam em causa duas forças espirituais opostas:

> *As superstições dos feiticeiros baseiam-se em adivinhações por meio dos cantos das aves: do que inventaram e não poucas fábulas relativas a medicar e isto com embustes, chupando, por exemplo, ao enfermo, as partes lesadas e tirando o feiticeiro da boca objetos que nela leva ocultos ou escondidos, e mostrando que ele, com sua virtude, lhe tinha tirado aquilo que lhe causava a doença, assim como uma espinha de peixe, um carvão ou coisa semelhante.*

> Os piores e mais perniciosos vêm a ser os "enterradores", cujo ofício é matar enterrando eles na casa de quem se deseja matar, algumas sobras de sua comida, cascas de fruta e pedaços de carvão etc. Às vezes enterram sapos atravessados com alguma espinha de peixe: com o que se vai enfraquecendo aquele que querem matar, e este, sem outro acidente, morre. Temos visto muitas vezes disso efeitos conhecidos. Assim averiguei de alguns que o demônio lhes aparecia em figura de um negrinho, trazendo um cesto na mão e incitando-os a que fosse "enterrar". E numa peça, que nunca faltava gente nem de dia nem de noite, descobrimos mais de 300 covinhas e sepulturas de coisas que o demônio lhes havia dado. E desejando um deles matar com essas coisas a um padre, respondeu-lhe o demônio que ele não tinha forças bastantes contra aqueles religiosos. (Montoya, 1985, p. 54-55)

Além dos relatos de conflitos espirituais, há uma rica descrição da cultura guarani e uma narrativa histórica dos eventos das reduções nas províncias do Paraguai, Paraná, Uruguai e Tape (Montoya, 1985). Como os outros cronistas coloniais, Montoya escreve da perspectiva da civilização ocidental europeia. No entanto, sua sinceridade religiosa é diferente, pois se trata de um jesuíta que narra sua história não para fins do governo secular, mas para a obra espiritual de conquista e salvação das almas pela pregação do evangelho da Igreja Romana Católica no trabalho missionário da Companhia de Jesus.

Síntese

Nas análises apresentadas neste capítulo, verificamos que o pensamento histórico colonial é parte da cultura de origem europeia e, por isso, foi confrontado com os costumes das etnias milenares que aqui viviam, cujos vestígios arqueológicos remontam à pré-história.

Ressaltamos a limitação das crônicas e dos diálogos de grandezas como forma cultural de registrar e de preservar a memória humana no tempo sob o ponto de vista europeu. Afinal, a escrita da história foi parte do processo de conquista.

As crônicas coloniais que analisamos neste capítulo foram levantadas e estabelecidas como fontes da historiografia brasileira no século XIX por autores como Adolfo Varnhagen e Capistrano de Abre – de que trataremos nos próximos capítulos. Essas histórias são hoje, portanto, ao mesmo tempo escritas da empresa colonizadora e documentos para o estudo dos primeiros séculos da colonização portuguesa na América.

Atividades de autoavaliação

1. Assinale a alternativa correta:
   a) A época colonial apresentava um forte conflito entre a direita monarquista e a esquerda parlamentarista, o que se refletia nas posições historiográficas dos autores tratados neste capítulo.
   b) Os autores coloniais provinham das camadas aristocráticas de Lisboa.
   c) A época colonial compreendeu um forte refluxo de imigrantes alemães que consideravam a escrita da história tão importante como a mineração de ouro nas regiões das Minas Gerais.
   d) As crônicas coloniais fazem parte da tradição letrada e culta da cultura de origem ocidental europeia.

2. Assinale a alternativa **incorreta**:
   a) Pero de Magalhães Gandavo escreveu a primeira crônica sobre a terra de Santa Cruz conhecida atualmente.
   b) Frei Vicente do Salvador escreveu uma história do Brasil que fala dos índios com consideração cristã pelos maus-tratos que sofriam.
   c) Gabriel Soares de Souza descreveu a terra do Brasil e falou de suas qualidades.
   d) Frei Vicente do Salvador era burocrata da administração portuguesa, servente da Companhia das Índias Ocidentais e protestante.

3. Assinale a alternativa correta:
   a) Muito pouco se escreveu sobre o funcionamento da sociedade colonial.
   b) Além de ser padre, Fernão Cardim escreveu sobre a colônia portuguesa na América e fez parte do grupo de cronistas da época colonial.
   c) Antes de se escrever a história do Brasil, no século XVI, uma pesquisa rigorosa foi feita para levantar todas as fontes pré-históricas do continente americano.
   d) Assim como crônicas não são histórias, estas não descrevem os fatos como eles ocorreram.

4. Assinale a alternativa correta:
   a) Os cronistas coloniais, como Frei Vicente do Salvador e Gabriel Soares de Souza, mantinham a tradição da cultura oral do Leste Europeu.
   b) A memória indígena não passou pelo registro das crônicas coloniais, pois estas foram produtos da cultura portuguesa.

c) O Padre Luiz Antonio de Montoya foi um franciscano devotado à caridade entre ribeirinhos do Rio Iguaçu, construindo colônias na região em nome de Nossa Senhora do Guadalupe.

d) O cronista Sebastião da Rocha Pitta prezava mais pelos valores da tribo dos caiapós do que pelos valores católicos portugueses.

5. Assinale a alternativa correta:
   a) O povo indígena vem sofrendo desde a colonização com o roubo de seu território, a violência e a desintegração de sua cultura e o genocídio.
   b) O governo federal, desde a colonização, impediu o massacre e a utilização de mão de obra escrava, seja indígena, seja africana, graças à Constituição democrática de 1589.
   c) O Rei Dom Manuel I foi importante, pois permitiu o acesso direto às fontes dos arquivos para os historiadores profissionais do período colonial.
   d) O desenvolvimento da teoria da retórica de Frei Vicente do Salvador foi importante para todo o pensamento histórico brasileiro.

Atividades de aprendizagem

Questões para reflexão

1. Com base nos cronistas coloniais, examine e aprofunde as diferenças entre o discurso científico do historiador profissional e a retórica escolástica utilizada nas crônicas dos séculos XVI.

2. Reflita sobre o fato de que a história, como era praticada nos séculos XV e XVI, ofereceu ao colonizador português um instrumento de justificativa da posse das terras do Novo Mundo.

Atividade aplicada: prática

1. Dialogue com colegas, amigos e familiares sobre a memória histórica indígena – que foi escrita do ponto de vista do europeu colonizador. Como os nativos a veem? Como eles entendem seu lugar na sociedade brasileira do passado, do presente e do futuro? Com base nos resultados das conversas, elabore um texto reflexivo sobre o assunto.

Capítulo 2
O Instituto Histórico
e Geográfico Brasileiro (IHGB)
e a construção
da historiografia nacional

Em seu estudo pioneiro, chamado *A pesquisa histórica no Brasil*, José Honório Rodrigues afirmou de maneira categórica: "A pesquisa histórica no Brasil nasceu com a fundação do Instituto Histórico e Geográfico Brasileiro [IHGB]" (Rodrigues, 1978a, p. 37). Isso não quer dizer que a historiografia não tivesse se desenvolvido nos anos anteriores à fundação do IHGB, criado em 1838, ou seja, que várias narrativas sobre o desenvolvimento do Brasil não tivessem sido escritas. Como ressaltado no capítulo anterior, diversos autores buscaram elaborar um pensamento histórico nacional antes mesmo de a história ser história e de o Brasil ser Brasil. Porém, o fato é que as obras escritas até as primeiras décadas do século XIX eram apenas crônicas ou pesquisas individuais, trabalhos de eruditos ou de viajantes isolados, que buscaram livros e documentos sobre o país em arquivos e bibliotecas. O IHGB foi a primeira instituição destinada a organizar um trabalho coletivo e sistemático para a produção do conhecimento histórico no Brasil.

Neste capítulo, abordaremos a ambição do IHGB de se adequar aos parâmetros científicos da escola alemã, o projeto de historiografia sugerido pelo naturalista Karl Friedrich Philipp von Martius (1794-1868) e a obra *História geral do Brasil*, escrita por Francisco Adolfo de Varnhagen (1816-1878). Vamos identificar os vínculos da historiografia nacional com o contexto histórico do Império brasileiro de meados do século XIX, fortemente marcado pelo projeto de construção da nação – que se desenvolveu durante o período regencial e continuou no início do Segundo Reinado.

(2.1)
A FORMAÇÃO DO ESTADO NACIONAL E A FUNDAÇÃO DO IHGB

O Brasil, desde que se tornou um Estado-nação autônomo e independente em 1822, pode ser entendido como um país em busca de um conceito. Por isso, diversos pensadores debateram contínua e periodicamente em torno das especificidades nacionais na tentativa de estabelecer o lugar do Brasil no mapa do mundo, no concerto das civilizações.

Ainda na época colonial, sobretudo a partir do final do século XVIII, o país já experimentava sucessivos processos de centralização e de dispersão. Diversos movimentos, revoltas e revoluções denunciavam a existência de propostas distintas para os rumos do Brasil. A Inconfidência Mineira, de 1789, e a Conjuração Baiana, de 1798, manifestaram as principais tensões entre o colonialismo organizado segundo os interesses da metrópole e as preocupações coletivas das elites nativas. No plano político, com a Constituição de 1824 (Brasil, 1924), pode-se observar um jogo pendular entre federalismo e centralismo. A própria opção pela independência com governo na forma de monarquia constitucional representativa deve ser entendida como maneira de evitar o desmembramento da ex-colônia em várias repúblicas. Temia-se que acontecesse no Brasil algo análogo ao que ocorrera na América espanhola, onde quatro vice-reinados se converteram em 14 repúblicas distintas.

Assim, o Império brasileiro surgiu como um símbolo da **união territorial** de um país de proporções continentais. A partir desse momento, divulgou-se a ideia de que a realeza era a melhor alternativa para conter a ameaça da fragmentação política e territorial. As elites brasileiras pareciam acreditar que só mesmo um rei seria capaz de unir um país do tamanho do Brasil, com diferenças internas tão marcantes e profundas.

Os **movimentos de dispersão**, que tanto incômodo causaram no final do século XVIII, continuaram a alimentar o medo da fragmentação na primeira metade do século XIX. Desde o Primeiro Reinado, o debate político esquentava ao redor de dois projetos antagônicos: o centralismo da corte no Rio de Janeiro e o autogoverno provincial, de forte inspiração federalista. Em 1831, com a abdicação de D. Pedro I em favor de seu herdeiro de apenas cinco anos de idade, iniciou-se o chamado *período regencial*, no qual políticos locais, fiéis à Casa de Bragança, revezaram-se no poder até que o jovem D. Pedro II atingisse a maioridade e assumisse o trono. Esse foi um momento drasticamente marcado pela ebulição de **revoltas** provinciais: a Cabanagem, no Pará (1835-1840); a Balaiada, no Maranhão (1838-1841); a Sabinada, na Bahia (1837-1838); e a Farroupilha, no Rio Grande do Sul (1835-1845). Todas essas revoltas – que contaram, em sua maior parte, com a participação maciça de indígenas, escravos fugidos, negros, mulatos e pardos pobres – manifestavam grande insatisfação com a política centralizadora da corte no Rio de Janeiro e reivindicavam maior autonomia regional (Schwarcz; Starling, 2015).

Durante esse intervalo de graves turbulências, os governos regenciais não mediram esforços para consolidar a união e a autonomia do Império brasileiro. Para garantir a ordem e conter manifestações e motins provinciais, foi criada a Guarda Nacional, em 1831. Nesse mesmo ano, foi fundada a Sociedade Auxiliadora da Indústria Nacional (Sain), com o intuito de fomentar o desenvolvimento econômico do Brasil. A criação do IHGB, em 1838, foi mais uma dessas medidas governamentais. Convém destacar que foram os membros do Conselho Administrativo da Sain, Raimundo José da Cunha

Matos (1776-1839) e Januário da Cunha Barbosa (1780-1846), que promoveram a inauguração do IHGB, em 21 de outubro de 1838[1].

O IHGB foi formado inicialmente por 50 sócios, 25 ocupados com o setor de história, e 25, com o setor de geografia. A grande maioria dos membros tinha nascido em Portugal e era fiel à Casa de Bragança. Muitos vieram ao Brasil acompanhando a corte portuguesa, que fugira às pressas das tropas napoleônicas, em 1807. Um grande conhecedor da historiografia nacional – Manoel Luiz Salgado Guimarães (1952-2010) – assim descreveu o perfil profissional dos fundadores do IHGB:

A maioria dos fundadores exercia sua atividade profissional no serviço público: seja na magistratura, na carreira pública de nível superior, no caso dos portadores de diploma de formação em faculdades jurídicas, ou ainda como militares ou funcionários públicos, que, mesmo sem a conclusão de um curso superior, conseguiam qualificação no exercício profissional.
(Guimarães, 2011, p. 91)

Dessa forma, os membros do IHGB faziam parte de uma elite política a serviço do imperador. Para eles, princípios como o **fortalecimento do Estado** e a **unidade nacional** constituíam valores políticos fundamentais. A formação de um instituto histórico e geográfico era, portanto, entendida como um ato de patriotismo. A veneração da nação era o *leitmotiv* da criação do IHGB, e a história era vista como a principal ferramenta para destacar as virtudes e honras da pátria brasileira. O objetivo primordial do instituto era ajudar a fortalecer o Estado monarquista e constitucional naquele momento de intensas

---

1   *O IHGB foi inaugurado no mesmo ano em que estourou a Balaiada, no Maranhão, e em que os rebeldes farrapos do Rio Grande do Sul proclamavam sua "República do Piratini".*

turbulências sociais, que era entendido como uma época de caos e confusão, carente de ordem, clareza e identidade.

Assim, o IHGB foi criado para ajudar o Brasil a se conhecer geográfica e historicamente. No âmbito **geográfico**, a meta era situar mais precisamente as cidades, os portos, os rios, as estradas, os caminhos etc., bem como conhecer melhor e enaltecer a natureza típica do país. No âmbito **histórico**, buscava estabelecer e eternizar os fatos e os homens memoráveis para a pátria. O dever do instituto era narrar o processo civilizador na formação nacional do Brasil, aproximando o país tropical dos padrões europeus. O Império brasileiro, recém-independente, precisava de um passado que trouxesse orgulho e identidade a seus cidadãos e que permitisse à nação avançar para o futuro com confiança e determinação (Reis, 1999).

Os objetivos do IHGB foram fixados em seus primeiros estatutos, nos quais podemos ler: "O Instituto Histórico e Geográfico Brasileiro tem por fim coligir, metodizar, publicar ou arquivar os documentos necessários para a história e geografia do Império do Brasil: e assim também promover os conhecimentos destes dois ramos filológicos por meio do ensino público" (Extracto..., 1839, p. 18).

Portanto, que o IHGB nascia buscando se adequar aos parâmetros rigorosos da regra de metodologia histórica da **escola alemã**, a mais moderna e avançada de sua época. Convém lembrar que o século XIX já foi conhecido vulgarmente como o *século da história*, pois, em seu início, o discurso historiográfico adquiriu foros de cientificidade, e a história conquistou um prestígio científico que até então era monopolizado pelas ciências naturais. À medida que ela se distanciava das antigas crônicas e se transformava em uma disciplina autônoma e institucionalizada no sistema universitário, mais científica se tornava.

Esse processo de **disciplinarização da história** ocorreu inicialmente na Alemanha, durante as reformas educacionais operadas pelo

Estado prussiano, nas primeiras décadas do século XIX. Historiadores como Barthold Georg Niehbur (1776-1831) e Leopold von Ranke (1795-1886) foram grandes figuras representativas dessa época. A história que propunham era tanto mais científica quanto mais rigorosa ela fosse na colheita de documentos, em sua catalogação e em seu exame crítico. Esse modelo de história científica proposto pelos alemães foi, no decorrer do século XIX, difundido para a maior parte das nações europeias e para os Estados Unidos. Diferentemente do que ocorrera nesses países, no Brasil, esses preceitos não foram introduzidos no ensino universitário, que inexistia naquele tempo, mas pelos membros do IHGB.

A política cultural do período regencial visava fazer do IHGB o ponto de concentração de todos os conhecimentos disponíveis sobre o Brasil. Nos estatutos do instituto, previa-se também uma interferência na esfera pública, com a promoção de cursos e palestras e o lançamento regular da *Revista do IHGB* (Revista..., 1839).

O IHGB, amplamente subvencionado pelo Estado[2], patrocinou a colheita de notícias impressas e manuscritas por todas as secretarias, arquivos e cartórios (civis e eclesiásticos) das províncias do Império. Solicitavam-se todas as informações disponíveis, inclusive aquelas que tratavam da atualidade econômica, social e geográfica do país. Alguns membros do instituto também foram enviados a arquivos estrangeiros, sobretudo portugueses, com a missão de coletar documentos importantes sobre a história do Brasil. Nesse contexto, a *Revista do IHGB* teve um papel determinante para o desenvolvimento da historiografia brasileira ao reservar bastante de seu espaço

---

2 Guimarães (2011, p. 75), ao tratar do patrocínio que o IHGB recebia do Estado, observou: "Enquanto a primeira subvenção oficial (1839-1840) representava 44% da receita total do instituto, essa participação subiu para 75% no ano de 1843".

para a publicação regular de textos fundamentais do período colonial, sobretudo do século XVIII, documentos raros e importantes encontrados nos arquivos estrangeiros (Rodrigues, 1978a).

O instituto, então, colocava-se a serviço do Estado e intencionava oferecer conhecimentos precisos e úteis aos governantes. Na realidade, os membros do IHGB ainda mantinham uma concepção de história como **mestra da vida**, tal como formulada na *História da Guerra do Peloponeso*, de Tucídides, e eternizada na expressão latina de Cícero, *historia magistra vitae*, em sua obra *Do Orador*. Para os intelectuais vinculados ao instituto, o conhecimento histórico tinha uma função esclarecedora, que devia apontar caminhos para os que se ocupavam da política. Esse conhecimento, portanto, era considerado uma bagagem fundamental para o homem de Estado. Entendia-se que a história era capaz de fornecer aos homens a prudência e a sabedoria necessárias tanto para evitar antigos erros quanto para repetir acertos do passado. A história era entendida pelos membros do IHGB como um repertório de experiências passadas que podia indicar como fazer as coisas no presente e no futuro (Guimarães, 2011).

(2.2)
Karl Friedrich Philipp von Martius e a escrita da história do Brasil

Na 51ª sessão do instituto, o Primeiro-Secretário Januário da Cunha Barbosa (1780-1846) ofereceu um prêmio de 100 mil réis àquele que apresentasse ao IHGB o melhor plano de como se escrever a história antiga e moderna do Brasil, organizada de forma que abarcasse as esferas política, civil, eclesiástica e literária da nação.

Henrique Júlio de Wallenstein (1790-1843), diplomata e membro fundador do IHGB, apresentou para o concurso um projeto intitulado

Memória sobre o melhor plano de se escrever a história antiga e moderna do Brasil segundo a proposição do Instituto Histórico e Geográfico Brasileiro, escrito em 1843. O autor sugeria que a história do Brasil fosse dividida em décadas, narrando-se os acontecimentos dentro de períodos determinados, da mesma maneira de autores antigos e renascentistas, como Tito Lívio (59 a.C.-17 d.C.), João de Barros (1496-1570) e Diego Couto (1542-1616). Para Wallenstein (1882), uma rápida descrição dos povos indígenas que habitavam a costa do país antes da chegada dos portugueses deveria introduzir a narração dos principais fatos históricos. Para ele, a história do Brasil deveria ser essencialmente política; a civil, a eclesiástica e a literária deveriam aparecer depois, em plano secundário, no final de cada década, servindo apenas de observação ao texto principal (Wallenstein, 1882).

O projeto de Wallenstein era, sem dúvidas, bastante obsoleto e simplório, apresentado em pouco menos de dez parágrafos. Contudo, sua falta de sucesso no concurso não foi apenas consequência das insuficiências de seu planejamento, mas também do brilho da proposta concorrente. O vencedor, anunciado apenas em 1847, foi o naturalista alemão **Karl Friedrich Philipp von Martius** (1794-1868), que apresentou o ensaio *Como se deve escrever a história do Brasil*, redigido em Munique, em janeiro de 1843 (Martius, 1844).

Martius era especialista em botânica. Em 1817, ao lado de J. von Spix e de outros cientistas enviados pelo rei da Baviera, participou de uma longa expedição pelo interior do Brasil, que se estendeu até 1820. Os pesquisadores germânicos relataram suas aventuras e descreveram o largo material que coletaram no livro *Reise en Bresilien*, traduzido e publicado pelo IHGB em três volumes, em 1938, sob o título *Viagem ao Brasil*.

Além de seus estudos sobre botânica, Martius também se dedicou à escrita de importantes trabalhos nas áreas de etnografia e linguística.

Ele havia sido nomeado professor na Universidade de Munique em 1826 e, a partir de 1832, tornou-se diretor do Jardim Botânico da mesma cidade. O Brasil teve um espaço central em sua produção intelectual. Patrocinado pelo rei da Baviera, ele redigiu um importante livro, *Flora brasiliensis*, em que descrevia milhares de espécies de plantas típicas do Brasil e os usos medicinais que delas faziam as populações indígenas (Guimarães, 2011).

O ensaio de Martius (1844, p. 382) sugeria a produção de uma "historiografia filosófica" para o Brasil. Diferentemente da proposta de Wallenstein (1882), o naturalista alemão propunha que a vida política – a descrição de governos e governantes – fosse deixada em segundo plano. Segundo ele, a história do Brasil deveria ser escrita a partir do exame da confluência das três **principais raças** que formavam a população brasileira:

> devia ser um ponto capital para o historiador reflexivo mostrar como no desenvolvimento sucessivo do Brasil se acham estabelecidas as condições para o aperfeiçoamento de três raças humanas, que nesse país são colocadas uma ao lado da outra, de uma maneira desconhecida na história antiga, e que devem servir-se mutuamente de meio e de fim. (Martius, 1844, p. 384)

Martius (1844) compartilhava uma série de ideias comuns da ciência daquela época, muitas das quais soam estranhas ou impróprias nos dias de hoje. Ele falava demais em *raças* (caucasiana, índia, etiópica), supondo que cada uma delas apresentava caracteres fixos e imutáveis e particularidades físicas e morais. Contagiado por uma crença humanístico-iluminista nas possibilidades de aperfeiçoamento da espécie humana, via com bons olhos a formação de uma nação baseada na fusão de três raças diferentes.

Por um lado, o naturalista da Baviera considerava o **elemento português** o motor principal no processo de desenvolvimento histórico do Brasil:

> Disso necessariamente se segue que o Português, que, como descobridor, conquistador e Senhor, poderosamente influiu naquele desenvolvimento; o Português, que deu as condições e garantias morais e físicas para um reino independente; que o Português se apresenta como o mais poderoso e essencial motor. (Martius, 1844, p. 382)

Por outro lado, o autor acreditava que seria um grande erro se o historiador do Brasil desprezasse os **elementos indígenas e africanos** da formação nacional. Para ele, "Nos pontos principais a história do Brasil será sempre a história de um ramo de Portugueses", embora "jamais poderão ser excluídas as suas relações para com as raças Etiópica e Índia" (Martius, 1844, p. 398-399).

Sobre os portugueses, Martius afirmava que o historiador não deveria perder de vista a história da legislação e da formação social da nação portuguesa, pois dela foram transplantadas as principais instituições do Brasil. Era preciso também examinar a história do progresso da poesia, da retórica e das demais ciências, na Europa em geral – e em Portugal em particular –, para apontar a influência que elas exerceram na vida cultural, moral e científica dos brasileiros (Martius, 1844).

Sendo um grande interessado nas questões etnográficas, o naturalista alemão também destacou a necessidade de se estudarem as populações indígenas, sua cultura, língua e costumes. Para o autor, o historiador do Brasil

> deverá encarregar-se da tarefa de investigar minuciosamente a vida e a história do desenvolvimento dos aborígenes Americanos; e [...] perscrutará

a história dos habitantes primitivos do Brasil, história que por ora não dividida em épocas distintas, nem oferecendo monumentos visíveis, ainda está envolta em obscuridade, mas que por esta mesma razão excita sumamente a nossa curiosidade. (Martius, 1844, p. 384-385)

Como etnógrafo e linguista, Martius (1844) alertava que o primeiro passo para o estudo das populações autóctones seria a pesquisa de suas línguas. Dessa forma, com a manipulação de métodos linguísticos e filológicos, o historiador poderia obter importantes informações a respeito das estruturas sociais e dos costumes nativos. Ele também destacava a importância fundamental de se compararem os grupos indígenas com outros agrupamentos humanos de outras partes do globo que apresentassem estágios de desenvolvimento similares.

Martius (1844) não deu muita atenção em seu ensaio ao papel da população negra na formação nacional do Brasil. Para ele, apenas a questão de suas características raciais específicas e o problema do tráfico de escravos pareciam merecer algum destaque. Em sua curtíssima descrição da **raça etiópica**, escreveu: "O negro gosta de falar; o seu modo Africano de pensar, seu fetichismo lhe subministram também diversos pensamentos poéticos sobre acontecimentos sobrenaturais ou milagrosos" (Martius, 1844, p. 396).

Não obstante, para o autor, a escravidão africana era um dos temas mais relevantes a ser tratado pelo historiador do Brasil, que deveria descrever "a condição dos negros importados, seus costumes, suas opiniões civis, seus conhecimentos naturais, preconceitos e superstições, os defeitos e virtudes próprias a sua raça em geral" (Martius, 1844, p. 397) e, também, quais teriam sido as influências da instituição escravista no caráter do senhor português.

Para Martius (1844), o historiador do Brasil também precisaria estar atento aos aspectos socioeconômicos da vida social, inserindo a história do país na trajetória dos movimentos comerciais do mundo europeu e descrevendo seus modos de vida. Segundo ele,

> *O historiador deve transportar-nos à casa do colono e cidadão Brasileiro; ele deve mostrar-nos como viviam nos diversos séculos, tanto nas cidades como nos estabelecimentos rurais, como se formavam as relações do cidadão para com seus vizinhos, seus criados e escravos; e finalmente com os fregueses nas transações comerciais.* (Martius, 1844, p. 394)

Na conclusão de seu ensaio, o naturalista alemão indicava que também era tributário da concepção de história como mestra da vida:

> *Por fim devo ainda ajuntar uma observação sobre a posição do historiador do Brasil com sua pátria.* **A história é uma mestra, não somente do futuro, como também do presente.** *Ela pode difundir entre os contemporâneos sentimentos e pensamentos do mais nobre patriotismo. Uma obra histórica sobre o Brasil deve, segundo a minha opinião, ter igualmente a tendência de despertar e reanimar em seus leitores Brasileiros amor da pátria, coragem, constância, indústria, fidelidade, prudência, em uma palavra, todas as virtudes cívicas [...] Nunca esqueça, pois, o historiador do Brasil, que para prestar um verdadeiro serviço à sua pátria deverá escrever como autor Monárquico-Constitucional, como unitário no mais puro sentido da palavra.* (Martius, 1844, p. 401-402, grifo nosso)

Podemos observar, portanto, que o texto *Como se deve escrever a história do Brasil* foi fundamental para o desenvolvimento da historiografia brasileira. Ele contém diversos temas e ideias gerais sobre o país que serviram de ponto de partida para a reflexão de numerosos trabalhos. A proposta de Martius já antecipava alguns assuntos que mais tarde foram chamados de *história do cotidiano* ou *história das mentalidades*. Também serviu, como veremos mais adiante, de inspiração para a *História geral do Brasil*, de Varnhagen.

Essa chave de leitura do Brasil como fusão de elementos portugueses, índios e negros manteve-se até tempos mais recentes e foi essencial para as teses de Gilberto Freyre (1900-1987), Darcy Ribeiro (1922-1997), Roberto DaMatta (1936-) e muitos outros. Além disso, o ensaio de Martius colaborou para a construção da ideia de que o Brasil é uma espécie idealizada de *democracia racial*, expressão basilar para a historiografia nacional até pelo menos a década de 1950.

(2.3)
Francisco Adolfo de Varnhagen e o Segundo Reinado

Fortemente abalado pelo desgaste de enfrentar revoltas simultâneas espalhadas pelo vasto território do Brasil, o Império viu-se à beira do desmembramento. A solução para garantir um poder monárquico centralizado e de representação nacional foi antecipar a coroação de D. Pedro II, em 1841, quando ele ainda contava com apenas 14 anos de idade. A década de 1840 no Brasil foi considerada não apenas uma fase de reinício, mas também de continuidade. A monarquia era vista como a melhor maneira de garantir a ordem e afastar as anarquias republicanas. O Segundo Reinado se iniciava com a pretensão de abrir um novo tempo de civilidade. Ciente de que uma das grandes necessidades do Império brasileiro era a constituição de uma intelectualidade local, D. Pedro II empreendeu uma larga política cultural, financiando e incentivando literatos, músicos, pintores, estudiosos e cientistas. Assim, o jovem imperador construiu uma sólida fama de mecenas e de patrocinador da cultura e da ciência.

A partir de 1841, diversos artistas do movimento romântico – como Manuel de Araújo Porto-Alegre (1806-1879), Joaquim Norberto de Souza e Silva (1820-1891), Joaquim Manuel de Macedo (1820-1882) e Gonçalves Dias (1823-1864) – tornaram-se membros do IHGB. Como se sabe, o **romantismo brasileiro** foi não apenas um projeto estético, mas também um verdadeiro movimento cultural e político, patrocinado pelo Estado e intrinsecamente ligado ao nacionalismo monárquico e ao desejo de independência cultural. Com uma posição de destaque nos planos do Estado, a literatura romântica transformava-se em instrumento de patriotismo.

Servindo-se de pesquisas históricas, os autores românticos transformaram o elemento indígena (profundamente idealizado) em um símbolo da nação. Assim, a história indígena constituiu um motivo retórico no IHGB, parte do discurso civilizador. Dessa forma, procurou-se inserir essa narrativa nos padrões iluministas de racionalidade e na historicidade moderna, de modo a conferir alguma inteligibilidade àquela "obscura história", no dizer de Francisco Adolfo de Varnhagen(1816-1876) (citado por Turin, 2013, p. 29-32).

A década de 1850 foi uma verdadeira era de ouro para o Império. Além da consolidação da monarquia, ocorreu um significativo crescimento econômico com a expansão das plantações de café no sudeste do país. No plano internacional, a Inglaterra conseguiu impor a extinção do comércio de escravos africanos, impelindo o governo brasileiro a investir mais recursos em infraestrutura. Esse momento de intenso desenvolvimento para o Brasil ficou também conhecido como a **Era Mauá** – época da implantação da estrada de ferro. Entre 1854 e 1858, introduziram-se as primeiras linhas telegráficas, as primeiras locomotivas e estradas de ferro, a iluminação a gás nas principais cidades, entre outras novidades (Schwarcz; Starling, 2015).

A partir de 1850, também houve uma transformação significativa nas atividades do IHGB, as quais se ampliavam e se especializavam. Desde 1849, o jovem e erudito imperador do Brasil, com 24 anos de idade, passou a participar assiduamente das regulares sessões do instituto, contribuindo ativamente para a construção de uma historiografia que o apresentasse como monarca culto e ilustrado. D. Pedro II, como principal patrocinador, passou a ter um enorme poder de influência na instituição e a propor temas de estudo, estabelecer prêmios e apoios financeiros para pesquisas. Além disso, buscou manipular a história do país para construir uma continuidade coerente entre passado, presente e futuro. Em suma, se desde sua criação, em 1838, o IHGB vinha se dedicando majoritariamente à coleta de documentos históricos e geográficos sobre o Brasil; a partir de 1849, ele passou por uma severa reorientação. Em primeiro lugar, aprimoraram-se os requisitos de ingresso de novos membros, que só seriam aceitos mediante a apresentação de um trabalho científico original. Além disso, o IHGB se abria para novos campos de pesquisa, como a arqueologia, a etnografia e a língua dos povos indígenas (Guimarães, 2011).

Foi nesse contexto que **Francisco Adolfo de Varnhagen** produziu a primeira *História geral do Brasil* (1854-1857). Varnhagen nasceu no interior da província de São Paulo, filho de mãe portuguesa e de um engenheiro militar alemão que veio trabalhar em uma usina de fundição em Sorocaba. Apesar de ter nascido no Brasil, na maior parte da vida o autor esteve no exterior. Sua juventude foi vivida em Portugal, onde realizou seus estudos e teve as primeiras vivências intelectuais e atividades profissionais. Em Lisboa, Varnhagen frequentou a Academia Real de Fortificação e o Colégio dos Nobres, onde fez cursos de ciências naturais, paleografia, ciências políticas e diplomacia. Na Escola Politécnica de Portugal, concluiu sua formação como engenheiro militar, mesma profissão do pai. Na capital portuguesa, também se inseriu em alguns círculos de escritores românticos e acabou tornando-se amigo bastante próximo de Alexandre Herculano (1810-1877), que mais tarde escreveria a *História de Portugal*, em quatro volumes (Guimarães, 2011).

Varnhagen foi um intelectual que teve múltiplos círculos de atuação. Além de engenheiro, foi historiador, diplomata, crítico literário e conselheiro do imperador. Como historiador, formou-se de acordo com os modernos preceitos da escola histórica alemã, demonstrando grande familiaridade com os métodos de trabalho das fontes da *Monumenta Germanie Historica*. Tornou-se sócio-correspondente do IHGB em 1840, quando ainda estava em Portugal, e, com o instituto, realizou um imenso trabalho de colheita, catalogação e edição de documentos históricos sobre o Brasil. Em uma visita ao país, vasculhou inúmeros livros e papéis dos arquivos da Câmara Municipal de São Paulo, assim como do cartório dos jesuítas.

Foi só em 1842 que Varnhagen ganhou a cidadania brasileira, quando ingressou no serviço diplomático nacional, trabalhando em questões de fronteiras e recolhendo documentos em arquivos estrangeiros. Como consequência da carreira de diplomata, residiu em Lisboa (1842-1847), Madri (1847-1858), Caracas (1861-1863) e Viena (1868-1876), sempre buscando investigar os arquivos locais (Guimarães, 2011).

Por isso, podemos dizer que Varnhagen foi um legítimo **compilador**. Ele editava não apenas documentos históricos, mas também textos literários. Às vezes, publicava mais de um livro por ano. Entre 1850 e 1853, editou em três volumes o notável *Florilégio da poesia brasileira*. Além disso, localizou alguns dos mais importantes textos coloniais que conhecemos até hoje, como o *Tratado descritivo do Brasil*, de Gabriel Soares de Souza, a *Prosopopeia*, de Bento Teixeira, os *Diálogos das grandezas do Brasil*, de Ambrósio Fernandes Brandão, e muitos outros (Rodrigues, 1978a).

Varnhagen desfrutou de grande reconhecimento em vida, seja por seus serviços diplomáticos a serviço do Estado, seja por sua vastíssima produção intelectual. Sua autoridade intelectual era tanta que acabou se tornando, como já mencionamos, uma espécie de conselheiro do imperador. Entre 1852 e 1876, escreveu numerosas cartas a D. Pedro II, dando orientações e propostas políticas ao jovem monarca. Como coroação de seus serviços leais ao Estado, recebeu o título nobiliárquico de *barão*, em 1872; dois anos mais tarde, foi promovido a Visconde de Porto Seguro (Guimarães, 2011).

(2.4)
A *História geral do Brasil*, de Varnhagen

A primeira tentativa de elaborar uma história do Brasil baseada no programa elaborado por Martius (1844) foi levada a cabo por Varnhagen, em sua *História geral do Brasil*. O livro foi publicado em dois volumes e abrange todo o período que vai do descobrimento do Brasil, em 1500, até a declaração de sua independência, em 1822 (Varnhagen, 1981). Trata-se, portanto, de uma história da colonização do país. A produção de Varnhagen buscava responder aos anseios do governo monarquista que acabara de impor o modelo de Estado centralizado por todo o país. A obra pretendia fornecer, tanto a seus contemporâneos quanto às gerações futuras, modelos de identificação que tornavam possíveis a consolidação e o desenvolvimento de uma **comunidade nacional** (Guimarães, 2011).

A formação intelectual de Varnhagen estava calcada na tradição do iluminismo português, orientada fortemente pela ideia de *civilização*. Sua história do Brasil era, portanto, a narrativa da colonização branca no Brasil, feita pelos portugueses, representantes da sociedade europeia. Para o autor, a colonização portuguesa deveria ser entendida como o primeiro passo do Brasil rumo à civilização. Assim, a *História geral do Brasil* foi toda construída sob o ponto de vista dos descobridores e dos colonizadores – era um relato que justificava a **dominação** e os **direitos das elites** e legitimava a submissão de índios, negros e mulatos.

Quanto aos portugueses, o autor buscou seguir os conselhos de Martius, descrevendo as instituições criadas por eles. Lembrava que a nação portuguesa, que no passado tinha feito parte do Império Romano, fora conquistada pelos árabes, herdando desses povos organizações e hábitos. "A legislação civil e as municipalidades eram romanas. Dos bárbaros procediam originalmente os forais e parte da legislação criminal" (Varnhagen, 1981, p. 158). Ele também buscou descrever em que estado estavam a língua e a cultura portuguesa no momento do descobrimento e no início da colonização do Brasil. Afirmava o historiador: "A cultura intelectual de Portugal, isto é, o estado das letras e das ciências, pode-se dizer que andava então a par da dos demais países da Europa" (Varnhagen, 1981, p. 160).

Varnhagen (1981) aplaudia a atuação dos bandeirantes do século XVII em seus esforços de capturar e escravizar indígenas. Ele considerava o empreendimento colonial português extremamente bem-sucedido, já que trouxe os valores da **civilização ocidental** e da **fé cristã** para o Novo Mundo, além de ter tornado produtiva uma grande região quase completamente inabitada e desconhecida. O autor pretendia estabelecer e eternizar os principais fatos e feitos dos grandes homens que contribuíram para a colonização do Brasil, escrevendo a história de seus reis, guerreiros, exploradores, governadores e missionários religiosos. Um exemplo notável disso foi a forma heroica com que descreveu o governo de Mem de Sá, entre 1558 e 1572: "O governo de Mem de Sá é, entretanto, um dos que a história deve considerar como dos mais profícuos para o Brasil, o qual se pode dizer ter sido por ele salvo, principalmente das invasões francesas, e das dos índios" (Varnhagen, 1981, p. 343).

Dessa forma, Varnhagen (1981) localizava a origem de um sentimento nacional genuinamente brasileiro na guerra contra os holandeses, em meados do século XVII, quando portugueses, índios e africanos escravizados uniram-se para expulsar as tropas dos invasores. Essa ideia seria desenvolvida mais tarde pelo autor em outro livro, a *História das lutas contra os holandeses no Brasil*.

Na *História geral do Brasil*, Varnhagen (1981) considerava que as contribuições dos povos **indígenas** e **africanos** na formação da nacionalidade brasileira foram muito inferiores se comparadas às dos colonos portugueses. Para ele, os índios nunca tiveram realmente qualquer direito sobre o país:

> *Por toda a extensão que deixamos descrita não havia populações fixas e que descobrissem em seus habitantes visos de habitações permanentes [...] O país vinha a estar muito pouco povoado. [...] os primeiros colonos exploradores atravessavam extensões de caminho de quarenta e cinquenta léguas, sem encontrar gente.* (Varnhagen, 1981, p. 23)

O autor elaborou uma imagem **extremamente negativa** das populações indígenas, descritas como selvagens e raivosas, que viviam se matando inutilmente em guerras frequentes e supérfluas. Segundo Varnhagen (1981, p. 36), "Às vezes somente o desejo que tinha uma cabilda [tribo] de possuir alguma ou algumas mulheres de seus contrários, ou de as reivindicar, dava motivo a uma campanha". E quanto à forma indígena de guerrear, o autor a considerava desleal e traiçoeira: "o sistema de ataque era em geral, da mesma forma que na América do Norte, o das tocaias ou ciladas, e caíam sobre o inimigo com grandes urros e apupadas, quando o achavam mais descuidado" (Varnhagen, 1981, p. 36).

Em várias passagens do livro, o autor referiu-se aos índios como "gentes vagabundas", "falsos", "infiéis", "mimados", "ingratos", "desconfiados" etc. (Varnhagen, 1981). Essas imagens depreciativas buscavam justificar a colonização portuguesa como empreendimento civilizador, uma verdadeira luta contra a barbárie e a selvageria. Entretanto, não deixava de reconhecer que alguns costumes indígenas penetraram na formação da nacionalidade brasileira:

> *Vendo-se em pequeno número e tão desamparados, os cristãos em cada uma das capitanias começaram a fazer-se a muitos usos dos bárbaros, nos objetos domésticos e de primeira necessidade [...] Dos mesmos bárbaros adotaram os colonos o uso do milho e da mandioca, e todos os meios de cultivar e preparar estas duas substâncias alimentícias, bem como as abóboras, o feijão etc.* (Varnhagen, 1981, p. 212)

Na história de Varnhagen (1981), o elemento africano também carregava um forte caráter depreciativo. O autor desejava ardentemente o desaparecimento de todos os elementos negros no futuro da nação brasileira: "fazemos votos", escrevia ele, "para que chegue um dia em que as cores de tal modo se combinem que venham a desaparecer totalmente no nosso povo os característicos da origem africana" (Varnhagen, 1981, p. 223).

Apesar de repudiar as crueldades da escravidão, Varnhagen (1981) considerava os povos africanos tão bárbaros e degenerados que julgava que a escravidão era o melhor para eles, assim pelo menos entravam em contato com a civilização cristã europeia. Em uma passagem da *História geral do Brasil*, podemos ler:

> *Nessas nações (africanas) a liberdade individual não estava assegurada; pelo que os mais fortes vendiam os fracos, os pais os filhos, e os vencedores, com muito maior razão, os inimigos vencidos. Assim, ainda passando tais gentes ao Brasil, com as condições da escravidão romana, isto é, de serem coisa venal ou bem móvel, melhoravam elas de sorte [...] E o certo é que, **passando à América, ainda em cativeiro, não só melhoraram de sorte, como se melhoravam socialmente, em contato com gente mais polida, e com a civilização do cristianismo**.* (Varnhagen, 1981, p. 224, grifo nosso)

Para o autor, a introdução de africanos no Brasil fora um tremendo equívoco, pois os negros teriam difundido vícios e misérias pelo país. Por esse motivo, ele condenava os traficantes de escravos africanos por lotarem o litoral e os engenhos brasileiros com essa população bárbara. Apesar de contribuírem para o aumento da riqueza pública com sua força de trabalho, os escravos africanos "pervertiam os costumes, por seus hábitos menos decorosos, seu pouco pudor e sua tenaz audácia" (Varnhagen, 1981, p. 225).

Mesmo sendo um grande crítico da instituição escravocrata, Varnhagen (1981) considerava que o contato entre colonizadores portugueses, índios e africanos ocorreu, com poucas exceções, de maneira branda no Brasil.

> *Quanto a nós, tem-se clamado demasiado injustamente contra as tendências dos primeiros colonos de levarem a ferro e fogo os bárbaros da terra, agrilhoando-os, matando-os ou escravizando-os. Não sejamos tão injustos com os nossos antepassados, nem tampouco generosos com os que da mudez do sepulcro não se podem defender [...] Houve sim, [...] quem abusasse, quem sem caridade pretendesse conculcar as leis divinas e humanas, e introduzir, com piratarias e crueldades, a anarquia e a dissolução nas primeiras povoações que o cristianismo fundava no Brasil.*

> Mas tais monstros da sociedade eram exceção, e muitos deles tiveram o merecido castigo. (Varnhagen, 1981, p. 217)

Por sua obra, Varnhagen (1981) foi considerado por muitos o pai fundador da historiografia brasileira. A *História geral do Brasil* foi um estrondoso **sucesso editorial**: a primeira edição esgotou-se rapidamente, ainda mais se for considerado o número reduzidíssimo de letrados no Brasil daquele período. O livro representou um verdadeiro marco no que diz respeito a tamanho e qualidade, visto que o autor buscou escrever a história do país de acordo com os padrões científicos mais rigorosos de sua época, analisando exaustivamente os documentos selecionados e afastando tudo aquilo que lhe parecesse lendário e maravilhoso.

A obra se impõe, sobretudo, por seu poder de pesquisa, pela quantidade de coisas não tratadas pelos historiadores e pelos cronistas anteriores. Os fatos e os acontecimentos ali descritos eram, até então, em grande parte, inéditos e foram encontrados em documentos e em crônicas descobertos pelo próprio autor. Varnhagen provavelmente proporcionou a maior revelação de episódios novos e documentos desconhecidos que já se fez até hoje na historiografia brasileira. O conhecimento dele a respeito dos arquivos e textos antigos o tornava um mestre de consulta obrigatória, uma leitura incontornável (Rodrigues, 1978a).

Por mais que não tenha escrito sobre sua concepção de história, podemos perceber que Varnhagen também era tributário da ideia de história como **mestra da vida**. Para ele, o conhecimento histórico era fundamental, pois, do passado poder-se-iam extrair lições para as ações do presente. Assim, a interpretação da obra do autor estava sempre muito impregnada pelas grandes questões políticas de sua época, como a do fim da escravidão e a da integração nacional dos povos indígenas (Guimarães, 2011).

Não obstante, a interpretação da história do Brasil de Varnhagen (1981) é **elitista** e carregada de diversos preconceitos. O autor exaltava a monarquia e defendia o culto à ordem. Também não via com bons olhos o índio que resistia às tentativas de subjugação nem o negro que fugia ou revoltava-se contra seu senhor; pelo contrário, defendia a escravidão e a guerra aos índios selvagens.

Além disso, o autor procurou resgatar as origens da civilização e da cultura de Portugal em suas pesquisas históricas. Para ele, o Brasil deveria ser entendido como um posto avançado da **cultura portuguesa** nos trópicos. Como escreveu Guimarães (2011, p. 189), "Em Varnhagen, sempre estiveram intimamente relacionados a prestação das funções públicas, a identificação com o Estado brasileiro e os trabalhos historiográficos".

A *História geral do Brasil* é um relato majoritariamente político-administrativo, recheado de nomes, datas e acontecimentos. Sua intenção foi reunir nostálgicas informações sobre as ações dos grandes heróis portugueses. Para Varnhagen (1981), a história do Brasil era a história da nação – e esta era idêntica ao Império. Ele menosprezou todos os movimentos políticos e sociais contrários à política colonial da Coroa Portuguesa, pois sua intenção era construir a imagem de um país homogêneo. Assim, o livro foi escrito como um serviço à nação e, não por acaso, foi dedicado ao Imperador D. Pedro II.

Síntese

Conforme discutimos neste capítulo, a história sugerida pelos membros do IHGB, por Martius (1844) e por Varnhagen (1981) pretendia construir a imagem de um Estado monárquico civilizado no Novo Mundo. No entanto, a realidade do Brasil era bastante diferente do que se retratava na historiografia nacional, pois o mesmo Estado que era descrito como posto avançado da civilização ocidental nos trópicos também tomava medidas violentíssimas contra o próprio povo. As turbulentas revoltas do período regencial foram quase sempre finalizadas com grandes massacres. Por exemplo, em 1840, a Guarda Nacional exterminou aproximadamente 40 mil revoltosos (cerca de 40% da população local do Pará) para silenciar a Cabanagem. E a Balaiada no Maranhão também saiu com um saldo desastroso de mais de 12 mil mortos, quase todos sertanejos e escravos fugidos (Schwarcz; Starling, 2015).

Além disso, o Império dependia economicamente do perverso modelo escravista, amplamente institucionalizado por todo o país. Essa é provavelmente a maior contradição da historiografia nacional do século XIX. A defesa e a conservação da escravidão estiveram enraizadas no centro da formação do Brasil, que se pretendia um Estado-nação civilizado. Pressionados desde cedo pela Inglaterra para extinguir o tráfico negreiro, os fundadores do Império brasileiro sempre mantiveram um discurso de abolição gradual do regime escravocrata. Vale lembrar que, na década de 1850, o Rio de Janeiro, capital do Império, apresentava a maior concentração urbana de escravos registrada desde o fim do Império Romano: 110 mil escravos em uma sociedade de 226 mil habitantes (Schwarcz, Starling, 2015).

Dessa forma, o ambiente intelectual em que foram criados o IHGB e a obra *História geral do Brasil*, de Varnhagen, foi marcado por dois aspectos principais: de um lado, a crença no progresso e no aperfeiçoamento das sociedades humanas com o auxílio da ciência; de outro, a manipulação da história, da literatura, das ciências e das artes como caminho para a construção de uma identidade nacional.

Portanto, a historiografia nacional do século XIX fornecia uma matriz para as elites brasileiras, um modelo do que o Brasil gostaria de ser. A nação do período regencial e do Segundo Reinado não se enxergava como ruptura da civilização portuguesa; ao contrário, pretendia carregar a missão civilizadora de continuar a obra da antiga metrópole. Para tanto, menosprezaram-se tanto as revoltas políticas e sociais quanto a participação de negros e indígenas na formação da nacionalidade brasileira.

Atividades de autoavaliação

1. Assinale a alternativa **incorreta**:
   a) O IHGB assumiu como seus principais objetivos: coligir, metodizar, publicar e arquivar os documentos necessários para a história e a geografia do Brasil, bem como narrar o processo civilizador na formação nacional do Brasil, aproximando o Império brasileiro dos padrões europeus.
   b) A historiografia do IHGB, apesar de adotar os rigorosos critérios da ciência histórica mais avançada de sua época – provenientes da escola histórica alemã de Barthold Georg Niehbur e Leopold von Ranke –, ainda mantinha pressupostos da concepção de história como *mestra da vida* (*historia magistra vitae*).
   c) A fundação do IHGB em 1838 representou o primeiro esforço do governo brasileiro de escrever a própria história, afastando-se da herança portuguesa e identificando-se com o elemento indígena.
   d) O IHGB – formado majoritariamente por membros de uma elite política fiel à Casa de Bragança – buscava o fortalecimento do Estado monarquista, utilizando a história para enaltecer as virtudes e as honras da pátria brasileira.

2. Analise as sentenças a seguir e marque V para as verdadeiras e F para as falsas.

( ) O Estado Imperial brasileiro financiou a colheita de documentos, notícias impressas e manuscritos em arquivos, secretarias e cartórios, tanto no Brasil quanto no estrangeiro.

( ) O projeto de Henrique Júlio de Wallenstein para escrever a história do Brasil, fortemente inspirado no modelo de Tito Lívio, foi fundamental para o estabelecimento da historiografia nacional, até pelo menos a década de 1960.

( ) O primeiro autor a sugerir que a história do Brasil deveria ser escrita mediante a confluência dos três principais elementos étnicos que formaram o povo brasileiro: portugueses, índios e africanos foi Karl Friedrich Philip von Martius, naturalista bávaro que percorreu o Brasil entre 1817 e 1820.

( ) A história do Brasil, para Martius – tributário da concepção de história como *mestra da vida (historia magistra vitae)* –, assim como os demais membros do IHGB, deveria ser escrita com a finalidade de despertar e reanimar em seus leitores o sentimento de amor à pátria.

Agora, assinale a alternativa que apresenta a sequência correta:

a) F, V, V, F.
b) V, F, V, V.
c) F, F, V, V.
d) V, V, F, V.

3. Assinale a alternativa **incorreta**:
   a) *Como se deve escrever a História do Brasil* (1843) foi um dos textos fundamentais da historiografia brasileira, pois levantou diversos temas e ideias gerais que serviram de ponto de partida para numerosos trabalhos posteriores, como os de Varnhagen, Gilberto Freyre, Darcy Ribeiro etc.
   b) Durante o Segundo Reinado, o IHGB vivenciou transformações significativas que resultaram em sua ampliação e em sua especialização, sobretudo em razão do patrocínio de D. Pedro II, que passou a frequentar assiduamente as sessões do instituto a partir de 1850.
   c) Em *História geral do Brasil*, Varnhagen argumentou que a história do Brasil era a história da colonização branca no Brasil, feita pelos portugueses que trouxeram os valores da civilização europeia.
   d) Ao contrário de Martius, Varnhagen recusava ver o elemento português como o motor principal da história brasileira, argumentando que, em um país de mestiços como o Brasil, era fundamental a escrita de uma história que privilegiasse os elementos indígenas e africanos.

4. Analise as sentenças a seguir e marque V para as verdadeiras e F para as falsas.
   ( ) A historiografia nacional sugerida por Varnhagen pretendia estabelecer e eternizar os feitos dos grandes homens e os principais fatos políticos e militares vinculados ao processo de colonização do Brasil.
   ( ) Varnhagen, muito inspirado pelas propostas de Martius, buscou equilibrar as contribuições de portugueses, índios

e africanos para a formação da nacionalidade brasileira, valorizando igualmente todos os elementos.

( ) A *História geral do Brasil* foi a primeira obra da historiografia brasileira a destacar os aspectos negativos da colonização portuguesa, sobretudo no que diz respeito às crueldades da escravidão, servindo de base para as interpretações históricas de autores posteriores, como Sérgio Buarque de Holanda e Caio Prado Jr.

( ) Francisco Adolfo de Varnhagen é considerado o pai fundador da historiografia brasileira, já que sua obra monumental representou um marco no que diz respeito a tamanho e qualidade, tornando-se uma referência incontornável para os historiadores posteriores.

Agora, assinale a alternativa que apresenta a sequência correta:

a) V, F, F, V.
b) V, V, F, F.
c) V, V, F, V.
d) F, F, F, V.

5. Assinale a alternativa **incorreta**:
   a) A *História geral do Brasil*, de Varnhagen, traz uma visão extremamente elitista, que carrega diversos preconceitos conservadores e reacionários.
   b) Entre os principais objetivos da historiografia nacional de Varnhagen estava resgatar as origens da civilização e da cultura de Portugal por meio de pesquisas históricas e eruditas.

c) Por defender uma história-denúncia do perverso modelo escravista da colonização portuguesa, Varnhagen chegou a ser afastado do IHGB na década de 1850.

d) Tanto o IHGB como a obra de Varnhagen surgiram em um contexto histórico amplamente marcado pela manipulação da história, literatura, ciências e artes em prol da construção de uma identidade nacional.

Atividades de aprendizagem

Questões para reflexão

1. Com base nos textos de Martius (1844) e de Varnhagen (1981), examine quais são os pontos de aproximação e de distanciamento entre os autores.

2. Em um pequeno texto (de 15 a 30 linhas), destaque as relações entre a constituição do Estado-nação brasileiro e os trabalhos empreendidos pelos membros do IHGB.

Atividade aplicada: prática

1. Realize uma pesquisa no primeiro número da *Revista do IHGB* (1839) e observe os fundamentos políticos, institucionais e intelectuais da proposta e da fundação do instituto. Com base em sua análise, elabore um plano de aula que priorize o contato dos estudantes com as fontes primárias da

historiografia brasileira do século XIX, para que eles próprios possam perceber tais fundamentos e o que mais lhes parecer interessante.

REVISTA do Instituto Historico e Geographico do Brazil. Rio de Janeiro, n. 1, 1839. Disponível em: <https://drive.google.com/file/d/0B_G9pg7CxKSsNnh2dFVNTkhxclU/view>. Acesso em: 5 abr. 2018.

Capítulo 3
O pensamento histórico
na geração de 1870

Neste capítulo, analisaremos autores que participaram de um dos períodos mais intensos e criativos do pensamento histórico brasileiro. O intervalo entre a segunda metade do século XIX e o primeiro quartel do século XX foi marcado por intensas transformações, instabilidades e rupturas, que acompanharam o progresso do mundo industrial, do liberalismo depois das Revoluções Francesa e Americana e do triunfo da ciência. A historiografia e a arte – sobretudo a literatura e o ensaio –, nesse período, estavam muito próximas, visto que, nos escritos históricos, ainda se prezava pela beleza estética do texto.

Por isso, focaremos nossa discussão em autores como Joaquim Nabuco, Machado de Assis e Euclides da Cunha, que não eram historiadores profissionais, mas seus textos e estudos estão muito perto de constituir panoramas históricos desse momento e se sobressaem pela profundidade de percepções sobre as realidades sociocultural e histórica do Brasil. Nesse sentido, Capistrano de Abreu e Oliveira Lima já estão mais próximos do ofício especializado dos historiadores, pois dedicaram-se à pesquisa e à escrita da história.

(3.1)
Entre a história e a literatura: missão, civilização e ironia

A arte literária foi o principal meio de expressão cultural do mundo ocidental no século XIX. Ela congregava todas as outras artes e formou a sensibilidade dos românticos, dos liberais, dos socialistas, dos realistas e dos naturalistas do final do século. Nos países latino-americanos que tinham alcançado a independência, começou-se a buscar a formação de suas identidades nacionais e suas características populares próprias com uma série de estudos antropológicos, linguísticos e estéticos. O Romantismo, com suas discussões filosóficas sobre o espírito do povo e das línguas, contribuiu inicialmente para formar o primeiro cânone brasileiro independente, ao menos politicamente.

A sociedade do *século XIX participou intensamente de discussões sobre forma* e *conteúdo*, resultando em mudanças de concepção estética e conteúdo filosófico. Esse período começou, sem dúvida, com as ideias radicais das Revoluções Francesa e Americana, e chegou a seu final transformado pelo curso dos acontecimentos. O mundo mudava muito rapidamente, com a aceleração do ritmo de vida, marcado pelo aumento dos ritmos de trabalho e de produção promovido pela indústria, pelos impérios e pelo capital. Segundo Eric Hobsbawm (1927-2012), o mundo havia se modificado radicalmente após a Revolução Industrial e a Revolução Francesa (Hobsbawn, 2009). Assim, o século que começara otimista contava com um final no qual já apontava no horizonte uma profunda crise de perspectivas e da própria civilização ocidental.

Com todas as rápidas mudanças e com a explosão de acontecimentos na América Latina e em seu pensamento histórico, rejeitou-se a herança ibérica – com suas formas estéticas barrocas tidas como irracionais e religiosas – e buscou-se um discurso **político**, uma prática **social** e uma composição **cultural** capazes de integrar essa região à **ordem europeia**, que se considerava o destino de toda a civilização. Dessa forma, o Brasil deveria acompanhar o ritmo do século e as mudanças políticas e sociais para fazer parte do mundo civilizado.

Nesse sentido, as formas estéticas que inicialmente eram importações europeias, modificaram-se e assumiram a particularidade característica que deu originalidade aos escritores locais. Assim, embora seguindo a mudança e o debate estético que ocorria na Europa, os escritores brasileiros não eram meros imitadores, ou seja, as obras nacionais constituíram um acervo próprio que não fazia delas mera extensão da produção daquele continente.

Com a independência das nações da América Latina, o **liberalismo** foi a doutrina social que constituiu a base de seus programas, com teorias de desenvolvimento para o estabelecimento e a consolidação dos governos locais e a reorganização da sociedade, de acordo com a nova ordem capitalista adotada. Contudo, elas eram ideias liberais europeias que se aplicavam em países socialmente estratificados e racialmente divididos.

A tradição do poder estatal provinha da época colonial e dificilmente os países latino-americanos manteriam governos sem forte autoridade. Assim, as ideias liberais, como no caso do Brasil, conviveriam com outras, conservadoras, que representavam a força das elites que queriam manter a predominância e a posição confortáveis que desfrutavam na antiga ordem. Logo, as doutrinas do liberalismo clássico europeu sofreram modificações e adaptações às condições sociais da América Latina. De toda forma, essa ideologia estava em **conflito** com o ordenamento colonial herdado das instituições e da realidade social do passado, o que resultou em conchavos e revoltas ao longo do século XIX (Hale, 2015).

A partir da década de 1870, iniciou-se o contexto de crise no trono de D. Pedro II. O país estava internamente abalado por causa da Guerra do Paraguai (1864-1870), a qual havia dotado o exército com glórias militares e fortalecido a classe guerreira, o que a colocava em atrito com as autoridades civis, que perdiam prestígio à medida que o governo era desmoralizado. A Igreja Católica Romana, religião oficial do Império, estava atingida e ressentida pelos flertes do imperador com a maçonaria e pela tutela do Estado na indicação dos bispos. As classes de fazendeiros rurais eram escravocratas e, à proporção que crescia a campanha abolicionista e sua pressão sobre o imperador, diminuía o apoio político delas ao governo. Assim, o Partido Republicano paulista organizou, em 3 de dezembro de 1870, seu manifesto fundador e, na sequência, veio a congregar os descontentes com o Império, fornecendo o **projeto republicano** como o futuro do país.

Os interesses agrícolas, de grande influência no país desde a Colônia, portavam-se contra toda iniciativa filantrópica do governo e qualquer zelo humanitário oposto à escravidão. A discussão sobre a abolição da escravatura era o mais grave problema do império de D. Pedro II e, a partir da década de 1870, com a pressão internacional, notadamente inglesa, e da sociedade abolicionista brasileira, era a pauta política mais controversa. Em 1850, já havia ocorrido a abolição do tráfico negreiro; em 1871, foi aprovada a Lei do Ventre Livre. Coube a Joaquim Nabuco apresentar à Câmara dos Deputados, em 1879, o primeiro projeto de abolição total. Depois, a Lei dos Sexagenários foi aprovada em 1885 e, finalmente, em 1888, foi declarada a Abolição da Escravatura no Brasil. Portanto, de 1870 a 1889, chocavam-se as ideias, confundiam-se as doutrinas, o parlamentarismo era discutido ao lado do republicanismo, e o Império e a democracia liberal eram postos face a face.

A fileira dos republicanos congregou o oportunismo político e o descontentamento com o Império. Dessa forma, em 1889, foi proclamada, com um golpe militar, a República, a qual foi saudada como um progresso na linha positivista que doutrinava o corpo de intelectuais militares – de engenharia, de artilharia e de terra e mar. A ênfase era a evolução, e se o Império estava associado ao passado, naturalmente o país deveria se desenvolver rumo ao futuro da civilização, e a República trazia esse futuro e realizaria a modernidade salvadora no Brasil.

A **Primeira República** veio como mudança política que acompanhava transformações socioeconômicas, como a economia cafeeira – que se deslocava dos barões do café do Vale do Paraíba para o Oeste

Paulista – o surgimento de uma classe média urbana, o desenvolvimento do comércio e o início da industrialização (Schwarcz; Starling, 2015).

Os autores da geração de 1870 viveram no centro de todas essas transformações. Por um lado, as ideias de liberdade dos indivíduos, que vinha com a modernização, eram apreciadas; por outro, estavam deslocadas em um país que acabava de sair da escravidão e começava a industrializar-se e a funcionar no modelo capitalista. O campo e a cidade eram duas realidades socioculturais muito diferentes. As contradições internas da sociedade destacaram-se, na literatura, como a de Machado de Assis. Eclodiram revoltas, e nem tudo eram flores no novo contexto político brasileiro. Assim, o processo de modernização não foi uma transição suave, pois, em grande medida, ele foi forçado, ensejando rebeliões camponesas como a Guerra de Canudos e a Guerra do Contestado. A razão disso é que a modernização chegou no Brasil como um projeto evidentemente estrangeiro, aliado aos interesses do capitalismo, em um mundo que globalmente vivia o auge do imperialismo. Segundo Schwarcz e Starling (2015, p. 316),

> O movimento intelectual também foi forte, já que criou uma nova linguagem, lançou mão da polêmica e atacou os três suportes do Império: o monarca, a religião e o romantismo. Além disso, foi evidente a renovação no campo das ideias: o evolucionismo, o materialismo e o positivismo representaram teorias para a ação nas mãos dos intelectuais da época: a imagem do progresso e a concepção de modernização seriam associadas à palavra "república". A combinação desses novos elementos (espaço público, intelectuais e ideias) formou uma cultura política nova que modelou novos símbolos e jogou água para o moinho da República.

De maneira geral, os textos do final do século XIX são imprescindíveis, se não por sua atualidade, então por sua união de arte e história, estilo literário e representação dos fatos da realidade. É o caso dos autores comentados neste capítulo. As obras que escreveram merecem ser lidas não apenas por sua erudição e pela busca documental dos autores, mas também por sua **qualidade literária** e como **testemunhos** da vida brasileira do final do século XIX. Ao mesmo tempo, são historiografia e fontes históricas para o estudo daquele período, um momento, como já dissemos, de grandes transformações, caracterizado por patriotismo, civilismo e busca da nacionalidade. A historiografia ligada ao teor moral e cívico estava muito preocupada com o Estado e com as instituições administrativas (Iglésias, 2000).

De certa forma, a produção historiográfica dessa época não apresentava clareza teórica, pois era uma fase de ecletismo. Os brasileiros recebiam, absorviam e adaptavam ideias europeias, e não havia escola crítica ou estudo que esclarecesse as diversas linhas de pensamento tradicionais. Assim, liberalismo, socialismo, positivismo, sociologia biológica, evolucionismo e materialismo podiam ser usados, por exemplo, por um autor como Euclides da Cunha. Foi essa falta de clareza teórica, produzindo o ecletismo e a circulação de diversos tipos de ideias que vinham do exterior, que fez do período no Brasil um momento à parte em sua história.

Não obstante, algo que falta à moderna historiografia pode ser encontrado nos autores desse período: a arte de escrever e não ter problemas de consciência em aproximar a **escrita da história** da **escrita literária**. A divisão rigorosa entre o que é ciência e o que é ficção ocorreria posteriormente, com uma virada científica na área de humanas que acompanhou a tecnocracia da sociedade industrial no século XX. Foi comum a essa geração expressar certo saudosismo do Império e de uma sociedade brasileira que a modernidade transformou radicalmente, um mundo que ficava e era enterrado no passado.

(3.2)
JOAQUIM NABUCO, O ABOLICIONISTA

Joaquim Aurélio Barreto Nabuco de Araújo (1849-1910) teve várias facetas como intelectual e político: foi abolicionista, literato, católico, diplomata e historiador. Também foi o grande representante no final do século XIX do liberalismo no Brasil. Sua experiência política na campanha abolicionista da década de 1880 marcou sua produção historiográfica no período republicano, principalmente em sua obra *Um estadista do Império*, uma biografia histórica sobre seu pai, o Conselheiro Nabuco, publicada em três volumes entre 1897 e 1898.

Nabuco é bastante conhecido por sua atuação como reformador social e político e por sua produção literária, com memórias, reflexões e história do período imperial. Nasceu no engenho Massagana, no Recife, filho do Senador José Thomaz Nabuco de Araújo, em uma família que frequentava a corte imperial. Teve uma educação aristocrática, de boas maneiras e de cultivo da erudição. Virou dândi e aprendeu a se vestir de maneira chique, entre outras características da sociedade da corte. Teve a vida de um moço de classe privilegiada no Brasil, estudou e militou politicamente. Morreu como diplomata em Washington, nos Estados Unidos, em 1910 (Iglésias, 2000).

O abolicionista estudou Direito em Recife e em São Paulo e, assim, fazia parte da elite letrada – os bacharéis do Império. Estreou como advogado defendendo um escravo negro, Tomás, acusado de assassinato. Certamente é possível ressaltar um elemento cristão em sua paixão na luta política pela causa abolicionista. Sua grande atuação no parlamento e na imprensa sobre essa causa começou nas eleições de 1881, quando foi derrotado. Partiu, então, para Londres, de onde voltou em 1884.

Nesse período, Nabuco atuou como jornalista para o *Jornal do Commercio*, do Rio de Janeiro, para o *La Razón*, de Montevidéu, no Uruguai, e participou do Congresso de Direito Internacional de Milão. Manteve também relações com a Sociedade Abolicionista da Inglaterra e escreveu *O abolicionismo*, publicado em Londres, em 1883. O livro discorria sobre reformas sociais e econômicas necessárias ao Brasil, como a educação pública, a descentralização do poder administrativo, a liberdade de culto religioso, a representação política nas eleições e a questão dos imigrantes europeus. Porém, sua grande bandeira foi a abolição da escravatura, que, a seu ver, era necessária para renovar a pátria. Ele foi um dos primeiros autores brasileiros a interpretar a escravidão como o grande fator explicativo da sociedade e do processo histórico brasileiros.

A **campanha abolicionista** foi empreendida por Nabuco tanto na imprensa quanto em sua atuação política, ganhou visibilidade e apoio da esfera pública e foi introduzida no debate parlamentar. Isso se refletiu no lento processo que votava as leis que previam a extinção progressiva da escravatura, como a Lei dos Sexagenários e a Lei do Ventre Livre. Em 13 de maio de 1988, finalmente a abolição da escravatura foi decretada pelo parlamento e sancionada pela então regente do Império, a Princesa Isabel.

Nabuco, em sua campanha pela abolição, mostrava a escravidão como problema nacional, combinando análise do contexto social e questões de direitos, em que denunciava o crime escravocrata e sua nefasta consequência moral para o conjunto do país. Segundo ele, essa prática degradava o país inteiro, tanto o negro escravo quanto o operário livre urbano, bem como as classes médias e os proprietários, bloqueando o desenvolvimento econômico, a indústria e a instrução pública nacionais – a escravidão limitava a liberdade e a cidadania no Brasil.

Dessa forma, Nabuco militou por medidas práticas para sanar o problema escravista, por leis agrárias, por reformas sociais, por uma educação universal pública e gratuita e por medidas protetoras do trabalho. O Império estava em **crise política** desde o término da Guerra do Paraguai (1870) e sua base na sociedade estava sofrendo profundas e rápidas transformações pela inserção do país na **modernidade**, que significa que o Brasil recebia todo o impacto do desenvolvimento capitalista.

Observemos um trecho de seu ensaio *A escravidão*, no qual sua defesa de valores **humanitários** e **antiescravistas** se servia de uma análise do processo histórico da sociedade para fundamentar a liberdade em leis que regeriam o desenvolvimento progressista da civilização:

> *Ao penetrar nas sociedades modernas destruiu-lhe a escravidão a maior parte de seus fundamentos morais e alterou as noções mais precisas de seu código, substituindo um estado, comparativamente e para todas, de progresso pelo mais obstinado regresso até fazê-las encontrar a velha civilização de que sairão através de chamas purificadoras. Na verdade, somente quem olha para essa instituição, cegado pela paixão ou pela ignorância, pode não ver como ela degradou vários povos modernos, a ponto de torná-los paralelos a povos corrompidos, que passaram. Não é somente o adiantamento material que ela entorpece com o trabalho servil e é também o moral, e dizendo moral eu compreendo o adiantamento da civilização, a saber, das artes, das ciências, das letras, dos costumes, dos governos, dos povos: o progresso enfim.*
>
> *Cada força social, e as forças sociais são as ideias, sofreu com a escravidão um abalo profundo. O laço moral dos cidadãos afrouxou-se, quebrado o laço moral dos homens. Os princípios, também como as ideias, foram violados por uma aplicação exclusiva, que importava o privilégio de uma*

raça: as leis, que nada mais são do que o encadeamento lógico dos princípios, foram totalmente esquecidas, e nessas sociedades, sem ideias, sem princípios, sem leis, o maior desequilíbrio manifestou-se entre as várias camadas, e a ordem, a segurança, a riqueza, a produção, as atividades públicas, ficaram assentes sobre a areia, numa inclinação perigosa.

Isso importa dizer que as leis, que regem o desenvolvimento progressivo dos estados, não podem ser violadas impunemente. Dá-se com elas o que se dá com as leis da matéria. Desobedecer a elas é sujeitar-se a sua reação, e a reação é, às vezes, tão enérgica que destrói a vida. Há um verdadeiro equilíbrio para os estados: quando porém a iniquidade não se limita ao papel fatal que a liberdade humana lhe faz na terra, e quer arvorar no cetro, pode ter um reinado, mas esse será passageiro, porque o corpo há de voltar ao equilíbrio do qual não pode sair impunemente. Essa é a garantia feliz das sociedades e dos indivíduos: na obra da humanidade, o bem é que há de avultar: o crime é uma nuvem que passa, que solta tormentos, mas que uma vez exausta deixa o ar mais livre: as más instituições desaparecendo, pela força reativa das instituições boas, cedem a estas mais terreno e dão-lhes mais prestígio: a reação do bem chama-se regeneração.
(Nabuco, 1988, p. 29-30)

Com o sucesso da luta pela abolição, o Império perdia cada vez mais o apoio dos proprietários rurais. O paternalismo imperial dava sinal de falência, e as concepções modernas do positivismo e de outras ciências, inclusive as ideias raciais, de progresso e de evolução, estavam em voga. Em 15 de novembro de 1889, com os antigos escravocratas retirando seu apoio, o Império foi suplantado pelo golpe militar republicano. O trono de D. Pedro II era exilado e começavam os trâmites para a Primeira República brasileira.

Nabuco, após o golpe, dirigiu-se à margem da política, o que lhe permitiu o isolamento necessário para compor uma obra em seu período mais produtivo. Ele escreveu *Um estadista do Império* (1897-1898), *Balmaceda* (1895) e *A intervenção estrangeira durante a revolta de 1893* (1896). No primeiro escrito, como já dissemos, Nabuco reconstruiu a biografia de seu pai, o Conselheiro Nabuco, e sua atuação na política do Império. O livro expôs os meandros da política do Segundo Reinado até a morte de seu pai, em 1878. Assim, o autor retratou o modo de funcionamento interno da Monarquia e seus conflitos políticos, dando grande atenção às personalidades dos protagonistas parlamentares, como D. Pedro II.

Portanto, sua historiografia foi elaborada muito ao gosto do estilo histórico do século XIX, com a narração dos **fatos políticos** e a atenção às grandes **personalidades do Estado**. Sobre essa importante obra, Iglésias (2000, p. 130) destacou:

> *pela amplitude da base documental, pelos quadros de políticos e situações, pela acuidade das análises psicológicas e sociológicas, pela profundidade de interpretações, pela estrutura severa e linguagem perfeita – clássico de estilo fluente, elegante e agradável –, pode-se dizer que este é um livro sem igual na bibliografia brasileira.*

No período republicano, já na última etapa de sua vida, Nabuco trabalhou como diplomata brasileiro em Washington, onde pronunciou conferências sobre temas históricos brasileiros e latino-americanos. São desses anos finais as conferências *O sentimento de nacionalidade na história do Brasil* (1908), *A parte da América na civilização* (1909) e *Aproximação das duas Américas* (1908). Nabuco viveu o liberalismo da geração de 1870 e enfrentou todas as dificuldades para aplicar os princípios estrangeiros em um país escravocrata como o Brasil. Como intelectual, advogado e político, teve de lidar com a lenta consolidação da modernidade no país, por meio de um processo irregular e marcadamente conservador (Nogueira, 1987). Essa situação é regra geral e vale até mesmo para os dias atuais: aplicam-se no país apenas os princípios liberais que estão de acordo com a classe dirigente e a elite social e deixam-se de fora os que afetariam a posição de privilégios de que ambas dispõem. Usualmente, o Estado autoritário atua como o protetor necessário para manter a coesão social em um país economicamente muito desigual. No período imperial, assim que o trono cedeu às pressões da campanha abolicionista, perdeu o apoio da elite, o que teve, por consequência, a troca de regime por um processo militarizado.

Segundo Alonso (2012), as ideias de Nabuco atravessaram as gerações de intérpretes do Brasil e foram relevantes para importantes autores da primeira metade do século XX.

> *O abolicionismo impregna a análise do patrimonialismo brasileiro em "Do Império a República", de Sérgio Buarque de Holanda. Os retratos das grandes lideranças do Segundo Reinado de "um Estadista do Império" ressurgem como em Oliveira Vianna, em "Instituições políticas brasileiras". Não é preciso grande esforço para achar "Minha formação" em "Casa-Grande e Senzala", seja nos temas, seja no desconsolo face à decadência da sociedade tradicional.* (Alonso, 2012, p. 34)

Na vida e na obra de Nabuco, percebemos o retrato da **vida cultural** e da **política brasileira** de fins do século XIX. Ele representava muito bem a energia e os limites do liberalismo brasileiro. Por um lado, demonstrou vigor progressista e uma causa modernizante; por outro, deparou-se com as forças conservadoras das elites, os interesses de exploração da terra com larga origem colonial e a hierarquia do antigo regime. Esse conflito entre **ideias modernizantes liberais** e **conservadorismo arcaico** retratava, no Brasil, o confronto entre ideias europeias de progresso, que envolveriam revoluções sociais, e forças políticas conservadoras, defendendo seus interesses privados e de classe.

Figura 3.1 – Joaquim Nabuco e Machado de Assis em foto de
Augusto Malta (1906)

MALTA, Augusto. **Machado de Assis aos 67 anos com Joaquim Nabuco**. 1906. Fotografia, impressão em gelatina: p&b; 30 × 24,1 cm.
BNDigital do Brasil.

Nabuco viveu exatamente o dilema de um intelectual comprometido com o liberalismo, mas confrontado com a realidade latino-americana. Os liberais brasileiros jamais viram realizar plenamente seu programa e sua doutrina de liberdade do indivíduo, do direito e do acesso à propriedade. A campanha abolicionista previa respaldo social para os escravos libertos para que não fossem jogados simplesmente na sociedade. Porém, isso não aconteceu, pois, com o fim da escravidão, foram relegados à marginalização e ao preconceito racial, por uma classe que, bebendo das ideias racistas populares na Europa, preferia explorar o trabalho imigrante e incentivar o branqueamento da população.

(3.3)
MACHADO DE ASSIS E A HISTÓRIA

Joaquim Maria Machado de Assis (1839-1908), nasceu no Rio de Janeiro, no Morro do Livramento. Com uma infância pobre, era mulato, neto de escravos alforriados. Não se sabe se frequentou escolas, mas com 14 anos já sabia escrever, mesmo que trabalhasse vendendo doces para ajudar o pai e a madrasta (Faraco, 1998). Foi aos poucos se integrando à vida de intelectual do Rio de Janeiro. Ele não se consagrou escritor da noite para o dia, teve uma longa trajetória de vida em que foi aperfeiçoando sua arte como escritor e observador de seu mundo e, até mesmo, voltou-se ao realismo em sua fase madura.

Longe de ser um historiador no sentido convencional, Machado de Assis foi escritor de romances, peças de teatro e poemas, e sua obra, em geral, diz muito sobre a história do Brasil no último quarto do século XIX. A expressão *Machado de Assis, historiador* é de autoria de Sidney Chalhoub (1957-), que produziu um livro no qual analisa a aproximação do literato com os eventos de seu tempo (Chalhoub, 2003).

Machado de Assis pode ser considerado historiador porque era um observador atento. Apoiam Chalhoub nessa definição os importantes estudos dos críticos literários Gledson (1986) e Schuwarz (1990), que leram o autor como um escritor que percebia sua realidade social e produziu, portanto, uma literatura muito próxima da descrição narrativa de sua época.

A ficcionalização dos temas históricos em Machado de Assis também foi observada por Schwarcz e Starling (2015, p. 316-317):

> *Machado de Assis, em Esaú e Jacó, narra o hilário caso do dono da Confeitaria do Império: "seu" Custódio mal terminara de encomendar uma nova tabuleta para a sua tradicional "Confeitaria do Império" quando soube do ocorrido. Pediu, então, ao pintor que interrompesse o trabalho,*

que a essa altura estava na seguinte situação: "Só algumas das letras ficaram pintadas, a palavra Confeitaria e a letra d. A letra o e a palavra Império estavam só debuxadas a giz". No entanto, para o desespero do sr. Custódio, que havia mandado um bilhete pedindo para o pintor que parasse no "d", o trabalho foi terminado. Ante a necessidade de uma nova placa, Custódio procurou o Conselheiro Aires, que sugeriu que o nome passasse para "Confeitaria da República". Temeram, no entanto, que em poucos meses poderia haver nova reviravolta e mais uma vez o título do local teria que ser alterado. O Conselheiro sugeriu, então, o nome "Confeitaria do Governo", que se prestava a qualquer regime. Mas depois concluíram que qualquer governo tem oposição, e que essa bem poderia quebrar a tabuleta. Aires arriscou ainda que Custódio deixasse o título original – "Confeitaria do Império" – e só acrescentasse "fundada em 1860", a fim de redimir quaisquer dúvidas. Mas "pareceria que o confeiteiro, marcando a data da fundação, fazia timbre em ser antigo", o que naquela época de modernidade, definitivamente, não soava bem. Decidiram, por fim, pelo próprio nome do dono: "Confeitaria do Custódio". E assim terminava a complexa conversação: "Gastava alguma cousa com a troca de uma palavra por outra, Custódio em vez de Império, mas as revoluções trazem sempre despesas".

Em uma sociedade marcada por divisões sociais e raciais, a trajetória de Machado de Assis foi ímpar. Apenas o fato de ele ter conseguido se instruir, aprendendo a ler, tendo sua origem social no morro e sendo mulato significava, em sua época, algo extraordinário. A vida elegante do Rio de Janeiro, por onde passeavam os letrados, o público de teatro e os leitores de livros ocorria na Rua do Ouvidor, com cafés e vitrines de lojas que importavam livros, produtos e modas da Europa. Machado de Assis frequentou esse meio, trabalhando como caixeiro de livraria, tipógrafo e revisor de jornal até que, enfim, tornou-se jornalista e cronista.

Ele estreou como poeta no jornal *Marmota fluminense*, no dia 6 de janeiro de 1855, com o poema *A palmeira*. Dessa forma, o autor integrava-se à vida literária do Rio de Janeiro e começava a participar do círculo de leitores e de letrados que circulavam pelos locais onde se debatiam os pensamentos que chegavam da Europa e ensaiavam as próprias ideias divulgadas na imprensa nacional. Machado escreveu crônicas em diversos jornais e, ao mesmo tempo, iniciava seu trabalho como funcionário público, tirando da carreira burocrática seu sustento.

Assim, passou a integrar, na década de 1870, os quadros do Ministério da Agricultura como oficial encarregado de acompanhar a aplicação da lei de emancipação dos escravos. Esse fato, segundo Chalhoub (2003), foi muito significativo, pois naquela época se vivia a luta abolicionista, com a promulgação da Lei do Ventre Livre e da Lei dos Sexagenários, que forçaram o Brasil a caminhar rumo à abolição. A seção em que Machado trabalhava era responsável por acompanhar os casos legais e, nessa década, o autor lidou cotidianamente com a realidade e as contradições da sociedade escravocrata. Coincidentemente, foi nesse período que ele atingiu sua fase madura como romancista, publicando, entre 1878 e 1880, *Iaiá Garcia* e *Memórias póstumas de Brás Cubas*.

O que tornava Machado de Assis um observador atento de sua realidade, transformando-o em uma espécie de **historiador de seu tempo**, era o fato de suas obras apresentarem enredos nos quais se expunham artisticamente o ambiente paternalista, a ideologia dos senhores e as relações de dependência social que teciam o cenário cotidiano da última metade do século XIX (Chalhoub, 2003). O tema da escravidão apareceu em sua obra, como em *Helena* e *Mariana*: "os dois enredos nos levam à imbricação entre escravidão e liberdade, em situação de dependência, mostrando que havia uma e somente uma lógica hegemônica de reprodução das hierarquias e desigualdades sociais" (Chalhoub, 2003, p. 134-135).

Memórias póstumas de Brás Cubas, ainda conforme Chalhoub (2003), representa um importante testemunho histórico das transformações das ideologias que sustentavam a sociedade escravista, na época, em franca decadência. O próprio personagem Brás Cubas – um morto que, ainda muito vivo, revisitou suas memórias – simbolizou a decadência do proprietário de terras e de escravos apegado àquela condição. Vejamos um pequeno trecho do romance em que se pode perceber a importância atribuída por Machado à **dimensão do social**, quando Brás Cubas refere-se a seu cunhado Cotrim: "ocorre que, tendo longamente contrabandeado em escravos, habituara-se de certo modo ao trato um pouco mais duro que esse gênero de negócio requeria, e não se pode honestamente atribuir à índole original de um homem o que é **puro efeito de relações sociais**" (Machado de Assis, 2014a, p. 297, grifo nosso).

A literatura de Machado de Assis é, portanto, rica em historicidade, em transcrições e em percepções de sua época. Essa aproximação com a história também ocorreu, segundo Gledson (1986, p. 110), em razão da **estética realista** por ele adotada: "Os objetivos de Machado eram e permaneceram sempre realistas, num sentido ambicioso: ele queria retratar, em seus romances, a verdadeira natureza de toda uma sociedade". Essa era sua meta como escritor. Assim, ele refletia em suas crônicas e em seus romances a história que acontecia ao seu redor.

Machado de Assis também narrou as posturas psicológicas dos homens e a exacerbação da ciência e da técnica no século XIX, muito bem representadas na novela *O alienista*. O Dr. Simão Bacamarte, que queria "demarcar definitivamente os limites entre a razão e a loucura" (Machado de Assis, 2014b, p. 36), acabou ele mesmo internado na Casa Verde:

— *A questão é científica, dizia ele; trata-se de uma doutrina nova, cujo primeiro exemplo sou eu. Reúno em mim mesmo a teoria e a prática. [...] Fechada a porta da Casa Verde, entregou-se ao estudo e à cura de si mesmo. Dizem os cronistas que ele morreu dali a dezessete meses, no mesmo estado em que entrou, sem ter podido alcançar nada.* (Machado de Assis, 2014b, p. 87)

Outro aspecto da obra machadiana diz respeito às **relações de poder entre homens e mulheres**, muito sutilmente seus devaneios e desejos sexuais reprimidos, que se tornaram característicos da sociedade civilizada do século XIX, como o célebre ciúme que Bentinho sentia de Capitu, em *Dom Casmurro*.

No último período de sua vida, o escritor participou da organização da Academia Brasileira de Letras (ABL), a partir de 1896, e, já em 1897, foi eleito seu presidente, cargo que exerceu por mais de dez anos. Deixou-nos ainda os grandes clássicos *Dom Casmurro*, *Esaú e Jacó* e *Memorial de Aires*, suas obras mais maduras e densas, além de uma coletânea de poesias. Faleceu em 1908, e seu cortejo fúnebre reuniu intelectuais do Rio de Janeiro, como Euclides da Cunha, escritor que abordaremos a seguir.

(3.4)
Os sertões, de Euclides da Cunha

Euclides Rodrigues Pimenta da Cunha (1866-1909) consagrou-se como escritor brasileiro ao publicar, em 1902, *Os sertões*. Até então, ele era um engenheiro relativamente desconhecido; tinha sido poeta durante a juventude, escritor de ensaios em jornais e entusiasta do republicanismo, seguindo uma geração de alunos de Benjamin Constant (1836-1891), positivista brasileiro. O talento literário revelado por seu livro chamou a atenção do círculo letrado brasileiro, e Euclides da Cunha logo foi convidado a integrar-se ao Instituto Histórico e Geográfico Brasileiro (IHGB) e à ABL.

Formou-se como bacharel em Matemática e em Engenharia pela Escola Militar. Como profissional, atuou na Secretaria de Obras Públicas do Estado de São Paulo, foi funcionário do Itamaraty, sob o comando de Joé Maria da Silva Paranhos Júnior (1845-1912), o Barão do Rio Branco, e professor de Filosofia no Colégio D. Pedro II. Sua morte ocorreu de forma trágica, no famoso duelo com Dilermando de Assis, que virou caso de picuinha na imprensa nacional, tão ávida por escândalos de paixões amorosas malsucedidas para, assim, lucrar com a desgraça dos outros (Galvão, 2010).

É comum encontrarmos em manuais de literatura mais antigos a falta de uma categoria para classificar *Os sertões* – foram os célebres críticos da época, José Veríssimo, Sílvio Romero e Araripe Jr., que destacaram a indefinição do livro. De acordo com Galvão (2016, p. 613):

> *São eles [Veríssimo, Romero e Araripe Jr.] que assentam as bases da crítica futura, sendo alguns de seus argumentos decisivos. Por exemplo, a falta de definição de um gênero, literário ou não, que permitisse classificar o livro como história ou como literatura. A riqueza léxica e estética do livro foi logo notada e anotada por eles, que às vezes denunciaram os excessos de Euclides, no cientificismo e no abuso dos termos técnicos.*

Por um lado, Euclides da Cunha é geralmente classificado na sequência dos autores do realismo/naturalismo e tratado como um autor importante da literatura brasileira; por outro, o livro, a bem dizer, não é uma narrativa ficcional, tal como os romances realistas, mas trata-se de uma história da Campanha de Canudos que aconteceu no interior da Bahia, aproximadamente a 450 km de Salvador, adentrando a caatinga, na região de Canudos. Tal como boa parte das obras do século XIX, consiste em uma narrativa escrita em estilo artístico, que lança mão de recursos interpretativos disponíveis de seu tempo, como a sociologia, a psiquiatria, a geologia e a geografia de Hegel, para explicar por que houve uma guerra no sertão (Galvão, 2010).

Percebemos a intenção historiográfica do autor quando ele cita o historiador e crítico literário francês Hippolyte Taine (1828-1893), na "Nota preliminar" de *Os sertões*, na qual o autor assegura ao leitor qual é a postura do narrador:

> *Ele se irrita contra as meias verdades que são meias falsidades, contra os autores que não alteram nem uma data, nem uma genealogia, mas desnaturam os sentimentos e os costumes, que conservam o desenho dos acontecimentos mudando-lhes a cor, que copia os fatos desfigurando a alma: quer sentir como bárbaro entre os bárbaros e, entre os antigos, como antigo.* (Taine, citado por Cunha, 2016, p. 11)

Os sertões é uma obra dividida em três partes: "A terra", "O homem" e "A luta". A primeira contém o exame das origens e da constituição geológica do continente americano, sobretudo da região de Canudos. É um estudo do solo, da fauna, do clima e do fenômeno local das secas. Por isso, é essencialmente **descritiva** e recorre à figura da prosopopéia – tendência à "antropomorfização dos elementos naturais, dotados de desígnios e sentimentos" (Galvão, 2016, p. 623). Nessa parte, encontramos, entre outras, a seguinte descrição das **paisagens** e do **clima** do sertão:

> *A luta pela vida que nas florestas se traduz como uma tendência irreprimível para a luz, desatando-se os arbustos em cipós, elásticos, distensos, fugindo ao afogado das sombras e alteando-se presos mais aos raios do Sol do que aos troncos seculares – ali, de todo oposta, é mais obscura, é mais original, é mais comovedora. O Sol é o inimigo que é forçoso evitar, iludir*

> *ou combater. E evitando-o pressente-se de algum modo, [...] a inumação da flora moribunda, enterrando-se os caules pelo solo. Mas como este, por seu turno, é áspero e duro, exsicado pelas drenagens dos pendores ou esterilizado pela sucção dos estratos completando as insolações, entre dois meios desfavoráveis – espaços candentes e terrenos agros – as plantas mais robustas trazem no aspecto anormalíssimo, impressos, todos os estigmas desta batalha surda.* (Cunha, 2016, p. 49)

A segunda parte é mais **analítica**, em que se estuda a **formação antropológica** do brasileiro, inspirando-se na ideia da confluência das três raças (índia, negra e portuguesa) inaugurada por Martius, conforme vimos no Capítulo 1. Por isso, nesse ponto, o assunto principal é a **mestiçagem**. Euclides da Cunha descreve a população brasileira, destacando seus tipos e costumes, além da trajetória pessoal de Antônio Conselheiro. Segundo o escritor, "Adstrita às influências que mutuam, em graus variáveis três elementos étnicos, a gênese das raças mestiças do Brasil é um problema que por muito tempo ainda desafiará o esforço dos melhores espíritos" (Cunha, 2016, p. 75).

Nessa parte da obra, o autor também dedica longas páginas à história dos processos de colonização e de povoamento do Brasil. Ele trabalha a **oposição litoral/sertão**, entendida às vezes como contraponto entre a sociedade moderna e a tradicional. De acordo com o autor:

> *Enfeudado o território, dividido pelos donatários felizes, e iniciando-se o povoamento do país com idênticos elementos, sob a mesma indiferença da metrópole, voltada ainda para as últimas miragens da "Índia portentosa", abriu-se separação radical entre o Sul e o Norte [...] Não precisamos rememorar os fatos decisivos das duas regiões. São duas histórias distintas, em que se averbam movimentos e tendências opostas. Duas sociedades em formação, alheadas por destinos rivais – uma de todo indiferente ao*

modo de ser da outra, ambas, entretanto, envolvendo sob os influxos de uma administração única. Ao passo que no Sul se debruçavam novas tendências, uma subdivisão maior na atividade, maior vigor no povo mais heterogêneo, mais vivaz, mais prático e aventureiro, um largo movimento progressista, em suma – tudo isso contrastava com as agitações, às vezes mais brilhantes, mas sempre menos fecundas, do Norte – capitanias esparsas e incoerentes, jungidas à mesma rotina, amorfas e imóveis, em função estreita dos alvarás da corte remota. (Cunha, 2016, p. 87-88)

A terceira parte do livro é maior que as outras duas e é dedicada à descrição minuciosa da luta do exército republicano contra os rebeldes de Canudos. Com um talento irônico e sarcástico, lançando mão de muitas figuras de linguagem e delineando a narrativa como uma grande metáfora da condição humana, Euclides da Cunha produz um livro para **vingar a injustiça** praticada pelo exército e pelo Estado republicano brasileiro no massacre da população pobre de Canudos. Isso representou para o autor a inversão de uma primeira postura, já que, no começo do confronto, estimulado pela imprensa nacional a enxergá-lo como um levante de monarquistas e fanáticos religiosos contra a jovem República, Euclides da Cunha foi como adido do Estado Maior do Exército acompanhar o conflito para noticiar a vanglória das tropas do governo. Chegando ao local do confronto, após a difícil viagem pelo interior do sertão, o autor percebeu tratar-se de um grande engano e se deu conta do sofrimento humano produzido pela guerra e do absurdo do embate. A luta mobilizou o Exército Nacional, com fuzis modernos comprados da Bélgica e da Alemanha, canhões *krupps* e a conhecida *Matadeira* – o canhão *Withworth* 32 –, além de estratégia e engenharia militar de primoroso estudo em cálculos, parábolas e funções, tudo isso para dizimar a população sertaneja, composta por pobres, rústicos, religiosos e cristãos. A Figura 3.2 ilustra um pouco desse cenário.

Figura 3.2 – Divisão Canet em Monte Santo

BARROS, Flávio. **Divisão Canet**. 1897. Fotografia monocromática: p&b; 11,9 × 17,7 cm. Museu da República.

No calor da batalha, Euclides da Cunha, ao perceber o horror da guerra, mudou sua posição, pois compreendeu que o que era noticiado pela grande imprensa não passava de propaganda para incentivar o conflito. Sua causa era algo que estava nas camadas formativas da nacionalidade brasileira e, dessa forma, retornou do campo de batalha.

Durante seu trabalho como engenheiro na ponte de Rio Pardo, no interior de São Paulo, começou a escrever *Os sertões* para interpretar o que tinha verdadeiramente sido a Campanha de Canudos. Para tanto, lançou mão do instrumental teórico disponível no Brasil em seu tempo – um tanto de sociologia determinista, a linha de Herbert Spencer, Gumplowicz e Taine, de positivismo, a linha evolutiva a civilização rumo ao progresso, de estudo psiquiátrico das multidões e demências de fanáticos religiosos etc.

Euclides da Cunha inverteu a postura da visão oficial sobre Canudos – de que se tratava de um bando de fanáticos monarquistas lutando contra a República no interior do sertão – para uma consideração humanista da **condição do sertanejo** em seu meio de fome, seca, tragédia social. Nesse contexto, levou em conta o profundo significado humano da guerra e condenou a ação do Exército, da República e do progresso, que levavam a própria barbárie ao sertão. Assim, conforme dissemos, seu livro é considerado pelo autor como uma vingança daquele povo massacrado (Lima, 2013).

Para a historiografia brasileira posterior, é importante, sobretudo, a maneira como se inseriu na narrativa de *Os sertões* a reversão do triunfo para a decadência, crucial para entender o que o escritor nomeava de *vingança* – às vezes chamada *justiça* – dos sertanejos de Canudos, estropiados pela força de um exército racionalmente organizado pelo Estado nacional, que seguia o caminho da história (Lima, 2013). Nesse ato, revogou-se a confiança no rumo do desenvolvimento e do progresso para considerar outra posição – talvez a história não esteja caminhando para uma nova sociedade e para uma nova humanidade melhores, talvez seja justamente o contrário: o futuro não traz esperança, mas mais horror. Assim, o desenvolvimento não estava ocorrendo ao longo da ordem e do progresso e estávamos nos lançando na loucura completa, que faria da história algo sem sentido. O autor, portanto, dedicou *Os sertões* aos **historiadores do futuro**, aqueles que poderiam olhar para o caso de Canudos e desvendar, afinal, o que teria sido aquela guerra e descobrir, enfim, no futuro, se o tempo trouxe um mundo melhor ou pior.

Depois de lançar *Os sertões* em 1902, o autor se consagrou como um dos mais importantes intelectuais brasileiros de sua época e foi convidado a ingressar no IHGB e na ABL. Outros textos de Euclides da Cunha incluem sua correspondência com amigos e filhos, escritos reunidos que comportam ensaios publicados na imprensa, *Contrastes e confrontos* e *Peru versus Bolívia*, ambos de 1907. Ele escreveu, ainda, um livro sobre a situação dos seringueiros e dos sertanejos que iam trabalhar na Amazônia, uma região considerada por ele como *À margem da história* (em livro homônimo, de 1909). O autor tinha a intenção de escrever sobre a Amazônia outro livro vingador, que chamaria de *Um paraíso perdido*; todavia, a tragédia que marcou o fim de sua vida não lhe permitiu a realização da empreitada (Galvão, 2010).

Apesar da larga importância de sua obra para a historiografia e para o pensamento social brasileiros, Euclides da Cunha também foi bastante criticado e revisto por vários comentadores. Entre eles, destaca-se Antonio Candido, que, em comentário de 1952, destacou:

> *O quadro de Euclides é impressionante e grandioso, embora já não satisfaça às exigências de objetividade da ciência. Para traçá-lo, foi buscar elementos no arsenal rapidamente envelhecido da escola antropológica italiana, na psicologia das multidões e dos povos. Assim foi que superestimou as constantes mórbidas da personalidade, além de simplificar o problema da consciência coletiva e da liderança [...] [Euclides] não vê grupos, não discerne o contraponto da organização social: tudo, para ele, se apresenta sob as espécimes de enorme multidão, simplificada, percorrida pelos arrepios da anormalidade coletiva. Mais ainda. Faltou-lhe visão sociológica em mais de um ponto; assim, não percebeu que Canudos, em vez de representar apenas um fenômeno patológico, isto é, de desorganização social, significava também, se não primeiramente, desesperada tentativa no sentido de uma nova organização social, uma solução que reforçasse a coesão grupal ameaçada pela interferência da cultura urbana.*
> (Candido, 2016, p. 645)

Euclides da Cunha era engenheiro, além de escritor. Na Figura 3.3, podemos observar um mapa pouco conhecido assinado por ele quando de sua atuação na comissão do Itamaraty, no trabalho de demarcação da fronteira entre Peru e Bolívia, na Amazônia.

Figura 3.3 – Esboço da região litigiosa Peru-Bolívia

CUNHA, Euclides da. **Esboço da região litigiosa Perú-Bolívia**. Rio de Janeiro, 1909. Mapa, 38,5 × 48 cm. Disponível em: <http://objdigital.bn.br/objdigital2/acervo_digital/div_cartografia/cart168915/cart168915.jpg>. Acesso em: 9 abr. 2018.

(3.5)
CAPISTRANO DE ABREU E OLIVEIRA LIMA: HISTORIADORES BRASILEIROS

João Capistrano Honório de Abreu (1853-1927) é considerado o grande historiador brasileiro de sua geração. A especialista na trajetória do autor cearense, Rebeca Gontijo, assim destacou: "Antes de morrer, Capistrano já era considerado um grande erudito, espécie de 'enciclopédia' viva da história pátria" (Gontijo, 2013, p. 62). Ele trabalhou na edição de importantes fontes históricas, reuniu documentos, pesquisou e estudou muito a trajetória nacional, anotou a *História geral do Brasil*, de Varnhagen, para sua terceira edição, que saiu em 1907. Foi reconhecido por José Honório Rodrigues como detentor de vasto conhecimento acumulado das fontes consultadas, conhecedor da historiografia, com domínio de qualquer assunto da história brasileira, e autor com capacidade crítica e perspicácia para a análise psicológica (Rodrigues, 1963).

De origem nordestina, Capistrano de Abreu mudou-se do Ceará, em 1875, para o Rio de Janeiro, onde lecionou no Colégio Aquino. Em 1879, foi aprovado para trabalhar na Biblioteca Nacional, na qual organizou a grande bibliografia histórica da época, o *Catálogo da exposição de história do Brasil* (1881). Seus anos vividos na entidade foram de estudo e acúmulo de conhecimento de documentos sobre a história nacional.

Em 1883, prestou o concurso para a cadeira de História e Geografia do Brasil do Colégio Imperial D. Pedro II, na época uma das mais respeitadas instituições de ensino do país. Para o exame, preparou a tese *Descobrimento do Brasil e seu desenvolvimento no século XVI*. Foi avaliado por uma banca composta por Silvio Romero, Matoso Maia e Moreira Azevedo e, após ser aprovado, começou a lecionar História naquele mesmo ano. Foi saudado na imprensa por Joaquim Serra, que escreveu no jornal *Folha Nova*: "Naquele jovem historiador vê-se a musculatura do historiador valente de que sentimos necessidade" (Rodrigues, 1963, p. X). Seus outros trabalhos compreendem artigos e monografias históricas, bem como críticas literárias, publicados ao longo dos anos de sua vida.

Capistrano de Abreu foi um historiador no sentido próprio do termo, pois trabalhava com pesquisa **documental** e análise **crítica** e **psicológica** das fontes. Propunha sínteses culturais da história brasileira, avançando o trabalho feito por Varnhagen. Para ele, o historiador não cria ficções, mas recria o que as fontes podem documentar e garantir como afirmações válidas sobre o passado. Como editor de fontes, trabalhou na descoberta e na publicação de textos de Fernão Cardim, José de Anchieta, Manuel da Nóbrega e Frei Vicente do Salvador, para citar os mais conhecidos autores coloniais.

Para Capistrano de Abreu, a grande questão da história brasileira era o caminho de povoamento que dobrava o Rio São Francisco, a passagem dos Cariris e da Borborema, a entrada no Parnaíba, o caminho do Maranhão à Bahia – praticamente, todo o norte do Brasil. Na avaliação de Rodrigues (1963, p. XII-XIII), "Capistrano trouxe aos estudos sobre o povoamento e os caminhos antigos uma contribuição inestimável. Pode-se dizer que ele renovou com estes esclarecimentos não só a fisionomia mas a própria substância dos estudos históricos brasileiros".

Segundo Gontijo (2013, p. 73),

A obra de Capistrano de Abreu pode ser inserida ao lado de outras tantas produzidas em meio a um movimento de (re)descoberta do Brasil iniciado ainda no século XIX e que se prolongou até, pelo menos, os anos 1950, despertando o interesse pelo interior do país, com suas vastas regiões e populações desconhecidas. Os escritos sobre o sertão sustentaram a criação de uma consciência nacional a partir de uma definição do Brasil e dos brasileiros. Permitiram ultrapassar o parâmetro ditado pelo passado colonial, que deixara marcas profundas no litoral, e, ao mesmo tempo, fundamentar a construção de um espaço – o sertão – e de um tipo, o homem do interior, como autenticamente brasileiros.

O autor entrou para o meio dos historiadores quando publicou um necrológio para Varnhagen, no *Jornal do Commercio*, em 1878. Nesse texto, exaltou a figura do autor de *História geral do Brasil* como um grande exemplo a ser seguido e venerado, um "trabalhador possante, explorador incansável" (Abreu, citado por Pereira; Santos, 2010, p. 36). De acordo com ele, Varnhagen

> Não se limitou a dar o rol dos reis, governadores, capitães-móres e generais; a lista das batalhas, a crônica das questiúnculas e intrigas que referviam no período colonial [...]. Fez mais. As explorações do território, a cruzada cruenta contra os tupis, o aumento da população, os começos da indústria, as descobertas das minas, as obras e associações literárias, as comunicações com outras nações, assumem lugar importante em sua obra. (Abreu, citado por Pereira; Santos, 2010, p. 37)

Capistrano de Abreu não se limitou, contudo, a elogios e a homenagens. Ele também destacou aquelas que, a seu ver, seriam as principais insuficiências do texto e os principais defeitos do autor de *História geral do Brasil*:

> *A falta de espírito plástico e simpático – eis o maior defeito do Visconde de Porto Seguro. A História do Brasil não se lhe afigurava um todo solidário e coerente. Os pródromos da nossa emancipação política, os ensaios de afirmação nacional que por vezes percorriam as fibras populares, encontram-no severo e até prevenido [...] é pena que [Varnhagen] ignorasse*

ou desdenha-se o corpo de doutrinas criadoras que nos últimos anos se constituíram em ciência sob o nome de sociologia. Sem esse facho luminoso ele não pode ver o modo por que se elabora a vida social. Sem ele as relações que ligam os momentos sucessivos da vida de um povo não podiam desenhar-se em seu espírito de modo a esclarecer as diferentes feições e fatores reciprocamente. Ele poderia escavar documentos, demonstrar-lhe a autenticidade, solver enigmas, desvendar mistérios, nada deixar que fazer a seus sucessores no terreno dos fatos: compreender, porém, tais fatos em suas origens, em sua ligação com os fatos mais amplos e radicais de que dimanam; generalizar as ações e formular-lhes teoria; representá-las como consequências e demonstração de duas ou três leis basilares, não conseguiu, nem consegui-lo-ia. (Abreu, citado por Pereira; Santos, 2010, p. 63-64)

Em suma, Capistrano de Abreu acreditava que faltava a Varnhagen alguns aspectos decisivos que constituem o trabalho do historiador moderno. Para ele, a história não deveria mais se limitar à sua função de mestra da vida, de ensinar as lições do passado e de estabelecer uma coleção de exemplos a serem venerados. Era necessário superar a obra do Visconde de Porto Seguro em busca de escrever uma história do Brasil "digna do século de Comte e Herbert Spencer", uma história inspirada na "teoria da evolução", que apontasse "a interdependência orgânica dos fenômenos", que "arranque das entranhas do passado o segredo angustioso do presente" (Abreu, citado por Pereira; Santos, 2010, p. 64-65).

Em 1907, Capistrano de Abreu publicou *Capítulos de história colonial*, sobre os 300 anos de domínio português no Brasil, que, ao lado de sua tese *Descobrimento do Brasil e seu desenvolvimento no século XVI*, de 1883, e *Caminhos antigos e povoamento do Brasil*, de 1930, integra as três grandes obras históricas mais importantes deixadas por ele (Rodrigues, 1963). Nelas, o autor analisa o contraste entre o sertão e o litoral, tão bem aproveitado por Euclides da Cunha, para a interpretação da existência de uma história sertaneja singular.

Em Capistrano de Abreu, os temas do **povoamento** e das **mestiçagens cultural e étnica** são observados considerando a sujeição colonial dos primeiros séculos. Sobre essa questão, em *Capítulos de história colonial*, o autor afirmou:

> *O povo brasileiro, começando pelo oriente a ocupação do território, concentrou-se principalmente na zona da mata, que lhe fornecia pau- -brasil, madeira de construção, terrenos próprios para a cana, para fumo e, afinal, para café. A mata amazônica forneceu também o cravo, o cacau, a salsaparrilha, a castanha e, mais importante que todos os outros produtos florestais, a borracha. Os campos do Sul produzem mate. Nos do Norte, em geral, e nas zonas de vegetação xerófila, plantam-se cereais ou algodão para o gado.* (Abreu, 1998, p. 20)

Acompanhamos na trajetória de Capistrano de Abreu outra característica do pensamento histórico de sua geração: ele era autodidata. Não havia no país qualquer curso superior profissionalizante em historiografia, e tudo o que ele aprendeu sobre o assunto foi por esforço próprio. Mesmo assim, sua obra passou a ser referência nos estudos sobre a Colônia e constituiu um dos pilares da interpretação da história brasileira, atualizada pela produção das gerações que se seguiram no século XX. Capistrano de Abreu gostava dos autores alemães e fez sua obra conversar com a sociologia de escritores como Auguste Comte e Herbert Spencer.

Logo após sua morte, foi fundada a Sociedade Capistrano de Abreu, em 1927, com os objetivos de guardar sua biblioteca e seus arquivos de documentos, publicar seus trabalhos e sua correspondência e editar suas obras, além de fomentar a pesquisa e o estudo sobre autores que tratam da história brasileira (Gontijo, 2013). Ele atingiu e influenciou várias personalidades intelectuais, como podemos constatar pelos membros que a Sociedade Capistrano de Abreu teve entre 1927 a 1969: Paulo Prado, Rodolfo Garcia, João Pandiá Calógeras, Teodoro Sampaio, Edgar Roquette-Pinto, Afrânio Peixoto, Afonso d'Escragnolle Taunay, Afonso Arinos de Melo Franco, Alberto Rangel, Alceu Amoroso Lima, Alfredo Ellis Jr., Gastão Cruls, Gustavo Barroso, Hélio Vianna, Henri Hauser, Júlio de Mesquita Filho, Mário de Andrade, Roberto Simonsen e Rodrigo Mello Franco de Andrade, entre tantos outros (Gontijo, 2013).

Capistrano de Abreu, como um historiador da segunda metade do século XIX e do primeiro quarto do século XX, estava empenhado no conhecimento da história nacional, pois se acreditava, naquela época, que o conhecimento científico da realidade brasileira era necessário para a conquista e a expansão da civilização (Gontijo, 2013).

De semelhante esforço também foi Manuel de Oliveira Lima, historiador e diplomata de carreira. Ele nasceu no Recife, em 1867, e morreu em Washington, nos Estados Unidos, em 1928. Oliveira Lima era filho de pai português e de mãe pernambucana de origem portuguesa. Com a família, foi morar em Portugal ainda jovem, em 1873, onde realizou seus primeiros estudos e diplomou-se em Letras e Filosofia, na Faculdade de Letras da Universidade de Lisboa.

O historiador ingressou em 1890 na vida diplomática e permaneceu nessa profissão por aproximadamente 23 anos. Sobre esse período de sua vida, Iglésias (2000, p. 136) destacou: "Nos vários países em que permaneceu [Oliveira Lima] foi homem de permanente estudo, frequentando bibliotecas e arquivos, como os de Portugal, Estados Unidos, Alemanha, Inglaterra, Bélgica e outros que visitou ou para os quais foi convidado como conferencista".

Sua formação aconteceu, portanto, essencialmente no ambiente intelectual português. Discorrendo sobre a formação acadêmica de Oliveira Lima, Antonio Arnoni Prado (2015, p. 26-27) destacou:

> *pesou bastante no perfil do crítico que surgia a atmosfera política reinante no Curso Superior de Letras da Universidade de Lisboa, onde cumpria a formação humanística sob a tutela de mestres como Consiglieri Pedroso, Sousa Lobo, Jaime Moniz, Vasconcelos Abreu e, sobretudo, Teófilo Braga [...] Ao lado de Eça de Queirós, Alexandre Herculano, Almeida Garret, Ramalho Ortigão e Oliveira Martins, Teófilo Braga simbolizava, para a mocidade acadêmica da época, a trincheira avançada dos intelectuais que radicalizaram a discussão sobre os temas da nacionalidade e da identidade nacional com foco na monarquia. O mito do Império português, garantido pela manutenção do que dele restava, consolava os descontentes pela perda ainda deplorada da Índia e do Brasil.*

Apesar de ter vivido a maior parte de sua vida no exterior, Oliveira Lima conservou com orgulho a identidade brasileira, sobretudo a pernambucana. Nesse sentido, foi um grande **divulgador da cultura** do país no exterior. No período em que esteve na Alemanha, escreveu *Pernambuco, seu desenvolvimento histórico* (1895) e *Aspectos da literatura colonial brasileira* (1896). Na França, inaugurou a primeira cadeira de estudos de cultura das repúblicas latino-americanas da Sorbonne, onde ministrou 11 conferências a respeito da "Formação histórica da nacionalidade brasileira". Em 1913, realizou, na Sociedade de Geografia de Antuérpia, a conferência "O Brasil e os estrangeiros".

Oliveira Lima tinha uma perspectiva global em razão de sua profissão como diplomata e interessou-se pelo pan-americanismo, que discutia a **unidade da América Latina**. Morreu exercendo a diplomacia em Washington, onde deixou como legado uma vasta biblioteca de mais de 30 mil volumes, indício de que foi um dos homens mais eruditos de seu tempo (Iglésias, 2000).

O grande livro de história de Oliveira Lima é, sem dúvidas, *D. João VI no Brasil*, de 1908, escrito para concorrer a um edital do IHGB que solicitava um estudo sobre o monarca português para a comemoração do centenário da vinda da família real portuguesa ao Brasil. Euclides da Cunha cogitou fazer essa pesquisa e elaborar uma monografia para o chamado do IHGB, mas não conseguiu levar o projeto adiante. Oliveira Lima ganhou o edital e seu livro foi considerado, por autores como Gilberto Freyre (1970), um de seus melhores trabalhos de história do Brasil.

A obra em questão pode ser entendida como um verdadeiro ensaio de **celebração do império português** no Brasil. Oliveira Lima entendia a vinda de D. João VI como um momento de transformação da vida política nacional – da Colônia para uma nação civilizada nos trópicos. Sob seu ponto de vista, a chegada da Corte portuguesa marcava o momento em que o país deixava de ser Colônia e tornava-se mais próximo de uma nação soberana, incorporando as instituições reais lusitanas.

Do célebre historiador português Oliveira Martins (1845-1894), Oliveira Lima assimilou a preocupação de favorecer as análises **psicológicas** e **biográficas** como base para o estudo histórico. De tal forma, o autor elegeu D. João VI como personagem principal de uma trama narrativa recheada de ódios, intrigas, traições e picuinhas entre ministros e funcionários da Administração Pública. O historiador e diplomata defendia a ideia de que o rei português se rendeu à influência do ambiente natural brasileiro a ponto de ser conhecido nas cortes europeias informalmente como *Roi du Brésil* (Rei do Brasil).

Alguns comentadores, como Iglésias (2000, p. 142), chegaram a classificar a obra de Oliveira Lima como de tendência "conservadora" e "tradicionalista". Essas inclinações ficam explícitas em diversas passagens do livro, como a que transcrevemos a seguir, em que o autor repetiu a argumentação de Varnhagen de que os negros africanos melhoravam de vida ao serem escravizados:

> *Quaisquer regulamentos em benefício dos escravos tendiam naturalmente a relaxar-se e cair em desuso, dada a extrema diferença de condição daqueles que a lei visava proteger. A índole e os costumes dos senhores eram que tornavam o tratamento dos escravos ordinariamente benigno, ao ponto de alguns marinheiros escravos dos navios empregados no tráfico não fugirem na costa da África, por bem saberem que sua situação seria pior no meio da sua raça. Poucos eram de resto os negros, escreve Luccock, que queriam voltar para a África depois de terem estado algum tempo no Brasil. Nem os podia apertar muito forte a nostalgia, sendo o Brasil de então, na aparência e nos hábitos, uma espécie de sucursal africana, tanto havia o elemento escravo permeado o livre.* (Oliveira Lima, 1996, p. 275)

Como destacou Prado (2015, p. 70-71), Oliveira Lima produziu uma narrativa histórica que transcende a simples erudição documental e que recorre ao "talento literário do escritor" para compor um panorama geral da "alma nacional" portuguesa, que vinha "civilizar" o Brasil.

Desde seus tempos de formação universitária, quando era bastante influenciado pelo historiador português Oliveira Martins, Oliveira Lima acreditava que era dever do historiador desenvolver o **compreensivo talento literário**, uma concepção de escrita a meio caminho da arte e da ciência. Para ele, a aptidão para escrever, ou seja, a intuição imaginativa do historiador, era tão importante – ou mesmo mais importante – do que a mera vocação erudita e documental (Oliveira Lima, 1908).

Essa questão foi discutida em um texto publicado no mesmo ano de *D. João VI no Brasil*, chamado *Francisco Adolfo de Varnhagen, Visconde de Porto Seguro* (Oliveira Lima, 1908). Nele, o autor defendia a ideia de que "O historiador moderno carece de ser, além de um erudito, um artista, de descobrir, ele próprio, as fontes, analisar-lhes o valor, saber aproveitar o manancial que delas brota, quando ainda livres de impurezas, e arrecadá-lo em vasos do mais puro cristal por ele mesmo facetado" (Oliveira Lima, 1908, p. XX). Nesse sentido, por mais indispensáveis que fossem a erudição e o trabalho nos arquivos para o ofício do historiador, essas qualidades deveriam estar necessariamente subordinadas à "articulação literária" dos materiais pesquisados, responsável pela expressividade dos conteúdos descritos (Oliveira Lima, 1908, p. 64).

Em suma, podemos dizer que Oliveira Lima foi um perfeito representante da historiografia brasileira, de uma geração que viveu a segunda metade do século XIX e entrou no século XX acompanhando as **mudanças da modernidade** na política, na economia e na sociedade. O autor manteve o **saudosismo da Monarquia**, uma visão lusocêntrica que convivia ao mesmo tempo com as ideias progressistas e as novidades científicas do novo século. Como historiador, acompanhava a escola histórica europeia e sabia lidar com os documentos, as fontes e a escrita artística tão perto da literatura. Esse tema foi aprofundado por Hayden White (1995) na leitura que ele fez da historiografia do século XIX, em que percebeu grandes semelhanças da historiografia com a literatura ficcional.

Tal como Euclides da Cunha era um leitor assíduo dos autores europeus, Oliveira Lima também estava atento aos grandes nomes da historiografia do século XIX, como Michelet, Thierry, Taine, Alexandre Herculano, Ernest Renan. De acordo com o autor:

o que deve ser hoje historiador, tem de combinar a sagacidade da verificação com o talento da exposição, aliar a circunspecção do pesquisador à habilidade do narrador, o que, demandando em rigor para aplicar-se à evolução de um povo ou de uma nacionalidade tempo mais que o de uma vida e inteligência mais do que a humana, convida à elaboração de monografias e, como consequência, produz a dispersão de matéria histórica. (Oliveira Lima, [1903])

A historiografia brasileira de então seguia as tendências de seu tempo, que era reunir o máximo possível de documentos e escrever a história do país para dar uma legitimidade temporal e alguma base de orientação aos projetos nacionais.

Síntese

Neste capítulo, verificamos que, desde 1789 até 1902, ano de publicação de *Os sertões*, de Euclides da Cunha, a modernização tinha avançado no Brasil. Como esse autor registrou em sua obra, o curso da história não estava trazendo tempos melhores, pois a humanidade praticava no auge da civilização as mesmas barbaridades do passado. E o futuro, perguntava-se, seria melhor? Os historiadores do futuro estariam em paz e a humanidade irmanada na igualdade, na liberdade e na fraternidade?

Os autores analisados participaram desse momento histórico, o início da modernidade, que transformaria o país – de um lugar de exploração colonial em um Estado autônomo e autodeterminado, responsável, portanto, por gerir os rumos dos próprios passos entre as nações do mundo. Dessa forma, houve a necessidade de o Brasil rever seu passado, e a historiografia fez-se presente com autores e literatos, que produziram estudos e monografias com interesse vívido pela história nacional, capaz de dotar o Brasil de uma espinha dorsal temporal moderna. Contudo, a desilusão com o rumo do tempo fez parte de suas vidas e de suas obras.

Nesse cenário, Joaquim Nabuco afastou-se da política depois do golpe de militares que proclamaram a Primeira República e refugiou--se em suas memórias do Império. Machado de Assis e, sobretudo, Euclides da Cunha usaram da ironia para desmascarar a vaidade humana e sua sandice – este último mostrou como a República era assassina e havia massacrado a população de Canudos.

Capistrano de Abreu e Oliveira Lima, por sua vez, contribuíram para o país avançar na historiografia propriamente dita, com certa neutralidade de axiomas vindos dos estudos europeus da segunda metade do século XIX, e estavam constituindo o *corpus* historiográfico da nacionalidade brasileira, levando adiante (ainda que de maneira própria) o projeto do IHGB e de Varnhagen.

Todos esses autores trabalharam com história, arte e literatura, primando tanto pelo estilo da escrita quanto pela documentação e pela argumentação racional. Foi um período intenso, de grandes esperanças e grandes desilusões. Todos eles cumpriram missões de literatos como arautos do novo tempo, embora irônicos quanto ao destino – nada triunfal – da humanidade.

Atividades de autoavaliação

1. Analise as sentenças a seguir e marque V para as verdadeiras e F para as falsas.
   ( ) A geração da última metade do século XIX foi receptiva quanto às ideias científicas positivistas.
   ( ) Os autores brasileiros do século XIX liam e imitavam a literatura vinda da Europa, tanto na história quanto na literatura.

( ) Os fundadores do projeto de escravatura foram Joaquim Nabuco e Oliveira Lima.

( ) O encontro do sertão com sua própria história foi inaugurado por Capistrano de Abreu, que escreveu importantes obras de historiografia sobre o litoral e o interior do Brasil.

Agora, assinale a alternativa que apresenta a sequência correta:
a) F, V, V, V.
b) V, F, V, F.
c) F, F, V, V.
d) V, V, F, F.

2. Assinale a alternativa correta:
   a) A opção científica não suportava no século XIX a convergência de literatura, arte e historiografia.
   b) Euclides da Cunha e Machado de Assis substituíram a representação literária pela histórica em suas obras.
   c) Joaquim Nabuco foi diplomata e tinha uma visão europeizada, voltada para o embranquecimento da população.
   d) Oliveira Lima foi diplomata e historiador com larga erudição. Estudou paleografia e seu trabalho foi reconhecido nos Estados Unidos e na Europa.

3. Relacione os autores às respectivas obras:
   I) Euclides da Cunha
   II) Oliveira Lima
   III) Capistrano de Abreu
   IV) Joaquim Nabuco
   V) Machado de Assis

( ) *Iaiá Garcia*
( ) *Capítulos de história colonial*
( ) *O abolicionismo*
( ) *Os sertões*
( ) *Formação histórica da nacionalidade brasileira*

Agora, assinale a alternativa que apresenta a sequência correta:

a) V, III, IV, I, II.
b) V, II, I, III, IV.
c) I, III, IV, II, V.
d) III, II, V, IV, I.

4. Assinale a alternativa correta:
   a) A campanha republicanista da década de 1870 veio a apoiar a Monarquia após se decepcionar com a instauração da República.
   b) Euclides da Cunha esteve na campanha de Canudos e presenciou a opressão do Estado contra a população sertaneja.
   c) Machado de Assis, Joaquim Nabuco, Capistrano de Abreu, Euclides da Cunha e Oliveira Lima eram intelectuais da oposição positivista no Brasil do século XIX.
   d) A geração que viu o fim da Monarquia e que esperava um futuro melhor para o país não cultivava saudades do tempo imperial regido por D. Pedro II.

5. Assinale a alternativa **incorreta**:
   a) A historiografia do século XIX foi produzida no Brasil por autores interessados pelo passado da pátria.
   b) Os historiadores brasileiros do século XIX prezavam pela construção da cidadania e da pluralidade por meio da história crítica.

c) Euclides da Cunha foi engenheiro de obras públicas do Estado de São Paulo, sabia fazer cálculos, construir pontes e desenhar mapas cartográficos.

d) Machado de Assis viu a transição da Monarquia para a República, e seus romances refletem o contexto social brasileiro do final do século XIX.

Atividades de aprendizagem

Questões para reflexão

1. Atente-se para a pesquisa feita por Oliveira Lima em arquivos e reflita sobre em que medida o historiador profissional de hoje se aproxima e se afasta das práticas profissionais do final do século XIX e do começo do XX. Pondere sobre a evolução e a trajetória da disciplina.

2. Em comparação com o senso de missão literária que os escritores e os historiadores da geração de 1870 apresentavam ao defender o fim da escravidão, como Joaquim Nabuco, reflita sobre as possibilidades atuais de engajamento de uso político do passado.

Atividade aplicada: prática

1. Crie um plano de uma aula expositiva sobre as similaridades e as diferenças entre história e literatura com base nas convergências e nas diferenças de escritores e historiadores do final do século XIX.

Capítulo 4
Os intérpretes do Brasil

Neste capítulo, vamos nos dedicar à análise de boa parte da produção historiográfica brasileira da primeira metade do século XX. As obras e os autores de que trataremos constituem o chamado *cânone da moderna historiografia brasileira*. Nosso percurso abarca a produção de ensaios de interpretação histórica, característicos do período, quando as fronteiras disciplinares ainda não se encontravam bem delimitadas.

Olhando retrospectivamente, podemos encarar esse momento como uma grande transição entre a produção histórica tradicional praticada no Instituto Histórico e Geográfico Brasileiro (IHGB) e aquela que, na mesma época, começou a se profissionalizar nas universidades. Os ensaios da década de 1930 de certa forma eram continuadores da redescoberta do Brasil pelo movimento modernista, ou seja, a busca da brasilidade. As obras apareciam em suportes como as coleções de estudos brasileiros, na esteira do aquecimento do mercado editorial, e alguns autores tinham um vínculo estreito com o poder econômico e o Estado.

Nossa grade de leitura dessas obras está relacionada às noções de temporalidade construídas pelos autores, no momento em que o Brasil procurava seu lugar e sua especificidade entre as nações modernas do Ocidente. Para tanto, adotaremos como guia o moderno conceito de *história*. Ele esclarece basicamente a temporalização das narrativas e a tensão permanente entre experiência e expectativa, categorias meta-históricas utilizadas para pensar as possibilidades de escrita da história. Assim, a relação estabelecida pela historiografia com o tempo social, entre a reconstrução do passado e a projeção do futuro, é o fio condutor dessas análises (Kosselleck, 2006).

(4.1)
Modernismo: a redescoberta do Brasil

É conhecida de todos nós a importância do movimento modernista para a renovação das artes e das letras no Brasil. A **Semana de Arte Moderna**, ocorrida no Teatro Municipal de São Paulo em fevereiro de 1922, pretendeu estabelecer uma ruptura com as formas estéticas tradicionais e passadistas, como o Parnasianismo na literatura e o Realismo nas artes plásticas. Em seus primeiros tempos e movimentos, o **Modernismo** buscou, portanto, superar o atraso nacional e promover a inserção do país na modernidade estética. O momento era propício para isso, uma vez que o Ocidente passava por grandes transformações em consequência da Primeira Guerra Mundial (1914--1918), como a aceleração da indústria e das comunicações – no Brasil, aconteciam a prosperidade do café como produto de exportação e o crescimento urbano.

Nesse contexto, as vanguardas artísticas europeias, como o Futurismo, exerceram grande influência, pois ofereciam modelos de expressão que combinavam o ritmo da civilização mecânica com o primitivismo das matrizes culturais, muito presentes no caso brasileiro. Não é à toa que o primeiro livro do modernismo foi *Pauliceia desvairada* (1922), de Mário de Andrade (1893-1945), que retrata o acelerado desenvolvimento da capital paulista. Em 1922, o país também completava 150 anos de independência política de Portugal.

Alguns anos depois da ruptura do Modernismo com as formas artísticas tradicionais, a preocupação seria a busca pela **brasilidade**, isto é, a definição de um caráter nacional brasileiro. Os escritores e os demais artistas modernistas, além da pesquisa do folclore e da cultura popular, da valorização da linguagem coloquial e de temas prosaicos e cotidianos, embrenharam-se em caravanas pelo interior do

Brasil, muitas vezes em verdadeiras expedições etnográficas, em busca de redescobri-lo em sua autenticidade. Esse esforço se refletiu no *Manifesto antropofágico* (1928), de Oswald de Andrade (1890-1954), ou na obra literária mais conhecida do modernismo, *Macunaíma* (1928), de Mário de Andrade. Ambos previam uma apropriação crítica da contribuição das vanguardas estrangeiras. A Figura 4.1 ilustra a viagem de Mário de Andrade à Amazônia.

Figura 4.1 – Fotografia feita por Mário de Andrade (1927) em Barcarena (PA) durante viagem à Amazônia

ANDRADE, Mário de. 1927. Fotografia, p&b. Acervo do Instituto de Estudos Brasileiros (IEB) da Universidade de São Paulo (USP).

As oligarquias paulista e mineira dominaram, em boa medida, o cenário político na Primeira República (1889-1930), e a cafeicultura de exportação representou o eixo da economia no período, embora ela lentamente tenha se incrementado com a imigração europeia, a urbanização e a industrialização incipiente. Com a crise econômica de 1929, houve retração no consumo e na exportação de café, o que contribuiu para a crise política e a ruptura entre as classes dominantes e culminou com o triunfo da chamada *Revolução de 1930*, comandada pelo gaúcho **Getúlio Dornelles Vargas** (1882-1954).

Os vitoriosos em 1930 formavam um grupo heterogêneo, unido apenas pela derrubada da velha ordem oligárquica. **Boris Fausto** (1930-), especialista no assunto, anota que ocorreu uma troca da elite do poder, sem grandes rupturas sociais. Todavia, um novo tipo de Estado surgiu após 1930, o qual centralizou em suas mãos as decisões econômicas e políticas em função da **promoção do capitalismo nacional**, mediando uma aliança entre a burguesia industrial e boa parcela da classe trabalhadora urbana (Fausto, 2015).

Em um texto de feição testemunhal publicado em 1984, **Antonio Candido** (1918-2017), crítico literário, historiador da literatura e sociólogo de formação, assinalou os desdobramentos da Revolução de 1930 no plano cultural. Em sua ótica, aquela década abriu os tempos modernos da concepção de **cultura** no Brasil, que esboçava, pelo menos em tese, um **processo de democratização**, tomando distância da noção idealista aristocratizante de cultura como erudição de acesso exclusivo das elites. Houve, ainda, um movimento de unificação de conhecimentos que projetou em escala nacional assuntos antes tipicamente regionais. Nesse sentido, os impulsos renovadores dos anos 1920 deixaram de ser uma transgressão e foram aos poucos se normalizando e até se generalizando, a ponto de, com o Estado Novo (1937-1945), assumir uma feição oficial, como se as novas conquistas artístico-literárias fossem chanceladas pelo Estado (Candido, 1984).

Eram os casos, por exemplo, da arquitetura de Lúcio Costa (1902-1998), escalado para coordenar, no Rio de Janeiro, então sede do

Distrito Federal, a edificação do novo Ministério da Educação e Saúde, cujos murais foram trabalhados, sob encomenda oficial, por Candido Portinari (1903-1962). O edifício é conhecido como *Palácio Capanema*, em homenagem a Gustavo Capanema (1900-1985), Ministro da Educação e Saúde entre 1934 e 1945. No próximo capítulo, analisaremos o novo ambiente no campo educacional, que, no século XX, acarretaria grandes mudanças no pensamento histórico brasileiro, com o surgimento das primeiras universidades do país e as faculdades de Filosofia, Letras, História e Ciências Sociais.

No campo dos estudos brasileiros, não foram poucas as transformações consequentes desse novo ambiente político-econômico e cultural. O próprio Antonio Candido (1984, p. 30) anota o "convívio íntimo entre a literatura e as ideologias políticas e religiosas", especialmente entre a história, a sociologia, a antropologia e a política, que assumiram a dianteira do pensamento e da análise crítica da realidade brasileira, desde as novas possibilidades de difusão e circulação de saberes proporcionados pelas coleções preparadas pelas grandes casas de edição, como a Brasiliana, da Companhia Editora Nacional, ou os Documentos Brasileiros, da José Olympio Editora. Isso tudo se fez possível mediante a matriz modernista de reflexão sobre a brasilidade, ou seja, a busca pela **singularidade brasileira** no concerto das nações, como demonstrou Moraes (1988, p. 237):

O segundo tempo modernista [década de 1930] encara a situação de "atraso" do tempo nacional como constituindo a nossa temporalidade. Com isso ele não se destaca dos compromissos da ótica do primeiro tempo no que ela tem de fundamental: seu universalismo. Ocorre que agora, no segundo tempo, este universalismo determina a constituição de uma compreensão da temporalidade para o caso brasileiro. A constituição de uma teoria da temporalidade da vida nacional vai possibilitar a reavaliação da situação de "atraso" do contexto nacional. Ela vai também fornecer as bases da definição de um tempo da modernização próprio da brasilidade.

Apesar da grande importância acordada para a cultura brasileira durante boa parte do século XX, o **paradigma de 1922** não precisa ser necessariamente supervalorizado. A rigor, devemos observar que o ano de 1922, como acontecimento fundador do Modernismo brasileiro, divisor de águas na história da cultura nacional, foi em parte resultado de uma construção temporal da história da literatura e dos registros comemorativos e memoriais. O problema se encontra na agregação indiferenciada de elementos heterogêneos, regionais ou mesmo estéticos, e no ocultamento das tensões e das ambiguidades internas e de outras possíveis articulações inerentes e até anteriores ao movimento. Perdem-se, assim, as especificidades de cada grupo, indistintamente reunidos sob o rótulo de *pré-modernistas*, como a própria geração de 1870 e suas ideias novas que há pouco examinamos. Desse modo, tais correntes são vistas como se representassem uma preparação de terreno para o que aconteceria em 1922, o que também dificulta o exame da historicidade e a conceituação do movimento.

Velloso (2010, p. 23), da Fundação Casa de Rui Barbosa (no Rio de Janeiro), tem procurado historicizar essa visão hegemônica:

> *Hoje ainda desfruta de certo consenso a visão do movimento modernista brasileiro, circunscrito à ambiência paulista e a um grupo canônico de intelectuais. Na literatura os nomes de Mário de Andrade e de Oswald de Andrade são referência obrigatória quando se trata de ressaltar a tendência vanguardista inovadora do movimento. Também os intelectuais ligados à vertente conservadora, como é o caso de Plínio Salgado e Cassiano Ricardo, são tomados como referenciais de análise para o estudo das bases do pensamento político autoritário. [...] A narrativa hegemônica do Modernismo foi uma construção empreendida pelas vanguardas paulistas,*

que a atualizaram ao longo das décadas de 1930 e 1950. Heloísa Pontes[1] mostra que a rede foi ampla e diversificada, incluindo a Faculdade de Filosofia e Letras da USP, a imprensa através dos jornais (Folha de S. Paulo, o Estado de S. Paulo) e revistas (Anhembi e Clima) e editoras (Nacional e Martins).

Muito em função da construção memorial no tempo, não são tão conhecidas a participação de historiadores consagrados nas discussões modernistas ou, em menor escala, suas repercussões no pensamento histórico. Sérgio Buarque de Holanda, por exemplo, bem antes de escrever *Raízes do Brasil* (1936), foi editor de uma revista modernista, chamada *Estética*, entre 1923 e 1924. Essa publicação surgiu da ausência da grande revista modernista *Klaxon*, no intuito de, após o surto de 1922, realizar a autocrítica do movimento. Gilberto Freyre diz ter elaborado, em 1926, em defesa da tradição cultural nordestina, o *Manifesto regionalista*, documento publicado em 1955, que pode ser visto como um **outro Modernismo**, mais ligado às raízes populares, mas que durante muito tempo foi considerado conservador e reacionário diante do cosmopolitismo do modernismo paulista. De todo modo, já se articulava ali uma tentativa de resgate do passado colonial, que mais tarde marcaria o ritmo temporal nas páginas de *Casa-grande & senzala* (1933).

Como bem indica o excerto de Moraes (1988) apresentado anteriormente, a abordagem ou o tratamento dado à **temporalidade histórica** era central nos estudos sobre a realidade brasileira empreendidos pela chamada *segunda geração modernista*. Essa temática foi representada em uma forma específica de escrita, o ensaio de interpretação histórica. Entre a memória e a literatura, o ensaio favorece

---

1 Heloísa André Pontes é antropóloga e autora de Destinos mistos: os críticos do Grupo Clima em São Paulo, 1940-68.

a expressão das subjetividades e apresenta natureza plural, entre a reflexividade e a leitura do mundo exterior. Como exercício de escrita, sem regras predeterminadas, dois de seus aspectos centrais são a ausência de conclusões objetivas e a abertura às possibilidades diversas de interpretação. Assim, como um gênero fronteiriço, agrupava os saberes histórico e sociológico ainda não definidos em disciplinas acadêmicas, por meio de uma escrita literária. O ensaísmo das primeiras décadas do século XX foi considerado por Antonio Candido (1965, p. 157) "o traço mais característico e original de nosso pensamento, elemento de ligação entre a pesquisa puramente científica e a criação literária".

Recentemente, Fernando Nicolazzi, da Universidade Federal do Rio Grande do Sul (UFRGS), embora na continuidade do argumento de Antonio Candido, propôs uma renovada leitura da tradição ensaística no Brasil, formada, segundo ele, entre as grandes sínteses da história literária oitocentista (de Sílvio Romero, por exemplo) e as pretensões eruditas da nascente historiografia – entre o IHGB e o despontar da história universitária (Nicolazzi, 2011). O papel do ensaio histórico fora importante no momento de "reorganização das fronteiras disciplinares, diante da primazia da Literatura como modalidade fundamental de representação da cultura nacional" (Nicolazzi, 2011, p. 385).

Porém, ainda mais relevante, esse mesmo autor apontou a importância do ensaio como articulação entre as **ordens temporais** e a **representações do passado**, isto é, as relações entre consciência histórica, intervenção no presente e imaginação de horizontes futuros (Nicolazzi, 2011). A história, portanto, cumpria o papel de configurar sentido coletivo para a nação, no momento (as primeiras décadas do século XX) em que ainda se buscavam formas de conciliação entre a moderna historicidade, com suas ideias de progresso e civilização, e o lugar-comum do **atraso** da cultura brasileira (Nicolazzi, 2011). Essa geração se esforçou, portanto, para desvelar a singularidade brasileira no concerto das nações, definir uma nova identidade nacional e o sentido de sua história. É na perspectiva das diferentes articulações da temporalidade brasileira e das distintas noções de história que abordaremos seus principais autores e respectivas obras.

(4.1)
PAULO PRADO E OLIVEIRA VIANNA:
ENTRE A VANGUARDA E A CIÊNCIA

Paulo Prado e Oliveira Vianna, durante muito tempo, foram vistos como participantes de uma espécie de **lado b** das interpretações do Brasil, justamente pela força da construção do cânone da moderna historiografia brasileira – a tríade formada por Gilberto Freyre, Sérgio Buarque de Holanda e Caio Prado Jr. Trataremos melhor dessas questões sobre a memória disciplinar no último capítulo do livro. Por ora, vamos nos esforçar em explicitar as concepções de *história* e as interpretações do Brasil elaboradas por esses dois historiadores, sobretudo o sentido que procuraram imprimir à evolução de nossa historicidade integrada à modernidade.

4.1.1 PAULO PRADO E A OLIGARQUIA PAULISTA

Paulo da Silva Prado (1869-1943) ocupa um lugar especial na tradição do ensaio histórico ligado ao modernismo. Filho de família paulista tradicional – ele mesmo foi cafeicultor –, foi um dos principais – se não o principal – nomes entre os apoiadores e os patrocinadores da Semana de Arte Moderna em 1922. Pouco mais tarde, incumbiu-se da recepção dos modernistas franco-suíços Blaise Cendrars (1887-1961) e Le Corbusier (1887-1965), que passaram temporadas no Brasil.

A tradição intelectual habitava a família de Paulo Prado, que era sobrinho de Eduardo Prado (1860-1901), célebre defensor da Monarquia, um dos fundadores da Academia Brasileira de Letras (ABL) e autor da obra *A ilusão americana* (1893), sobre a grande distância cultural entre o Brasil e os Estados Unidos e as diferenças entre o Brasil e os demais países latino-americanos. Foi por intermédio do tio que Paulo Prado conheceu Capistrano de Abreu, de quem se considerava discípulo em termos de metodologia de pesquisa e de escrita da história. Desse modo, o autor pode ser visto como uma espécie de **elo** entre a geração modernista e a geração intelectual anterior, a da década de 1870.

Seu primeiro livro, o pouco conhecido *Paulística: história de São Paulo* (1925), apresenta diálogo efusivo com a obra de Capistrano de Abreu e se mostra como uma verdadeira homenagem ao mestre cearense ao se basear na melhor escola do **Realismo Histórico** por essas plagas. Originalmente, o livro foi publicado aos poucos nas páginas do jornal *O Estado de S. Paulo*, entre 1922 e 1925, e então reunido em volume único pela Editora Monteiro Lobato & Cia., gérmen da Companhia Editora Nacional.

Mas seria somente com a obra *Retrato do Brasil: ensaio sobre a tristeza brasileira*, de 1928, que Paulo Prado deixaria de ser um homem de bastidores para se tornar um autor muito lido, acaloradamente discutido e veementemente criticado pela acidez com que interpretou as origens e o sentido da nacionalidade brasileira. Outras vertentes do Modernismo que não a paulista receberam o ensaio como a visão mais pessimista e caricata de nossa história. Foi o caso do escritor católico Tristão de Athayde, pseudônimo do crítico literário Alceu Amoroso Lima (1893-1983).

Mais recentemente, alguns historiadores, como Francisco Iglésias, Carlos Guilherme Mota ou Fernando Novais, reconheceram em Paulo

Prado o ato inaugural das "interpretações do Brasil" (Prado, 2012, p. 25). A última edição de *Retrato*, organizada por Carlos Augusto Calil, é uma edição crítica que contém boa introdução à obra, uma série de resenhas que o livro recebeu ao longo do tempo e um álbum de fotografias, além de uma compilação de textos esparsos, publicados na imprensa pelo autor.

Paulo Prado deixou de escrever em 1934, quando vetou traduções e novas edições de seus livros, dizendo-se insatisfeito com os rumos da Revolução de 1930, que ele teria previsto e até mesmo conclamado no *postscriptum* de *Retrato*, em 1928. Assim, recolheu-se à vida privada e aos negócios.

O livro *Retrato do Brasil: ensaio sobre a tristeza brasileira* é curto e conta com duas partes bem definidas e distintas: o "Retrato" propriamente dito e o *"postscriptum"*. A primeira, por sua vez, é dividida em quatro capítulos: "A luxúria"; "A cobiça"; "A tristeza"; e "O romantismo". Eles desembocam em uma reflexão densa e pessimista sobre a persistência no tempo presente (a década de 1920) dos aspectos negativos que os nomeiam e que provêm da colonização e as possibilidades de ruptura com a ordem do atraso nacional. A confiança no futuro era possível somente porque este não poderia ser pior do que o passado (Prado, 2012). O que o autor pretendeu foi diagnosticar uma nação doente, tema contemporâneo no pensamento social latino-americano. Para tanto, remontou ao tempo da conquista do trópico pelos portugueses, encontro que, para ele, já continha os decisivos **traços da colonização e da tristeza** como definidores do caráter nacional brasileiro (Prado, 2012). A epígrafe que abre o livro foi tomada de uma carta de Capistrano de Abreu a João Lúcio de Azevedo sobre o jaburu como a ave-símbolo da brasilidade, justamente por sua "apagada e vil tristeza" (Abreu, citado por Prado, 2012). A **psicologia da conquista**, na ótica de Paulo Prado, obedecia aos impulsos da cobiça do ouro e da sensualidade livre. Desses arroubos, sempre segundo o autor, nunca se produziram bons sentimentos, uma vez que o colonizador não tinha amor à terra, visto que praticamente a utilizava apenas para fins de enriquecimento rápido.

> *Dominavam-no [o colonizador] dois sentimentos tirânicos: sensualismo e paixão do ouro. A história do Brasil é o desenvolvimento desordenado dessas obsessões subjugando o espírito e o corpo de suas vítimas. Para o erotismo exagerado contribuíam como cúmplices três fatores: o clima, a terra e a mulher indígena ou a escrava africana. Na terra virgem, tudo incitava ao culto do vício sexual. [...] Desses excessos de vida sensual ficaram traços indeléveis no caráter brasileiro. [...] Na luta entre esses apetites – sem outro ideal, nem religioso, nem estético, sem nenhuma preocupação política, intelectual ou artística – criava-se pelo decurso dos séculos uma raça triste.* (Prado, 2012, p. 96-97)

Assim, tanto o colonizador quanto o nativo foram descritos com tintas grossas. O mesmo tratamento foi dado por Paulo Prado (2012) para o escravo e a mulher, sobretudo a negra – para o autor, elementos corruptores da ordem familiar patriarcal. O tratamento aprofundado da família patriarcal como célula-mãe da sociedade colonial e a valorização da mestiçagem como elemento essencial do caráter brasileiro aguardaram alguns anos até que, com Gilberto Freyre, sobretudo pela singularidade de sua formação intelectual, recebessem nova abordagem.

A despeito disso, no *postscriptum* de sua obra, Paulo Prado (2012) contemporizou e, na esteira de Martius (1844) sobre o peculiar desenvolvimento das três raças, ressaltou o **novo tipo étnico** sintetizado no brasileiro, ao mesmo tempo que negou o problema do racismo, uma vez que, entre nós – e diferentemente dos Estados Unidos – a miscigenação teria dissolvido as antipatias raciais, argumento que de certa forma antecipou a chamada *democracia racial* de Gilberto Freyre. Essa aparente contradição talvez tenha sido fruto de seu **conceito de história**, que a um só tempo rejeitava a visão romântica do passado e resistia à cientificidade aplicada nas humanidades – atitude bastante específica do momento de busca pelo caráter da brasilidade. Vejamos como Paulo Prado pensa a história:

> *Este "Retrato" foi feito como um quadro impressionista. Dissolveram-se nas cores e no impreciso das tonalidades as linhas nítidas do desenho e, como se diz em gíria de artista, das "massas e volumes", que são na composição histórica a cronologia e os fatos. Desaparecem quase por completo as datas. Restam somente os aspectos, as emoções, a representação mental dos acontecimentos, resultantes estes mais da dedução especulativa do que da sequência concatenada dos fatos. Procurar, deste modo, num esforço nunca atingido,* ***chegar à essência das coisas****, em que à paixão das ideias gerais não falte a solidez dos casos particulares.* (Prado, 2012, p. 127, grifo nosso)

Não poderia haver melhor expressão da íntima relação entre as vanguardas artísticas e o modernismo como nova consciência da brasilidade, inscrita no âmago da concepção de história praticada naqueles anos.

4.2.2 Oliveira Vianna e o Estado Novo

Encontramos uma ideia de história muito diferente da de Paulo Prado em **Francisco José de Oliveira Vianna** (1883-1951), que, desde 1920, com *Populações meridionais do Brasil*, mostrava-se confiante na **ciência** e na **técnica**, a ponto de pretender erigi-las em norma social, uma das características que o levariam, na segunda metade dos anos 1930, à condição de ideólogo do Estado Novo. A má fama angariada por ele e o fato de ser relativamente esquecido entre os intérpretes do Brasil decorrem não só por força dos intelectuais de esquerda, mas também de sua atuação direta nas engrenagens e na mentalidade do regime de força encabeçado por Getúlio Vargas entre 1937 e 1945, que o situavam no campo conservador, discípulo que foi de Alberto Torres e contemporâneo de Francisco Campos (1891-1968) e Azevedo Amaral (1881-1942).

Oliveira Vianna não foi, certamente, o único intelectual a colaborar com o regime naqueles tempos em que os artistas e os homens de letras participavam ativamente da vida pública nacional. Para isso, basta lembrar da atuação do poeta Carlos Drummond de Andrade (1902-1987) junto ao ministério de Capanema. No entanto, além de Oliveira Vianna ter sido dos mais diretos partícipes, ele embebia sua noção de história nas concepções francamente **racistas** e **eugênicas** herdadas dos anos oitocentos e defendia, acima de tudo, a construção de um **Estado forte e autoritário**, não para intermediar as contradições sociais do país, mas para resolvê-las, nem sempre de maneira socialmente justa ou democrática.

O Estado Novo surgiu de um golpe, a pretexto de uma suposta insurreição comunista, ficção elaborada pelos integralistas e utilizada pelo governo para se manter no poder, com apoio da cúpula militar, estabelecendo imediatamente – em novembro de 1937 – um estado de guerra, que suspendia as garantias constitucionais, dissolvia o Congresso e, consequentemente, anulava as eleições marcadas para 1938.

De modo autoritário, Getúlio Vargas simplesmente anunciava uma nova fase política e a vigência de nova Carta constitucional, elaborada pelo jurista Francisco Campos. Era a consolidação das aspirações autoritárias e antiliberais que grassavam pelo país – e pelo mundo – no período entre guerras. Dessa forma, realizava-se plenamente a centralização já em curso desde o início da Revolução de 1930, concentrada no poder pessoal de Getúlio Vargas, instância última das decisões fundamentais (Fausto, 2015). O Estado Novo mantinha aparelhos repressivos e de censura e propaganda para fins de controle político da opinião pública, como o Departamento de Ordem Política e Social (Dops) e, principalmente – porque foi invenção sua –, o Departamento de Imprensa e Propaganda (DIP). Esse órgão foi responsável pela publicação periódica da revista *Cultura política*, entre 1941 e 1945, sob a direção do advogado e jornalista Almir de Andrade. Dedicada ao público letrado, funcionava como suporte de elaboração e sistematização do discurso ideológico oficial, que veiculava a própria versão da história do país.

Segundo Boris Fausto (2015), esse discurso marcava um profundo corte entre o Brasil agrário e dividido pelas oligarquias regionais e o Brasil novo, moderno, urbano e centralizado, a própria realização das raízes da brasilidade que, desde a década anterior, eram pesquisadas e decantadas pelos modernistas. Evidentemente, o que ocorria, após a normalização e a rotinização do Modernismo apontadas por Antonio Candido, era, agora, a instrumentalização política pela ditadura estadonovista das ideias modernas. Assumia, portanto, o Estado a tarefa de explorar o passado, estabelecer seus vínculos com o presente e projetar o futuro, em uma verdadeira "política de recuperação do passado" (Gomes, 1996, p. 140).

Nesse contexto, Oliveira Vianna exerceu a função de consultor jurídico do Ministério do Trabalho e teve influência direta sobre uma das mais importantes realizações da Era Vargas, a **Consolidação das Leis do Trabalho** (CLT) – Decreto-Lei n. 5.452, de 1º de maio de 1943 (Brasil, 1943). Sua obra era interdisciplinar, articulava história e sociologia, antropologia, psicologia social e direito, e se colocava a serviço do poder, exercendo grande impacto entre as décadas de

1920 e 1940. Além de *Populações meridionais do Brasil*, Oliveira Vianna produziu, entre outros, *Evolução do povo brasileiro* (1923), *o ocaso do Império* (1925), *Raça e assimilação* (1932) e *Instituições políticas brasileiras* (1949), em dois volumes. Essa última obra é considerada por diversos comentadores como a mais madura e coerente do autor, uma espécie de síntese das anteriores, que analisa o abismo entre o **país legal** e o **país real** ou, dito de outro modo, o desacordo entre os princípios liberais das constituições brasileiras e as condições reais e orgânicas de uma sociedade historicamente de tipo tradicional.

O livro *Evolução do povo brasileiro*, por sua vez, é tratado por José Carlos Reis, no segundo volume de sua obra *As identidades do Brasil*, como exemplar para a compreensão da concepção de história e da interpretação do Brasil de Oliveira Vianna (Reis, 2006). Isso se deve ao fato de que ele foi republicado em segunda e em terceira edições enquanto o autor estava no poder, o que lhe confere valor de manifesto ou de programa político, mantendo intocada a questão racial, mesmo após receber críticas, e, principalmente, a reconstrução do espaço de experiência com base em um horizonte de expectativa autoritário (Reis, 2006).

Nesse sentido, o trecho a seguir, da terceira edição da *Evolução do povo brasileiro* (1938), merece leitura. Nele, o autor procura sintetizar e explicar as intenções de seu projeto, conforme estabelecera até então:

> *Conjunto inextricável de ideias, sentimentos, preconceitos, desejos, crenças, tendências, para ele [o povo] também contribuem os reflexos múltiplos, perceptíveis ou imperceptíveis, das forças modeladoras da terra e do clima e, tanto quanto as influências da história e da raça, essas reações, vindas do meio cósmico, concorrem para dar à mentalidade de cada grupo humano certos atributos, que a tornam perfeitamente inconfundível.*
> *[...] Plenamente convencido dessas ideias, é que meti ombros à empresa,*

cuja enormidade cada vez mais se acrescenta e desmesura ante os meus olhos, entre deslumbrados e aturdidos: estudar a origem e a evolução do nosso povo. [...] Obedece ao mesmo método dos ensaios anteriores: como Populações meridionais *e* O idealismo na evolução política, *o seu ponto de partida é ainda "o quadro das realidades naturais e sociais, que nos cerca e em que vivemos". [...] Neste volume, porém, que agora sai, o meu objetivo principal é mostrar as correlações existentes entre os indivíduos e o território em que habitam: é, pois, um estudo de antropogeografia econômica e política.* (Vianna, 1938, p. 49-51)

Dessa obra, sublinhamos dois aspectos centrais. O primeiro deles é a **defesa da eugenia**, isto é, a teoria do embranquecimento da sociedade brasileira, uma vez que, na visão do autor, os demais elementos étnicos atravancavam o desenvolvimento do país, conforme a conclusão da segunda parte do livro, "Evolução da raça", sobre os dados estatísticos que demonstrariam o fenômeno da arianização progressiva da população:

Nenhum dado digno de fé científica justifica, por outro lado, a afirmação, um tanto generalizada, de que, na zona do Nordeste, se está elaborando uma sub-raça mestiça. Os tipos cruzados, como vimos, não têm estabilidade somatológica; estão sempre sujeitos a movimentos de regressão ao tipo antropológico das raças originárias. Os chamados "caboclos" do Nordeste, em geral, mestiços indo-áricos, têm que evoluir, portanto, num sentido ou noutro, ou para o homem americano, ou para o homem europeu. Por isso, não nos parece possível a fixação definitiva do tipo antropológico dos nossos sertanejos do Nordeste, isto é, a formação, naquela parte do país, de uma nova categoria étnica, perfeitamente definida e estabilizada. Dado, porém, o sentido, que mostram ter, entre nós, as seleções étnicas, tudo nos leva a crer que a regressão dos tipos mestiços se dará em favor do homem branco, pela progressiva eliminação do sangue vermelho. Na massa cabocla do nordeste os tipos que hão de emergir ao fim desse trabalhoso processo seletivo, a que ela está sujeita, hão de ser, ali – como ao centro, como ao sul, como em todo o país – variantes do arianoide, vestidas com a libré dos climas tropicais. (Vianna, 1938, p. 216)

O segundo aspecto trata das bases históricas para a teoria de um **Estado autoritário**, que, segundo Oliveira Vianna, na parte "Evolução das instituições políticas", teria conduzido o Brasil à democracia; uma democracia restrita, contudo – e contraditoriamente –, às elites, especialmente aquelas ligadas à terra. No trecho a seguir, o autor defende o Estado forte contra a pretensão de autonomia das unidades da Federação. O subtexto dirige-se sobretudo ao Estado de São Paulo, em função da chamada *Revolução Constitucionalista*, de 1932, que investiu contra o governo então provisório de Getúlio Vargas.

Daí a necessidade crescente da ação supletória da União. Daí, consequentemente, com raríssimas exceções, o sentimento cada vez mais generalizado da incapacidade das administrações estaduais. Por toda a parte se difunde e se radica o sentimento contrário: **o sentimento da superioridade do poder federal como força incomparável de organização, coordenação e administração.** (Vianna, 1938, p. 349, grifo do original)

Dessa forma, já temos elementos suficientes para compreender a concepção de história de Oliveira Vianna como, conforme assinalou Bresciani (2005, p. 177). "evolução da raça no meio físico e social e de orientação metodológica baseada na noção de objetividade extraída dos dados e fatos". Esse é um dos mais recentes e mais bem reputados estudos sobre Oliveira Vianna e sua obra, situado por Bresciani (2005), malgrado o teor político autoritário e retrógrado, entre os grandes intérpretes do Brasil.

(4.3)
Gilberto Freyre e o saudosismo do passado colonial

É em **Gilberto de Mello Freyre** (1900-1987) que encontramos uma reviravolta no olhar sobre os três elementos étnicos que compõem a sociedade brasileira – o *tópos* (lugar-comum) da historiografia brasileira desde Karl Friedrich Phillip von Martius. Eis a grande contribuição freyriana para a historiografia e as ciências sociais brasileiras: a valorização cultural da **mestiçagem** e o acento sobre o elemento **negro**, e não mais sobre o indígena. Foi uma contribuição de repercussão internacional, vista como a lição do Brasil para a civilização, embora não estivesse livre de contradições e aspectos passíveis de problematização.

De fato, as críticas ocorreram em profusão, principalmente a partir dos anos 1950, com a institucionalização das ciências sociais na universidade paulista, e nos anos 1960 e 1970, com a adesão do autor às ditaduras no Brasil e em Portugal. A principal crítica foi em relação a uma visão açucarada da escravidão e do mito da democracia racial. Ainda assim, Freyre sempre gozou de muito prestígio intelectual e nas rodas de poder, no Brasil e alhures.

Casa-grande & senzala (1933), o carro-chefe de sua obra, ganhou mais de 50 edições, incluídas as estrangeiras, na Europa Central (cinco na França, sete em Portugal), na América Latina, nos Estados Unidos, no Leste Europeu, na Ásia, além da edição crítica lançada pela Unesco em 2002 e das edições brasileiras em quadrinhos. O livro recebeu comentários elogiosos, resenhas críticas ou textos de apresentação de nomes como os de Lucien Febvre, Fernand Braudel e Roland Barthes. É o primeiro e mais conhecido de uma série de três volumes sobre o patriarcado rural: *Sobrados & mucambos* (1936), que trata o declínio da sociedade patriarcal com a urbanização incipiente desde a chegada da família real ao trópico; e *Ordem & progresso* (1947), sobre as passagens e as permanências estruturais entre o Império e a República no Brasil, mesmo com a abolição da escravatura.

Cientista social, antropólogo, ensaísta, historiador: todas essas identificações do autor são possíveis e coexistem na obra de Freyre, embora ele costumasse se definir como *escritor*. Bastante cioso de sua imagem e da recepção de sua obra, não economizou na escrita de si em prefácios, depoimentos, entrevistas, textos autobiográficos e até mesmo no corpo de suas obras, que partem sempre de uma visão intuitiva e subjetiva, que privilegia a cultura e a vivência de onde nasceu – Pernambuco, no nordeste brasileiro –, por meio de uma **abordagem empática** da realidade social.

Com Freyre, o Brasil é visto, expressamente, da janela de um casarão como o de Apipucos, na região do Recife, no qual o autor passou a maior parte da vida adulta e que hoje abriga a Fundação Gilberto Freyre. Esse ponto de vista é determinante para sua perspectiva sobre o Brasil, uma concepção senhorial voltada para um passado que estava desaparecendo – era cada vez mais distante. Freyre o exprime em célebre passagem, logo no prefácio à primeira edição, de 1933:

> Nas casas-grandes foi até hoje onde melhor se exprimiu o caráter brasileiro; **a nossa continuidade social**. No estudo da sua história íntima despreza-se tudo que a história política e militar nos oferece de empolgante por uma quase rotina de vida: mas dentro dessa rotina é que melhor se sente o caráter de um povo. Estudando a vida doméstica dos antepassados sentimo-nos aos poucos nos completar: é outro meio de procurar-se o **"tempo perdido"**. Outro meio de nos sentirmos nos outros – nos que viveram antes de nós; e em cuja vida se antecipou a nossa. É um passado que se estuda tocando em nervos; um passado que emenda com a vida

de cada um; uma aventura de sensibilidade; não apenas um esforço de pesquisa pelos arquivos. (Freyre, 2003, p. 45, grifo nosso)

Sua formação foi essencialmente norte-americana. Além do credo protestante, abraçado desde os tempos em que frequentou o Colégio Batista do Recife, a Universidade de Baylor, no Texas, nos Estados Unidos, onde estudou entre 1918-1920, era ambiente majoritariamente puritano. O trabalho de Pallares-Burke (2005) retraçou os caminhos do jovem Freyre em seus estudos no exterior nos anos 1920 com o intuito de perceber de que forma as leituras, os cursos e as conferências de que ele participou nos Estados Unidos e na Europa, bem como a rede de relações e amizades surgidas nesse período, convergiram nas concepções de *Casa-grande & senzala*.

Desse modo, Pallares-Burke (2005) questionou as versões estabelecidas sobre a formação intelectual de Freyre, principalmente aquela que ele próprio construía e se esforçava por propagar. Uma delas, talvez das mais relevantes na construção da imagem do escritor pernambucano, compreende as relações com Franz Boas (1942-) – já nos anos 1920 contrário às ideias de superioridade racial – na Universidade de Columbia, nos Estados Unidos, onde defendeu sua dissertação de mestrado, orientada pelo historiador William Shephered (1949-), sobre a "Vida social no Brasil em meados do XIX" (publicada no Brasil em 1964, depois de várias alterações). O exame da versão original fez Pallares-Burke (2005, p. 266) considerar que ela "estava muito distante de *Casa-Grande & Senzala* e muito próxima das opiniões então prevalecentes sobre raça e as benesses da eugenia nas questões raciais".

Somente mais tarde, no prefácio à primeira edição, de 1933, foram sublinhadas as influências de Boas, a quem Freyre atribuía o aprendizado da abordagem culturalista que favorecia a originalidade, a novidade e a relevância de sua obra máxima:

*O professor Franz Boas é a figura de mestre de que me ficou até hoje maior impressão. Conheci-o nos meus primeiros dias em Colúmbia. [...] Foi o estudo de antropologia sob a orientação do professor Boas que primeiro me revelou o negro e o mulato no seu justo valor – separados dos traços de raça os efeitos do ambiente ou da experiência cultural. Aprendi a considerar fundamental a diferença entre **raça** e **cultura**; a discriminar entre os efeitos de relações puramente genéticas e os de influências sociais, de herança cultural e de meio. Neste critério de diferenciação fundamental entre raça e cultura assenta todo o plano deste ensaio.* (Freyre, 2003, p. 31-32, grifo do original)

Portanto, a obra é inovadora na abordagem culturalista e no estudo do cotidiano, da vida privada e da sexualidade, mas continuadora do elogio de Varnhagen à colonização portuguesa, à justificação da conquista e à ocupação. Essa é a interpretação de Reis (1999), para quem Freyre aceitava integralmente, sem reservas, a colonização portuguesa, à diferença de Varnhagen, que lamentava a escravidão, não por razões humanitárias, bem ao contrário, mas porque ela implicava a presença africana no Brasil.

De um lado, portanto, sua avaliação otimista da miscigenação servia de alívio para as elites brasileiras, que, desde as teorias raciais dos anos oitocentos pensavam que a miscigenação envergonhava e comprometia o futuro do país (Reis, 1999). De outro, seu olhar para o futuro do país era pessimista, pois a modernização, a aceleração do desenvolvimento e a urbanização comprometiam a continuidade do passado patriarcal. Desse modo, "a interpretação de Freyre se apoia sobre uma concepção conciliadora do tempo histórico brasileiro [...]. A história brasileira não é compreendida em termos de ruptura, ela é vista como uma história pacífica, integradora das diferenças" (Reis, 1999, p. 79-80).

Uma das questões mais controversas que envolveram Gilberto Freyre em sua trajetória foi o chamado *mito da democracia racial*. O autor pouco utilizou diretamente a expressão *democracia racial*, o que não o impediu de caracterizá-la e de sublinhá-la como traço essencial da formação e da evolução da brasilidade. Senão, vejamos o trecho a seguir, do prefácio da primeira edição de *Casa-grande & senzala*:

> *A miscigenação que largamente se praticou aqui corrigiu a distância social que doutro modo se teria conservado enorme entre a casa-grande e a mata tropical; entre a casa-grande e a senzala. O que a monocultura latifundiária e escravocrata realizou no sentido de aristocratização, extremando a sociedade brasileira em senhores e escravos, com uma rala e insignificante lambujem de gente livre sanduichada entre os extremos antagônicos, foi em grande parte contrariado pelos efeitos sociais da miscigenação. A índia e a negra-mina a princípio, depois a mulata, a cabrocha, a quadradona, a oitavona, tornando-se caseiras, concubinas e até esposas legítimas dos senhores brancos, agiram poderosamente no sentido da democratização social no Brasil.* (Freyre, 2003, p. 33)

Mais tarde, nos anos 1940, Freyre retomou o argumento em uma série de conferências realizadas em Nova York, reunidas sob título *Brazil: an Interpretation* (1945), logo traduzidas para o português como *Interpretação do Brasil* (Freyre, 2001). Dizia o autor para os norte-americanos o que a experiência brasileira dispunha de exemplar, não apenas historicamente, mas também naquele tempo de modernização: "Decerto não existe nenhuma outra comunidade moderna da complexidade étnica da brasileira, onde os problemas das relações sociais [...] estejam recebendo solução mais democrática ou mais cristã que na América Portuguesa" (Freyre, 2001, p. 198).

A crítica ao mito da democracia racial foi mobilizada por seus adversários, principalmente nos anos 1950-1960, inicialmente por de Florestan Fernandes (1920-1995), catedrático de Sociologia na Universidade de São Paulo (USP), e seus discípulos. As novas gerações de estudos sociológicos institucionalizados na universidade contestavam em Freyre a visão adocicada do passado colonial. Preocupado com a investigação das tensões de classe, Fernandes (2008), de um lado, considerava as contribuições de Freyre para com o rompimento da visão negativa da miscigenação, e, de outro, assinalava-lhe sérias restrições. O aparente ajustamento social forjara uma **falsa consciência** da realidade racial brasileira, suscitando **convicções etnocêntricas** muito convenientes às elites dirigentes: principalmente aquela segundo a qual, pela própria índole do povo brasileiro, não existiria entre nós distinções raciais (Fernandes, 2008). Na prática, contudo, as possibilidades de ascensão na escala social eram muito limitadas.

(4.4)
Sérgio Buarque de Holanda
e o mal-entendido da democracia

Sob a coordenação de Gilberto Freyre, era publicado, em 1936 o primeiro volume da coleção Documentos Brasileiros, pela Editora José Olympio, no Rio de Janeiro. Com prefácio do Mestre de Apipucos (Gilberto Freyre), que sublinhava o esforço de introspecção social pela nova inteligência brasileira, tratava-se do ensaio histórico *Raízes do Brasil* (1936), de **Sérgio Buarque de Holanda** (1902-1982). A passagem a seguir, de Freyre, que figura apenas na abertura da coleção e na primeira edição, sinaliza bem o novo ânimo da geração de 1930: "O característico mais saliente dos trabalhos a ser publicados nessa coleção será a objetividade. [...] o interesse pela divulgação do documento virgem e do estudo documentado que fixe, interprete ou esclareça aspectos significativos da nossa formação ou da nossa atualidade" (Freyre, 2016, p. 341). A última edição, de 2016, crítica e comemorativa de 80 anos da obra, disponibiliza para o leitor um conjunto muito rico de textos que ora acompanharam, ora desapareceram do livro em suas várias publicações, assim como uma série de estudos críticos sobre o ensaio clássico. Além disso, ela expõe um minucioso trabalho de cotejamento do texto em suas diferentes versões – das cinco primeiras edições – de 1936 a 1969 (Holanda, 2016).

São bastante recorrentes em nossa memória coletiva algumas máximas tiradas desse ensaio: "Somos ainda uns desterrados em nossa terra" (Holanda, 2016, p. 39); e "A democracia no Brasil é um lamentável mal-entendido" (Holanda, 2016, p. 281). A primeira frase reflete um paradoxal estranhamento quanto à terra natal, origem de toda a reflexão sobre a identidade nacional. A segunda, por sua vez, fundamenta-se no fato de a democracia ser uma ideia importada e adaptada como possível em uma tradição aristocrática e personalista. Além disso, essa sentença, particularmente, até hoje tem suscitado acaloradas discussões, uma vez que se encontram diferentes e até mesmo opostas leituras interpretativas do ensaio buarqueano, que vão desde a defesa da democracia radical até a proximidade da primeira edição com o conservadorismo europeu.

O lugar de Sérgio Buarque de Holanda na memória disciplinar é dos mais prestigiosos. Isso se deve, em boa medida, à sua trajetória posterior a *Raízes do Brasil*, quando ele investiu esforços no sentido da profissionalização dos estudos históricos no ambiente acadêmico. A deferência pelo autor é tanta que ele já foi considerado um **homem--ponte**, espécie de elo fundamental entre o Modernismo e a universidade (Wegner, 2008).

Ainda em 1936, o autor deu os primeiros passos no sentido do disciplinamento como historiador, quando era assistente do professor francês Henri Hauser na nova Universidade do Distrito Federal – falaremos sobre a constituição da História como disciplina acadêmica no Capítulo 5. Em seguida, vieram as atividades no Instituto Nacional do Livro, de 1939 a 1943, e na Biblioteca Nacional (BN), até 1946. Então, Sérgio Buarque de Holanda retornou definitivamente a São Paulo para dirigir o prestigioso Museu Paulista (1946-1958) e cursar um mestrado e lecionar na Escola de Sociologia e Política (ESP), de 1947 a 1953.

Durante todo esse período, foi também crítico literário, principalmente no *Diário Carioca*, entre 1948 e 1953. Em 1956, ele aceitou o convite para substituir interinamente o professor Alfredo Ellis Jr. (1896-1974), em delicado estado de saúde, para assumir a titularidade da cátedra de História da Civilização Brasileira na Faculdade de Filosofia da USP, o que Sérgio Buarque de Holanda fez somente após a defesa da tese *Visão do paraíso: motivos edênicos no descobrimento e colonização do Brasil*.

Contudo, foi mesmo em função de *Raízes do Brasil*, seu livro mais reeditado e traduzido, debatido, criticado e comemorado, que o autor foi reconhecido em nossa cultura histórica. Na gênese do ensaio de 1936, estão sua participação ativa nos debates modernistas e a viagem que fez à Alemanha, entre 1929 e 1931, como correspondente dos *Diários Associados*, de Assis Chateaubriand (1892-1968). De lá, voltou com boa parte do texto já escrita, que inicialmente seria intitulado *Teoria da América* e publicado, em parte, na imprensa, como *Corpo e alma do Brasil* (1935).

O gênero ensaístico, como forma comum de escrita da história pela geração de 1930, dá vazão a um sentimento de **contemporaneidade** de ordens temporais diversas e de estruturas políticas e institucionais arcaicas e à promessa de **ruptura** com elas (Nicolazzi, 2011). No caso de Sérgio Buarque de Holanda, a percepção dessa simultaneidade parece ser justamente a própria inspiração para a interpretação da brasilidade, no ímpeto de romper com as permanências do passado colonial agrário e escravista. Assim, o eixo da temporalidade carrega tanto o fardo da presença das raízes do passado arcaico quanto um horizonte (ainda que negativo) de possibilidades. A condição inicial da compreensão da temporalidade brasileira seria a presença viva desses elementos no presente histórico em transformação.

A busca pelas raízes da brasilidade não era, em Sérgio Buarque de Holanda, um simples retorno à tradição, mas a compreensão da persistência de fortes traços do passado no presente – como a visão de mundo personalista, avessa à ritualística social e à consolidação da esfera pública, e a forma de vida ruralista, de mandonismo local e só recentemente livre da escravidão. Esses dois temas ocupam os quatro primeiros capítulos do livro. Mas o núcleo do ensaio buarqueano é a compreensão da contribuição brasileira para a civilização – seu caráter central, identificado pelo autor na cordialidade. Dessa forma, o "**homem cordial**" (Holanda, 2016, p. 243, grifo nosso) seria a própria síntese do comportamento nacional, não necessariamente bondoso, mas passional, porque, segundo o autor, o tipo brasileiro tinha "um fundo emotivo extremamente rico e transbordante" (Holanda, 2016, p. 254). No *ethos* da cordialidade, repele-se a ordem impessoal interposta ao convívio íntimo ou a sobreposição da razão às emoções. Vejamos mais de perto este célebre trecho, sobre o uso da linguagem pelo brasileiro:

> *No domínio da linguística, para citar um exemplo, esse modo de ser parece refletir-se em nosso pendor acentuado para o emprego dos diminutivos. A terminação "inho", aposta às palavras, serve para nos familiarizar mais*

com as pessoas ou os objetos e, ao mesmo tempo, para lhes dar relevo. É a maneira de fazê-los mais acessíveis aos sentidos e também de aproximá--los do coração. (Holanda, 2016, p. 256)

E, ainda, este outro, sobre a religiosidade popular:

Nosso velho catolicismo, tão característico, que permite tratar os santos com uma intimidade quase desrespeitosa e que deve parecer estranho às almas verdadeiramente religiosas, provém ainda dos mesmos motivos. A popularidade, entre nós, de uma Santa Teresa de Lisieux – Santa Teresinha – resulta muito do caráter intimista que pode adquirir seu culto, culto amável e quase fraterno, que se acomoda mal às cerimônias e suprime as distâncias. É o que também ocorreu com o nosso menino Jesus, companheiro de brinquedo das crianças e que faz pensar menos no Jesus dos evangelhos canônicos do que no de certos apócrifos, principalmente as diversas redações do Evangelho da Infância. Os que assistiram às festas do Senhor Bom Jesus de Pirapora, em São Paulo, conhecem a história do Cristo que desce do altar para sambar com o povo. (Holanda, 2016, p. 258)

Algumas características essenciais do **caráter nacional** começaram a se transformar em obstáculo para a modernização, na medida em que, por exemplo, a ideia de família de tipo patriarcal constituía uma dificuldade para a evolução da sociedade segundo os preceitos modernos: "o resultado era predominarem, em toda a vida social, sentimentos próprios à comunidade doméstica, naturalmente particularista e antipolítica, uma invasão do público pelo privado, do Estado pela família" (Holanda, 2016, p. 134).

As relações de cordialidade, base da dinâmica social, dificultaram, portanto, a formação de um aparelho burocrático e, por conseguinte, a adaptação ao princípio de Estado democrático. O **tipo ideal**, individualidade histórica de cunho weberiano – ao que parece, Sérgio Buarque de Holanda foi o primeiro a citar o sociólogo Max Weber (1864-1920) no Brasil –, encarnado pelo homem cordial, não representa um modo de ser fixo ou predeterminado; ele está inserido em uma dinâmica temporal, em meio à tensão política de projetos em conflito. Do ponto de vista da temporalidade, ancorada naquele presente de profundas transformações, o homem cordial representa um **mediador** entre a experiência passada e a expectativa futura (Carvalho, 2014). Sobre isso, diz Sérgio Buarque de Holanda (2016, p. 318): "Estaríamos vivendo, assim, entre dois mundos: um definitivamente morto e outro que luta por vir à luz".

O sentido da "Nossa revolução" – sétimo e último capítulo da obra (Holanda, 2016, p. 299) –, em andamento desde 1888, ano da abolição da escravatura, é o "aniquilamento das raízes ibéricas" e a "ruína dos velhos hábitos patriarcais" (Holanda, 2016, p. 302). Para isso, seria necessária uma liberação da carga do passado colonial, representada pelo amplo domínio rural em voga até então, a fim de que se pudesse realizar o futuro contido em promessa do presente. Essa **abertura ao futuro** é uma das principais características implícitas no desfecho da obra. O ensaio, por assim dizer, não se conclui, isto é, não apresenta solução ou programa político, como vimos, por exemplo, em Oliveira Vianna. A pesquisa da historicidade singular da brasilidade se oferece, então, como o caminho para compreensão da presença atual de nossas raízes (Carvalho, 2014). Sérgio Buarque de Holanda (1936, p. 3), afinal, define seu trabalho, na primeira edição, como "um estudo compreensivo" da realidade histórica brasileira.

A visão (ou versão) progressista e democrática contida em *Raízes do Brasil* – a qual conhecemos na atualidade e está mais próxima do resumo aqui esboçado – foi sendo estabelecida com as reformulações empreendidas pelo autor, especialmente na segunda edição, de 1948, sob o impacto do pós-guerra. Hoje, essa é uma leitura já consolidada pela historiografia recente, tanto que foi incorporada à edição crítica de 2016.

Sérgio Buarque de Holanda passou a vida a realizar a autocrítica de seu livro de estreia, concentrada na polêmica de 1948 com o escritor integralista Cassiano Ricardo sobre a *cordialidade* como sinônimo de *bondade*. O autor considerava a cordialidade do brasileiro como prevalência das relações privadas de afeto sobre a racionalidade requerida pela esfera pública moderna. Essa querela foi rememorada por ele e por seus próximos durante muito tempo, o que acabou por encobrir outras possíveis polêmicas em torno da obra. Estabelecida a quinta e definitiva edição, em 1969, observamos nela a incidência das autocríticas do autor e dos estratagemas memoriais, como o prefácio de Antonio Candido, que convergem, em virtude do reforço das revisões no texto, para a reconfiguração do livro para um novo contexto, visando ao horizonte da abertura democrática e em favor da transformação social, inclusiva.

Todavia, se as pesquisas recentes têm demonstrado o impacto das mudanças entre as edições da obra, cabe ressaltar uma permanência entre a primeira e a definitiva: o fluxo temporal aberto ao devir, caractere da própria irresolução do ensaio. Dessa forma, Sérgio Buarque de Holanda projeta um futuro indeterminado em *Raízes do Brasil*, incluindo a primeira edição. O historiador não se deixou conduzir pela tentação de disciplinar o tempo da nação em uma obra programática. Ao criticar a importação de ideias – positivistas, marxistas, liberais, integralistas –, recusou também qualquer sentido fixo para a interpretação de nossa história. No retorno crítico sobre nossas raízes, Sérgio Buarque de Holanda privilegiava a possibilidade de **ultrapassagem** da tradição, em que as formas de governo autoritárias e centralizadoras seriam tão indesejáveis quanto as pregações dos "doutrinadores do tempo" (Holanda, 2016, p. 328).

(4.5)
CAIO PRADO JÚNIOR
E O SENTIDO DA COLONIZAÇÃO

Caio da Silva Prado Júnior (1907-1990) foi membro de uma das famílias mais tradicionais da burguesia de São Paulo, os *Silva Prado*, proprietários de fazendas cafeeiras no sudeste do país. Desde cedo, passou a dedicar-se a atividades intelectuais, seguindo a mesma trilha de outros pensadores da família, como nossos já conhecidos Eduardo Prado e Paulo Prado. Entre 1924 e 1928, frequentou a Faculdade de Direito do Largo São Francisco, época em que se filiou ao Partido Democrático (PD). Logo após a grave situação econômica vivida em 1929, momento de crise do mundo capitalista e de prestígio da ascendente União das Repúblicas Socialistas Soviéticas (URSS), filiou-se ao Partido Comunista Brasileiro (PCB), em 1931, e começou a familiarizar-se com as obras de Karl Marx, Friederich Engels e dos principais pensadores do materialismo histórico daquela época como Josef Stalin, Leon Trotski, Rosa Luxemburgo, Georges Sorel e Gueorgui Plekhanov. Caio Prado Júnior chegou a tornar-se vice-presidente da sessão paulista da Aliança Nacional Libertadora (ANL) (Iumatti, 2007).

Em 1933, o autor lançou seu primeiro livro, *Evolução política do Brasil*, que, pelo subtítulo significativo – *Ensaio de interpretação materialista da história do Brasil* –, já evocava argumentos fortemente inspirados no **materialismo histórico**. Essa obra pode ser considerada um marco nos estudos marxistas brasileiros. Como destacou Pericás (2016), Caio Prado Júnior foi quem primeiro utilizou de forma sofisticada os preceitos do materialismo histórico na interpretação da história do Brasil. Ao contrário do marxismo dominante até então no país e na América Latina, a doutrina de Marx não era vista pelo autor como um conjunto rígido de fórmulas de pretenso valor universal, mas como um método para a interpretação de diferentes experiências históricas.

Caio Prado Júnior se esforçou para tornar as massas populares – formadas por índios, mulatos, negros, homens livres pobres, escravos etc. – protagonistas da história do Brasil. Trata-se de uma interpretação da história política nacional sob o ponto de vista das lutas e dos conflitos sociais e de sua relação com a vida econômica. Segundo Pericás (2016, p. 53), Caio Prado Júnior buscou dar

> centralidade às massas populares e à importância de sua integração à realidade do país, assim como ao próprio decurso histórico, inserindo os estratos sociais menos privilegiados no processo de construção nacional, da Colônia ao fim do Império, como agentes ativos, que se expressam por meios de lutas populares, fossem reivindicatórias, fossem pela tomada efetiva do poder.

Em 1934, o autor se matriculou no recém-inaugurado curso de História e Geografia da USP, em que tratou de importantes relações com os professores franceses, que apresentavam aos alunos as discussões mais atuais de periódicos europeus como os *Annales de Géographie* e os *Annales d'Histoire Économique et Sociale*. Ao lado do geógrafo Pierre Deffontaines (1894-1978) e do bibliófilo Rubens Borba de Moraes (1899-1986), Caio Prado Júnior fundou, no mesmo ano, a Associação Brasileira de Geógrafos (ABG), e a revista *Geografia* foi criada em 1935 (Iumatti, 2007).

Após a Intentona Comunista de 1935, a ANL foi dissolvida e Caio Prado Júnior ficou preso por praticamente dois anos. Em 1937, quando os prisioneiros políticos vinculados àquela organização que ainda não haviam sido julgados obtiveram o direito de esperar o julgamento em liberdade, o autor exilou-se na França até 1939. Em Paris, frequentou alguns cursos na Sorbonne em 1937, na época em que Marc Bloch (1886-1944) iniciava suas atividades à frente da cadeira de História Econômica. Além disso, pesquisou intensamente documentos da Bibliothèque Nationale e estabeleceu importantes relações com diversos pesquisadores europeus (Iumatti, 2007).

Depois de retornar ao Brasil, Caio Prado Júnior realizou uma série de viagens pelo interior do país, registrando suas experiências com olhos de etnógrafo e de geógrafo. Em seus relatos, mostrava-se surpreso com a devastação predatória da natureza e com a miséria da população. Essas experiências, ao lado das reflexões desenvolvidas em diálogos com a produção científica internacional, foram fundamentais para a composição de seu mais famoso livro, *Formação do Brasil contemporâneo*, de 1942. Como observou Paulo Iumatti (2007, p. 24), esse foi "um dos livros mais influentes da historiografia brasileira do século XX. A obra teve grande impacto em diversas áreas das ciências humanas na recém-criada estrutura de ensino e pesquisa universitários".

Formação do Brasil contemporâneo (Prado Júnior, 1994) respondia à reivindicação da historiografia internacional, especialmente a francesa, de maior aproximação entre o estudo do passado, as questões do presente e a experiência vivida em sociedade. As historiografias europeia e norte-americana de fins do século XIX e início do século XX percebiam que o excesso do aparato científico e a especialização decorrente da institucionalização universitária da disciplina de História acabaram afastando o pensamento histórico da vida prática e das principais questões do mundo contemporâneo. Para lidar com essa questão, Caio Prado Júnior se apoiava no **método** dialético, preocupando-se com a interação entre **conhecimento** e **prática**, vendo o conhecimento como meio, e não como fim em si mesmo. Um dos objetivos de seu livro era, portanto, contribuir para um conhecimento mais preciso do Brasil e de seus problemas mais urgentes (Iumatti, 2007).

Em sua obra, Caio Prado Júnior (1994) buscava entender a colonização brasileira no contexto dos descobrimentos e da expansão marítima europeia, inserindo a história do Brasil na órbita da propagação do capitalismo internacional. É bastante conhecida a passagem em que o autor define o *sentido da colonização*:

> *Se vamos à essência de nossa formação, veremos que na realidade nos constituímos para fornecer açúcar, tabaco, alguns outros gêneros; mais tarde ouro e diamantes; depois algodão, e em seguida café para o comércio europeu. Nada mais que isso. É com tal objetivo, objetivo exterior, voltado para fora do país e sem atenção a considerações que não fossem o interesse daquele comércio, que se organizarão a sociedade e a economia brasileiras.*
> (Prado Júnior, 1994, p. 31-32)

Bastante inspirado nas obras de Capistrano de Abreu e de Euclides da Cunha e na geografia humana francesa, Caio Prado Júnior (1994) discorreu sobre o processo de povoamento do Brasil, sobre a vida material (economia, comércio, vias de comunicação e transporte) e a vida social (formas de organização social e política) do país. Além disso, em *Formação do Brasil contemporâneo*, o autor enfatizou o papel da instituição escravocrata na história nacional:

> *Naturalmente o que antes de mais nada, e acima de tudo, caracteriza a sociedade brasileira de princípios do século XIX, é a escravidão [...]. Organização econômica, padrões materiais e morais, nada há que a presença do trabalho servil, quando alcança as proporções de que formos*

testemunhas, deixa de atingir; e de um modo profundo, seja diretamente, seja por suas repercussões remotas. (Prado Júnior, 1994, p. 269)

De maneira geral, podemos dizer que *Formação do Brasil contemporâneo* é um ensaio histórico que articula o olhar sintético com a atenção da pesquisa antiquária atenta ao particular. O livro se caracteriza fundamentalmente por seu enfoque **interdisciplinar**, que integra fatores econômicos, geográficos, históricos, políticos, sociais e culturais. Nele, o autor utilizou algumas expressões que remetiam ao pensamento do século XIX. como *organismo, evolução, povo, nação* e *raça*, mas também esteve bastante atento aos debates teóricos e historiográficos das primeiras décadas do século XX.

A publicação dessa obra marcou o início da consagração intelectual do autor. Assim, Caio Prado Júnior tornou-se, nas décadas de 1950 e 1960, a principal referência de inúmeros pesquisadores como Celso Furtado, Florestan Fernandes, Fernando Henrique Cardoso, Octavio Ianni e muitos outros. Em 1966, conquistou o prêmio de Intelectual do Ano, recebendo o Troféu Juca Pato, e, na década de 1980, foi reconhecido como um dos maiores intelectuais do Brasil, "parte importante do patrimônio cultural e, mesmo, moral do país, com sua luta política e prisões" (Iumatti, 2007, p. 9).

Síntese

Neste capítulo, discutimos os principais pensamentos dos autores das primeiras décadas do século XX, costurados pela noção de historicidade, ou seja, sobre como cada uma se relacionava com o tempo histórico da brasilidade. Essa questão premente, do tempo da nação, foi (re)aberta com força pelo Modernismo, que procurava acertar os ponteiros do Brasil com a modernidade, sem desconsiderar as singularidades histórico-culturais do país, e forjar, nesses termos, a identidade nacional.

Na década de 1930, a questão da identidade nacional teve vazão em um gênero de escrita da história: o ensaio de interpretação. As fronteiras disciplinares e acadêmicas da história não estavam ainda suficientemente definidas nem sua concepção se enquadrava mais nos quadros de ferro das tradições política, militar e diplomática dos tempos de auge do Instituto Histórico e Geográfico Brasileiro. Desse modo, encontramos nesse período algumas obras seminais, como as de Gilberto Freyre, Sérgio Buarque de Holanda e Caio Prado Júnior, entre outras que ficaram relegadas a segundo plano, como as de Oliveira Vianna e Paulo Prado. Todas elas procuraram interpretar holisticamente a história e a cultura brasileiras, seu passado e seu futuro, com ênfase no caráter nacional.

Por fim, ressaltamos que o estudo sobre os autores abordados neste capítulo não substitui o prazer e a importância da leitura de suas obras. Assim, sugerimos que você se debruce sobre tais livros fundadores da modernidade brasileira, que podem despertar reflexões críticas para se pensar nossa realidade **com** eles e também **contra** eles.

Indicações culturais

CASA-GRANDE & senzala. Direção: Nelson Pereira dos Santos.
Brasil: Bretz Filmes, 2000. 231 min.
Esse documentário em quatro episódios foi realizado por ocasião do centenário de nascimento de Gilberto Freyre e conta com imagens de arquivo do próprio autor, além de depoimentos e análises do legado freyriano.

RAÍZES do Brasil: uma cinebiografia de Sérgio Buarque de Holanda. Direção: Nelson Pereira dos Santos. Brasil: Bretz Filmes, 2004. 146 min.

Do mesmo diretor do documentário sobre *Casa-grande & senzala*, essa produção contou com o apoio da célebre família Buarque de Holanda. Divide-se em duas partes: uma sobre a vida pessoal e familiar do historiador, e outra sobre sua trajetória intelectual.

Atividades de autoavaliação

1. A respeito do movimento modernista e suas relações com o pensamento histórico, assinale a alternativa correta:
   a) Em 1922, o movimento privilegiou a continuidade das tradições artísticas parnasiana e simbolista, valorizando assim nossas raízes culturais.
   b) Após 1922, o movimento modernista investiu na pesquisa da cultura popular brasileira. O *Manifesto antropofágico* (1928), por exemplo, rejeitava as vanguardas europeias em nome da valorização de nossa própria história.
   c) Na década de 1930, a segunda fase modernista se caracterizou pela pesquisa histórica nas universidades, produzindo teses acadêmicas sobre a cultura e a identidade brasileiras.
   d) Com o paradigma de 1922, ajudou-se a consolidar a memória homogênea do movimento modernista, circunscrita aos intelectuais paulistas, liderados por Mário de Andrade e Oswald de Andrade.

2. Paulo Prado e Gilberto Freyre discutiram o papel da sexualidade na conquista e na colonização do Brasil. Sobre esses dois autores, analise as sentenças a seguir e marque V para as verdadeiras e F para as falsas.

( ) Paulo Prado e Gilberto Freyre valorizaram o papel da miscigenação étnica na formação do caráter nacional brasileiro.

( ) Paulo Prado entendia a atividade sexual entre distintos elementos étnicos como um vício de origem, ao passo que Gilberto Freyre considerava que essas relações amenizavam os conflitos raciais.

( ) Gilberto Freyre entendia a casa-grande e a família patriarcal como núcleos da sociedade colonial e da formação do Brasil; já Paulo Prado atribuía à cobiça do ouro e à luxúria as razões da tristeza brasileira.

( ) Gilberto Freyre representou, em sua obra, uma continuidade com as teorias racialistas dos anos oitocentos ao valorizar a miscigenação como singularidade brasileira no concerto das nações.

Agora, assinale a alternativa que apresenta a sequência correta:

a) V, V, V, F.
b) V, F, V, F.
c) F, V, V, F.
d) F, V, F, F.

3. Sobre as diferenças e as aproximações entre Oliveira Vianna e Sérgio Buarque de Holanda, assinale a alternativa **incorreta**:
   a) Oliveira Vianna produziu teorias político-jurídicas para o Estado Novo, regime autoritário que o autor considerava necessário para a implantação da democracia no Brasil.

b) Oliveira Vianna e Sérgio Buarque de Holanda se aproximavam quanto às diferenças existentes entre as ideias liberais importadas e as condições político-sociais da realidade brasileira.

c) Sérgio Buarque de Holanda estava preocupado com o surgimento de um Estado burocrático moderno e impessoal, que descaracterizaria a índole cordial do homem brasileiro.

d) Sérgio Buarque de Holanda teve sua obra consagrada como democrática e progressista, ao passo que Oliveira Vianna teve sua obra classificada como conservadora e autoritária.

4. Sobre as semelhanças e as diferenças entre Gilberto Freyre e Sérgio Buarque de Holanda, assinale a alternativa **incorreta**:

a) Gilberto Freyre e Sérgio Buarque de Holanda encontravam-se próximos no campo de estudos brasileiros, nos anos 1930, tendo aquele prefaciado a primeira edição da obra *Raízes do Brasil*.

b) Sérgio Buarque de Holanda, assim como Freyre, sublinhava a sensualidade como traço determinante da formação e da evolução do povo brasileiro, às vezes em conflito ou desdenhando de temas sagrados.

c) Gilberto Freyre permaneceu no Recife e se dedicou à cultura nordestina, ao passo que Sérgio Buarque de Holanda ingressou na universidade e colaborou com a institucionalização dos estudos históricos.

d) Sérgio Buarque de Holanda foi considerado progressista e teve seu legado apropriado pela esquerda nos anos 1970 e 1980; já Freyre foi visto, a partir dos anos 1950, na ciência social, como conservador em razão de sua propalada ideia de democracia racial.

5. Sobre Caio Prado Júnior e sua obra *Formação do Brasil contemporâneo*, de 1942, analise as sentenças a seguir e marque V para as verdadeiras e F para as falsas.

( ) De origem familiar tradicional, Caio Prado Júnior, logo em 1931, filiou-se ao Partido Comunista Brasileiro e se tornou estudioso da obra de Karl Marx e de autores marxistas.

( ) As obras de Caio Prado Júnior apresentam um marxismo ortodoxo, fiel ao conjunto de fórmulas de pretenso valor universal do materialismo histórico.

( ) A obra *Formação do Brasil contemporâneo* tem por característica a abordagem interdisciplinar, buscando integrar em um todo coerente os fatores econômicos, geográficos, políticos e culturais, entre outros, do Brasil.

( ) A obra *Formação do Brasil contemporâneo* é considerada a verdadeira matriz da historiografia marxista no Brasil, desenvolvida mais tarde na Universidade de São Paulo (USP).

Agora, assinale a alternativa que apresenta a sequência correta:

a) V, F, F, V.
b) V, F, V, V.
c) F, F, V, V.
d) F, V, V, V.

Atividades de aprendizagem

Questões para reflexão

1. Com base nas análises dos ensaios históricos aqui apresentadas e considerando o contexto das décadas de 1920 e 1930 entre as duas guerras mundiais, que perturbaram e aceleraram as

relações sociais com o tempo, reflita sobre qual dimensão do tempo histórico (passado, presente ou futuro) cada uma delas privilegia.

2. Considerando a obra *Raízes do Brasil*, de Sérgio Buarque de Holanda, de que formas podemos dela nos servir para compreender a atual crise da democracia brasileira?

Atividade aplicada: prática

1. Elabore plano de aula para o nível médio ou para os últimos anos das séries iniciais em História (brasileira) sobre os intérpretes do Brasil dos anos 1930. Sugerimos uma contextualização prévia sobre o Modernismo e a Revolução de 1930, bem como acerca do período entre guerras, com a crise do liberalismo e a ascensão dos regimes totalitários.
Em seguida, enfatize a principal contribuição de cada autor para os debates sobre o Brasil e para sua identidade como nação, como a miscigenação étnico-racial abordada por Gilberto Freyre ou a cordialidade brasileira estudada por Sérgio Buarque de Holanda. Por fim, como objetivo de aula, essas concepções podem ser problematizadas, por exemplo, como a cordialidade ou a democracia racial se manifestam em nossa atual realidade e se elas facilitam ou prejudicam a interpretação de nós, brasileiros, e de nosso país.

Capítulo 5

Os primórdios
da historiografia
universitária brasileira

Neste capítulo, analisaremos os primórdios da historiografia universitária brasileira, período frequentemente identificado como marco de superação da tradição intelectual bacharelesca do século XIX. Portanto, verificaremos mais de perto os casos da Universidade de São Paulo (USP) e da Universidade do Distrito Federal (UDF), atentos às principais características dessas instituições: contexto de fundação, organização de inspiração francesa, corpo docente formado por professores franceses e brasileiros e maneiras de lecionar a história e preparar alunos para a pesquisa.

(5.1)
A HISTÓRIA NA UNIVERSIDADE

Quando foram fundadas na Idade Média, as universidades eram instituições destinadas a ensinar e a transmitir bens culturais a uma elite letrada. Essa condição se alterou a partir das grandes reformas universitárias que ocorreram na Europa e nos Estados Unidos durante o século XIX.

Como observou o historiador britânico Eric Hobsbawm (2012, p. 379): "A sociedade burguesa de nosso período estava confiante e orgulhosa de seus sucessos. Em nenhum outro campo da vida humana isso era mais evidente que no avanço do conhecimento, da 'ciência'". O século XIX, que já fora conhecido como *o século da história*, foi uma época em que as pessoas realmente adquiriram confiança nos métodos da ciência, que realizava impressionantes conquistas – por exemplo, energia elétrica, locomotivas e estradas de ferros, navegação a vapor etc. Foi, portanto, um momento em que quase ninguém duvidava do progresso, pois era algo que parecia evidente demais para ser negado.

Durante o século XIX, as universidades europeias e norte-americanas foram reformadas para suprir as fortes exigências de produção de pesquisas científicas. Ao estabelecer a **produção de conhecimento** como preocupação central, elas institucionalizaram uma pluralidade de disciplinas especializadas, adotando um modelo de divisão de trabalho pelo qual professores e pesquisadores treinavam discípulos para colaborar em suas pesquisas, criando assim uma marcha regular e sistemática para o avanço de cada disciplina. Se até fins do século XVIII a maior parte do conhecimento científico era produzido em academias ilustradas e em sociedades eruditas, a partir do século XIX a ciência passou a ser majoritariamente realizada no âmbito universitário. Foi durante esse momento que a história conquistou foros de cientificidade, ao lado das demais ciências naturais.

Como apontado no segundo capítulo, no Brasil, o Instituto Histórico e Geográfico Brasileiro (IHGB) adotou o método histórico mais avançado que se ensinava nas universidades europeias de sua época; entretanto, não se apropriou do modelo universitário que se impunha no século XIX. De maneira geral, todas as instituições culturais e artísticas implementadas durante o império de D. Pedro II seguiram a lógica de funcionamento das academias ilustradas europeias do século XVIII. Ao contrário do modelo universitário, essas organizações não constituíam locais de competição; eram, na realidade, espaços de eleitos e escolhidos com base em relações sociais que acabavam criando uma profunda marca elitista. Essas agremiações históricas cultivavam o hábito do elogio mútuo e do autoelogio, alimentando também a tendência à oratória e à retórica (Gontijo, 2013).

Em razão disso, diversos autores consideraram a fundação das primeiras universidades brasileiras, na década de 1930, um marco na historiografia brasileira, o momento em que se superava a tradição bacharelesca do **homem de letras**[1] típica das instituições culturais e artísticas herdadas do século XIX. A história universitária pretendia romper com o ecletismo de formação que vigorava entre os membros do IHGB – que eram, em sua maioria, bacharéis de Direito, médicos, engenheiros, diplomatas e literatos – e preparar novos pesquisadores especializados.

Sérgio Buarque de Holanda, por exemplo, em um texto de 1948, "Missão e profissão", publicado no *Diário de Notícias*, denunciou o "vício de nossa formação brasileira": a tendência de se considerarem o conhecimento e a sabedoria como um talento espontâneo, um dom natural de nascença. Ele saudou a criação das primeiras universidades brasileiras, considerando-as como um novo espaço que disciplinava os futuros historiadores na perseverança e na inquirição metódica, típicas do "espírito científico" (Holanda, 1996, p. 39).

Em outro texto, de 1951, no qual analisava a produção historiográfica brasileira da primeira metade do século XX, "O pensamento histórico no Brasil nos últimos 50 anos", o autor destacou a importância da vinda mestres estrangeiros para a fundação das primeiras universidades do país:

> *No que se refere à história, inclusive à história do Brasil, em seus diferentes setores, foi certamente decisiva e continua a sê-lo, sobre as novas gerações, a ação de alguns daqueles mestres: de um Jean Gagé, por exemplo, e de um Fernand Braudel em São Paulo; de um Henri Hauser e de um Eugène Albertini, na hoje extinta Universidade do Distrito Federal.* (Holanda, 2008, p. 615)

---

[1] *De acordo com Roger Chartier (1997), a expressão* homem de letras *tornou-se bastante popular na França do século XVIII e designava o erudito diletante e autodidata, que não tinha um saber profundo sobre determinado assunto, mas um conhecimento sobre múltiplas áreas do saber.*

Nessa mesma linha, Francisco Iglésias (2000) considerou o estabelecimento da **Lei Francisco Campos** – Decreto n. 19.890, de 18 de abril de 1931 (Brasil, 1931) –, que antevia a criação das primeiras universidades no Brasil, um marco da historiografia brasileira. Para esse autor, foi apenas com os primeiros cursos universitários que a história deixou de ser "distração, lazer ou equívoco beletrista, de endeusamento de grupos, classes ou pátria, como se dava antes" (Iglésias, 2000, p. 230).

Em suma, a vinda da missão de intelectuais franceses para colaborar com a formação das primeiras universidades brasileiras, nas décadas de 1930 e 1940, foi, sem dúvidas, um dos episódios mais significativos da história das ciências humanas no Brasil. Esse momento é frequentemente identificado como o primórdio das ciências humanas contemporâneas, pois, a partir dele, os cursos universitários passaram a assumir um papel central, tanto na definição da identidade das disciplinas quanto nos processos de produção e de desenvolvimento daquilo que consideramos hoje um conhecimento científico, um saber legítimo.

Busquemos, portanto, refletir um pouco mais a respeito do efeito que teve no pensamento histórico brasileiro a fundação das primeiras universidades no país, com a presença de mestres franceses.

(5.2)
A FUNDAÇÃO DA USP E A VINDA DA MISSÃO UNIVERSITÁRIA FRANCESA

Com a Constituição de 1891 (Brasil, 1891), a Primeira República brasileira se organizava em um modelo federalista, de forte inspiração norte-americana. Nessa configuração, em que os estados desfrutavam de autonomia política, os principais estados produtores de café, São Paulo e Minas Gerais, transformaram-se nas maiores forças políticas do país, revezando-se na direção da política nacional. Na crise dos anos finais da Primeira República, durante a década de 1920, quando São Paulo já era o maior centro industrial brasileiro, um grupo formado por intelectuais, jornalistas, educadores e políticos reuniu-se em torno do jornal *O Estado de S. Paulo* com o objetivo de reformar o Brasil. Entre as ambições dessa turma estava a criação da Universidade de São Paulo, uma instituição que funcionasse ao mesmo tempo como centro de pesquisa científica e como local de formação de quadros dirigentes e professores para o ensino secundário. Conforme destacou Luís Corrêa Lima (2009, p. 66), o projeto de

> *fundação da universidade corresponde a um triplo projeto: político liberal, de formar elites paulistas para modernizar a nação brasileira; educativo, de ter uma universidade à imagem dos países europeus e melhorar os outros níveis de ensino; e científico, uma forte demanda da ciência para o ensino e para a formação de pesquisadores.*

Contudo, os paulistas, que protagonizaram boa parte das decisões da República do Café com Leite, viram seu poder político diminuir drasticamente com o golpe de 1930, que levou Getúlio Vargas à presidência. A partir desse momento, instalou-se o Governo Provisório, pelo qual o Poder Executivo passou a ter plenos poderes para intervir no sistema político. Com a chegada de Getúlio Vargas ao poder, todos os políticos eleitos durante a Primeira República, até mesmo os presidentes dos estados, foram destituídos de seus cargos e substituídos por interventores. As elites políticas paulistas, profundamente insatisfeitas com o poder perdido com o fim do federalismo, transformaram seu estado em foco de oposição e de resistência ao centralismo do Governo Provisório. Para termos uma ideia, entre 1930 e 1932, Getúlio Vargas nomeou quatro interventores para o

Estado de São Paulo, todos repelidos pelas elites locais. Foram anos tensos de claro antagonismo regionalista e que criaram um forte sentimento de identidade e de ressentimento contra o poder central que emanava do Rio de Janeiro.

Em julho de 1932, estourou a chamada *Revolução Constitucionalista*, quando aproximadamente 20 mil soldados paulistas enfrentaram as forças do governo de Getúlio Vargas. Foi um momento de fervor cívico que ainda não se conhecia no estado, e quase todos os segmentos da sociedade apoiaram a causa paulista: estudantes da Faculdade de Direito no Largo do São Francisco, imigrantes italianos e sírios, o clero católico e milhares de civis. No fim das contas, os paulistas não conseguiram a adesão de outros estados também descontentes com a política centralizadora do governo de Getúlio Vargas e, assim, foram derrotados pelas forças do governo federal em poucos meses (Schwarcz; Starling, 2015).

Como observou Simon Schwartzman (1979, p. 193), "A derrota de São Paulo na Revolução Constitucionalista de 1932 foi um catalisador fundamental para a retomada da ideia de uma universidade em terras paulistas". A elevação cultural do estado era uma forma de compensar as recentes derrotas sofridas. O que teria realmente motivado Júlio de Mesquita Filho, diretor de *O Estado de S. Paulo*, Paulo Duarte e os demais criadores da USP foi a aspiração pela reconquista da hegemonia paulista, que fora subtraída, em parte, em 1930, e, definitivamente, em 1932.

A **Universidade de São Paulo (USP)**, fundada em janeiro de 1934, além de formar professores para os ensinos primário e secundário, pretendia fazer ciência e preparar cientistas mediante pesquisas livres e desinteressadas do mais alto nível. Um dos principais objetivos da nova instituição era organizar o desenvolvimento da "cultura filosófica, científica, literária e artística" e promover a "investigação científica de altos estudos, de cultura livre e desinteressada" (Schwartzman, 1979, p. 193).

A USP foi criada sob forte inspiração do modelo institucional das universidades francesas, especialmente da Sorbonne. Com os regimes nazifascistas em franca ascensão na Europa, a escolha do modelo francês fornecia aos fundadores da USP uma **alternativa liberal**, bastante sintonizada com a tradição cultural francesa no Brasil (Schwartzman, 1979).

No início da década de 1930, o primeiro diretor da Faculdade de Filosofia, Ciências e Letras (FFCL), Theodoro Ramos, foi à França recrutar professores para a criação dos cursos iniciais da USP. A primeira missão universitária francesa, que chegou ao Brasil em 1934, foi composta pelos professores Robert Garric (Literatura), Paul-Arbousse Bastide (Sociologia), Étienne Borne (Filosofia), Pierre Deffontaines (Geografia) e Émile Coornaert (História). Essa foi uma espécie de delegação transitória, pois a maior parte de seus membros – à exceção de Paul-Arbousse Bastide e Pierre Deffontaines – não tinha a intenção de permanecer no país mais do que os meses necessários para a inauguração dos cursos. A segunda missão, formada por jovens professores promissores ainda em início de carreira, chegou em 1935, para permanecer por três anos (o tempo do curso completo). Entre eles estavam Claude Lévi-Strauss (Sociologia), Jean Maügué (Filosofia), Pierre Monbeig (Geografia), Pierre Houcarde (Literatura) e Fernand Braudel (História).

Alguns outros professores vieram mais tarde, mas, dessa vez, isoladamente. No caso específico da história, Jean Gagé substituiu Braudel em 1938 e permaneceu no Brasil até 1945, após o término da Segunda Guerra Mundial. Émile G. Léonard lecionou entre 1948 e 1949. Durante a década de 1950, também vieram em curtas temporadas, como professores-visitantes: Philippe Wolff, Maurice Lombart, Fréderic Mauro, Maurice Bataillon e Jacques Godechot (Lefèvre, 1993).

(5.3)
O CURSO DE HISTÓRIA E GEOGRAFIA DA USP

Seguindo o modelo universitário francês, a USP adotou o regime de cátedras, que esteve sempre presente desde a fundação das primeiras universidades europeias nos séculos XII e XIII. Nesse regime, a cátedra é regida por um titular em determinada área do conhecimento, que deve desempenhar funções administrativas, de ensino e de pesquisa.

No caso do curso de História e Geografia, recorda Diogo Roiz (2012, p. 47): "Cada cadeira, de acordo com a existência de verbas, poderia contratar para períodos temporários, de um a dois anos, ou em regime permanente, com tempo parcial de trabalho, de 1 a 3 assistentes". O papel do assistente do professor catedrático foi fundamental, pois, ao desempenhar as funções desse cargo, os recém-formados aprendiam a elaborar e a planejar aulas e disciplinas. Como assistentes, os jovens formados pela USP observavam de perto o funcionamento administrativo da cadeira e iniciavam suas primeiras pesquisas acadêmicas. Assim, trabalhar um período nessas condições era um início de carreira bastante comum para aquele que almejasse um dia a posição de catedrático.

Os primeiros concursos para as vagas de professor catedrático da USP começaram a ocorrer no fim da década de 1930 à medida que os docentes franceses retornavam a seu país natal. A partir dos anos 1940, apareceram os primeiros doutores e livres-docentes formados pela Faculdade de Filosofia da USP. Para a obtenção dos títulos, era obrigatória a defesa de uma tese original, orientada por um professor catedrático, diante de uma banca examinadora composta por cinco especialistas da área. Os candidatos aprovados nos primeiros concursos de cátedra da USP foram, em sua imensa maioria, ex-alunos do curso de História e Geografia, que mais tarde se tornaram assistentes de professores catedráticos, como Eurípedes Simões de Paula, Eduardo d'Oliveira França, Astrogildo Rodrigues de Mello e Alice P. Canabrava (Roiz, 2012).

(5.4)
OS MESTRES FRANCESES

Émile Coornaert (1886-1980) foi o primeiro professor francês a ocupar a cátedra de História da Civilização da USP. Ele havia sido aluno de importantes nomes da história social e econômica francesa da virada do século XIX para o XX, tais como Henri Pirenne (1862-1935), Ferdinand Lot (1877-1952) e Henri Hauser (1866-1946). Émile Coornaert terminou seu doutorado em 1930 e, no ano seguinte, tornou-se professor da École Pratique des Hautes Études. Desde essa época, colaborava na revista dos *Annales d'Histoire Économique et Sociale* com artigos sobre o trabalho industrial no período medieval (Müller, 1994).

Não se sabe muito a respeito da atuação de Coornaert no Brasil. Ao que tudo indica, ele não foi tão influente como os outros professores que vieram na mesma missão, como Pierre Deffontaines e Paul-Arbousse Bastide. Nos depoimentos dos ex-alunos das primeiras turmas do curso de História e Geografia da USP, seu nome foi pouquíssimas vezes mencionado – geralmente como um professor que ensinava novos procedimentos metodológicos, mas que teve uma passagem sem brilho pela instituição (Roiz, 2012).

Apesar de não ter causado tanto impacto em seus alunos, Coornaert aproveitou a estadia no Brasil para conhecer a historiografia local. Em um artigo publicado em 1936, observou que já existiam algumas importantes obras historiográficas escritas no país com a mesma qualidade do que se produzia de melhor na Europa, embora de maneira muito isolada. Em função disso, estava convencido de que as missões de mestres franceses eram fundamentais para treinar, guiar e estimular futuros historiadores brasileiros (Coornaert, 1936).

Coornaert foi substituído em 1935 por **Fernand Braudel** (1902--1985), um autor bastante conhecido por ter se tornado um dos mais importantes e poderosos historiadores do século XX. Entretanto, foi somente após a temporada no Brasil que a carreira de Braudel decolou. Em 1937, ele se tornou professor da École Pratique des Hautes Études, em Paris. Dez anos mais tarde, publicou em *O mediterrâneo* uma versão estendida de sua tese de doutorado. O livro, que se tornou um clássico da historiografia mundial, foi traduzido na década de 1950 para o espanhol e o italiano. A segunda edição, de 1966, bastante revista e aumentada, alcançou grande difusão internacional, sobretudo nos Estados Unidos. No início dos anos 1950, Braudel tornou-se professor do Collège de France.

Quando Lucien Febvre morreu, em 1956, Braudel o substituiu na direção da revista dos *Annales* e da VI seção da École Pratique des Hautes Études. A partir desse momento, ele conquistou uma posição de poder institucional ímpar na França, fazendo com que os historiadores vinculados ao grupo dos *Annales* dominassem os principais meios midiáticos – livros, jornais, programas de rádio e televisão etc. Como destacou Burke (1990, p. 39-40), "Tendo conservado em suas mãos, durante os seus anos de direção, o controle dos fundos de pesquisa, publicações e nomeações, [Braudel] guardou para si um grande poder, que usou para promover o ideal de um 'mercado comum' das ciências sociais, onde a história era um membro dominante".

Braudel obteve, assim, muitas glórias e reconhecimento em vida. Criou ao seu redor importantes discípulos, como Marc Ferro, Jean Delumeau, Pierre Chaunu, Frédéric Mauro, Jacques Le Goff e Emmanuel Le Roy Ladurie. Entretanto, na época em que foi recrutado para vir ao Brasil, era apenas um jovem e promissor professor de liceu, em início de carreira.

No Brasil, Braudel realizou conferências na Faculdade de Direito e no Instituto de Educação de São Paulo e publicou alguns artigos no jornal *O Estado de S. Paulo*, além de ministrar seu curso regular sobre a História da Civilização, na USP. Durante a estadia na cidade de São Paulo, fez três amigos fundamentais: o filósofo João Cruz Costa, o jornalista Júlio de Mesquita Filho e seu aluno Eurípedes Simões de Paula. Costa teria indicado ao autor o que ler sobre o Brasil e o ensinado a como se comportar. Com o jovem filósofo brasileiro, Braudel começou a se familiarizar com as obras de Jorge Amado, Gilberto Freyre, Oswald de Andrade, Alcântara Machado e Monteiro Lobato (Lima, 2009).

No *Anuário da FFCL* do ano de 1934-1935, o autor escreveu um importante texto intitulado "O ensino da história: suas diretrizes", do qual podemos extrair os objetivos dos cursos do professor francês. Nele, Braudel afirmava que os futuros historiadores não deveriam limitar seu campo de observação nem se prender somente aos aspectos políticos, sociais, econômicos ou culturais da história; pelo contrário, precisariam buscar apreender a realidade histórica como um todo. Segundo os preceitos defendidos pelo movimento dos *Annales*, o autor orientava os futuros pesquisadores brasileiros a recorrer à interdisciplinaridade. As ciências sociais precisavam ser vistas como disciplinas solidárias, fundamentais para o historiador que almejasse recompor a totalidade da vida social (Lima, 2009).

Reconhecendo a necessidade de especialização, Braudel entendia que uma de suas principais missões à frente da cadeira de História da Civilização era encaminhar os melhores estudantes para o aprendizado das disciplinas auxiliares da história – arqueologia, epigrafia, paleografia, numismática etc. –, a fim de que fossem capazes de realizar pesquisas históricas eruditas e realmente científicas (Lima, 2009).

De acordo com o depoimento de um de seus ex-alunos, Eduardo d'Oliveira França, Braudel dava aulas explicativas gerais em seus cursos, enquanto também buscava dedicar atenção especial para aqueles que se destacassem mais, convidando esses alunos para conversas mais longas fora da universidade, em cafés ou, como ocorria muitas vezes, em almoços em sua casa (França, 1994). O ex-aluno assim descreveu o convívio com o mestre francês:

> Para ele, alunos, eram somente os que *elegia*. Tive a sorte de estar entre esses, aos quais Braudel proporcionava uma convivência a que não estávamos acostumados [...] Constantemente indicava o que deveríamos fazer quando fôssemos professores [...] Dava-nos conselhos transmitindo sua experiência no magistério [...] Foi ele quem nos informou sobre a escola dos Annales, que tanto mudara a historiografia de então. (França, 1994, p. 152-153, grifo do original)

Entre os alunos eleitos, vários se destacaram como importantes historiadores brasileiros, como Caio Prado Júnior, Alice Piffer Canabrava, Eurípedes Simões de Paula e o próprio Eduardo d'Oliveira França (Rodrigues, 2013).

Em 1938, Braudel foi substituído por **Jean Gagé** (1902-1986), um especialista de história antiga, sobretudo a romana. Antes de chegar ao Brasil, Gagé havia frequentado a *École Normale Supérieure* no início da década de 1920, lecionado em alguns liceus de Paris e, desde 1928, ocupava uma cadeira de História Romana na Universidade de Estrasburgo, na França. Contudo, somente após deixar o Brasil e retornar à França, depois da Segunda Guerra Mundial, Gagé finalizou seu doutorado, em 1955. Nesse mesmo ano, tornou-se catedrático do célebre Collège de France.

Apesar de ter ficado quase oito anos em nosso país, até hoje conhecemos muito pouco a respeito da atuação de Jean Gagé no Brasil. Sabemos que ele regeu a cadeira de História da Civilização entre 1938 e 1941. No ano seguinte, com a reforma universitária, repartiu a cadeira em duas: História Antiga e Medieval e História Moderna e Contemporânea – Gagé ocupou a segunda, e seu assistente, Eurípedes Simões de Paula, a primeira. Na Faculdade de Filosofia da USP, colaborou para a criação da Sociedade de Estudos Históricos e da *Revista de História*, além de orientar várias das primeiras teses de doutorado em História daquela instituição, como as de Eurípedes Simões de Paula (1942), Astrogildo Rodrigues de Mello (1942), Alice Piffer Canabrava (1942) e Olga Pantaleão (1944) (Roiz, 2012).

(5.5)
A CÁTEDRA DE HISTÓRIA DA CIVILIZAÇÃO BRASILEIRA

Como vimos, os primeiros catedráticos da USP foram os mestres franceses. Apenas as cadeiras brasileiras foram ocupadas por intelectuais nativos, como a de Etnografia Brasileira e Tupi-Guarani, assumida por longos anos por Plínio Marques da Silva Ayrosa, e a de História da Civilização Brasileira, ocupada por Afonso d'Escragnolle Taunay (1934-1937), Alfredo Ellis Jr. (1939-1956) e Sérgio Buarque de Holanda (1959-1968).

Afonso d'Escragnolle Taunay (1876-1958) era um engenheiro civil, formado na Escola Politécnica do Rio de Janeiro em 1900, que se interessava muito pelos estudos históricos. Em 1903, começou a lecionar História no prestigioso Colégio São Bento, em São Paulo, e, em 1911, tornou-se simultaneamente membro do IHGB e de sua vertente paulista, o Instituto Histórico e Geográfico de São Paulo (IHGSP). Seis anos mais tarde, foi escolhido para substituir Hermann von Ihering na direção do Museu Paulista. Sua missão era reorganizar o Museu do Ipiranga, que até então era dedicado à história natural, para transformá-lo em um museu da história do Brasil e, principalmente, da história de São Paulo, para as comemorações do centenário da Independência do Brasil, em 1922. Nesse cargo, estabeleceu intercâmbios com diversas instituições nacionais e internacionais, mobilizando uma rede de pesquisadores encarregados de buscar, copiar e enviar documentação de arquivos nacionais e estrangeiros (Anhezini, 2011).

A experiência como diretor do Museu Paulista foi fundamental para a realização das pesquisas que Afonso Taunay iniciou enquanto era membro do IHGB e do IHGSP. O autor considerava-se um discípulo de Capistrano de Abreu, mestre que lhe sugerira a temática do estudo das bandeiras paulistas. Em seu exame das correspondências trocadas entre Afonso Taunay e Capistrano de Abreu, Anhezini (2011, p. 86) observou: "Com o tom de orientador que se propõe a corrigir os escritos do aluno, Capistrano escreveu durante quase três décadas para Taunay a respeito de livros e artigos". Em 1924, Afonso Taunay lançou o primeiro dos 11 volumes de sua *História geral das bandeiras paulistas* (1924-1950) e, em 1929, foi eleito imortal da Academia Brasileira de Letras (ABL). De tal forma, podemos perceber que, quando foi convidado para ser o primeiro catedrático de

História da Civilização Brasileira da USP, ele já era um historiador e intelectual de imenso prestígio.

Nos cursos que ministrou à frente dessa cátedra, Afonso Taunay buscou apresentar aos alunos algo que extrapolava os limites temáticos da história militar e administrativa do país. Ao tratar de temas como a história das bandeiras e a história do café no Brasil, ensinava uma temática dedicada aos movimentos coletivos, à economia e à sociedade, uma história dos costumes que seguia a trilha aberta pelos estudos de seu mestre, Capistrano de Abreu.

Como professor catedrático, entre 1934 e 1937, Afonso Taunay recomendou aos alunos a leitura de *A história da civilização brasileira* (1935), de Pedro Calmon, uma espécie de manual que mesclava história social e econômica com história administrativa e política. Também trabalhou bastante com o livro *Populações meridionais do Brasil* (1920), de Oliveira Vianna. Ele indicava fortemente a obra *Vida e morte do bandeirante* (1930), de Alcântara Machado, por ser resultado de uma exaustiva pesquisa em arquivos. Elencava também como relevantes para o estudo da história social e econômica do Brasil as pesquisas de Gilberto Freyre (*Casa-grande & senzala*, de 1933), Félix Contreiras Rodrigues (*Traços da economia social e política do Brasil colonial*, de 1935) e Roberto Simonsen (*História econômica do Brasil*, de 1936). Anhezini (2011, p. 74) resumiu a atuação de Afonso Taunay na USP da seguinte maneira:

> *Nos anos em que ministrou as aulas de História da Civilização Brasileira, Taunay enfatizou os assuntos voltados para a história econômica, social, literária e artística, que, segundo ele, ainda precisavam de mais cultores, e recorreu às fontes iconográficas para ensinar aos alunos o valor que essa documentação desempenhava na realização dessa história dos costumes.*

Em 1937, Afonso Taunay deixou a cadeira de História da Civilização Brasileira em razão do impedimento criado pela Constituição do Estado Novo (Brasil, 1937), que proibia a acumulação de cargos públicos – ele preferiu seguir na direção do Museu Paulista. Após isso, entre 1939 e 1943, publicou também sua famosa obra *História do café no Brasil*, em 15 volumes.

As imensas obras de Afonso Taunay fornecem, certamente, uma massa impressionante de informações, enriquecendo bastante o conhecimento factual sobre os assuntos que ele estudou. Em vista disso, foi um trabalhador infatigável. Porém, Iglésias (2000) parece ter razão ao sugerir que Afonso Taunay não era um autor com sentido de síntese. Ao lermos seus longuíssimos volumes, frequentemente temos a sensação de que o autor comenta sobre todos os registros que encontrou, sem grandes seleções ou interpretações. Várias de suas páginas são simples transcrições de documentos, muitas vezes não citados ou citados de forma bastante imprecisa. Iglésias (2000, p. 169) constatou que o catedrático "produziu obra que não se lê, pela falta de método e de mínimo critério seletivo".

O segundo professor a ocupar a cadeira de História da Civilização Brasileira foi **Alfredo Ellis Júnior** (1896-1974), um dos principais ideólogos do regionalismo paulista da década de 1920. Ele fazia parte de uma das mais tradicionais famílias da antiga capitania de São Vicente, de uma linhagem de fazendeiros, cultivadores de café, que atuavam na política regional. Ellis Júnior foi aluno de Afonso Taunay no Colégio São Bento nos anos iniciais do século XX e formou-se na Faculdade de Direito de São Paulo, em 1917. Durante os anos 1920, vinculou-se ao Movimento Verde-amarelo, encabeçado por Menotti del Pichia, Plínio Salgado, Cassiano Ricardo e Guilherme de Almeida. Muito interessado nos estudos históricos, nessa mesma década se tornou membro do IHGSP e da Academia Paulista de Letras (APL).

Quando estourou a Revolução Constitucionalista, em 1932, engajou-se na luta armada e foi baleado, mas não se feriu gravemente. Membro do Partido Republicano Paulista, Ellis Júnior foi eleito deputado estadual duas vezes (entre 1925 e 1930 e, depois, entre 1934 e 1937) e lutou em prol dos interesses de São Paulo, sobretudo os ligados ao cultivo do café e do açúcar e às indústrias e aos meios de transporte paulistas. Nas duas ocasiões, teve de se afastar da política em razão dos esforços centralizadores de Getúlio Vargas. Em 1930, quando se instalou o Governo Provisório, Ellis Júnior foi afastado da Câmara dos Deputados e substituiu Afonso Taunay na vaga de professor de História do Colégio São Bento. Em 1937, quando foi afastado novamente do mandato político pelas autoridades do Estado Novo, substituiu Afonso Taunay mais uma vez, agora na cadeira de História da Civilização Brasileira da USP. Ele ocupou essa cátedra informalmente até a defesa de sua tese de concurso, *Meio século de bandeirismo, 1590-1640*, em 1939 (Roiz, 2012).

Quando se tornou professor catedrático, Ellis Júnior já era um autor de obra bastante numerosa. Àquela altura, ele havia publicado dezenas de estudos históricos, abrangendo artigos na imprensa e livros de circulação nacional, além de várias obras de ficção e propaganda. Nas décadas de 1920 e 1930, concentrou-se no debate da mestiçagem luso-indígena e do movimento bandeirante; elaborou suas principais teses sobre a formação dos paulistas, vistos como uma **sub-raça de gigantes**, em três livros principais: *O bandeirismo paulista e o recuo do meridiano* (1923), *Raça de gigantes* (1926) e *Os primeiros troncos paulistas e o cruzamento euro-americano* (1935).

Como observou Monteiro (1994), todas essas obras foram elaboradas em um período muito tenso entre as forças políticas e econômicas regionais e as do Estado nacional e apresentam um tom bastante polêmico e engajado. Nesses livros, o mameluco, entendido como cruzamento entre português e índio, assumia um papel histórico sem paralelos no passado colonial. Ao entrelaçar mestiçagem e identidade regional, Ellis Júnior propunha um modelo ideal de miscigenação que menosprezava o papel do negro na formação de São Paulo. O autor "esforçou-se para mostrar as bases científicas e históricas da especificidade do caráter paulista, que fundamentavam seu papel de liderança econômica na República e justificavam seus anseios autonomistas" (Monteiro, 1994, p. 80). Assim, a história paulista, para ele, apresentava, em linhas gerais, três aspectos fundamentais: "o isolamento do planalto durante todo o seu período formativo, o caráter específico da mestiçagem luso-indígena (e a correspondente ausência do negro africano) e o fenômeno *sui generis* do bandeirantismo" (Monteiro, 1994, p. 83).

Ellis Júnior recorria a algumas interpretações antropológicas de fins do século XIX que começavam a ser bastante questionadas em sua época, como o evolucionismo biológico, o determinismo geográfico e a antropometria (ramo da antropologia que estuda as medidas e as dimensões do corpo humano). De acordo com Ferreira (2001, p. 335), "o modelo de mestiçagem de Ellis Jr. recupera e atualiza cientificamente o indianismo romântico, em prosseguimento à obra de vários autores do IHGSP e do Museu Paulista".

O período à frente da cadeira de História da Civilização Brasileira foi, para Ellis Júnior, uma fase de sistematização didática. O autor passou, nessa época, a "sistematizar e mesmo banalizar suas primeiras doutrinas e hipóteses em cansativos esquemas didáticos, reproduzindo de obra em obra velhas afirmações, frases de efeito e, às vezes, parágrafos inteiros" (Monteiro, 1994, p. 82). Entre 1939 e 1951, ele publicou mais de 13 livros didáticos e redigiu numerosos boletins da FFCL, que se tornaram bastante famosos e populares (Monteiro, 1994).

Quanto ao curso, o autor optou por dar continuidade ao programa estabelecido anteriormente por Afonso Taunay, alterando-o apenas em alguns poucos detalhes. Ele manteve o objetivo de ensinar uma história dos costumes atenta às questões sociais e econômicas, centrada na história dos bandeirantes e do café. Além disso, lembra-nos Roiz (2012) que Ellis Júnior orientou duas teses de doutorado em história do Brasil, a de José Ribeiro Quirino (1943) e a de Zamela Mafalda (1951).

Sérgio Buarque de Holanda foi o terceiro e último catedrático de História da Civilização Brasileira da USP. Além de ter sido uma figura relevante no movimento modernista da década de 1920, de ter participado de importantes revistas como *Klaxon* e *Estética* e de ter escrito *Raízes do Brasil* (1936), um dos mais notáveis ensaios sociológicos sobre o país, ele também se engajou profundamente na criação e no desenvolvimento das universidades e das demais instituições culturais do Brasil.

Apesar de paulista, Sérgio Buarque de Holanda viveu longos anos no Rio de Janeiro, onde se formou na Faculdade de Direito, em 1925. Como veremos logo a seguir, no mesmo ano em que lançou *Raízes do Brasil*, ele se tornou professor-assistente de dois mestres franceses que vieram à então capital do Brasil colaborar com a fundação da Universidade do Distrito Federal (UDF): Henri Hauser (História) e Henri Tronchon (Literatura Comparada). Quando a UDF foi fechada, em 1939, pelo Estado Novo, Sérgio Buarque de Holanda começou a trabalhar no Instituto Nacional do Livro (INL), ao lado de Augusto Meyer e Mário de Andrade, ocupando-se da elaboração de diversos catálogos biográficos críticos. Em 1944, transferiu-se para a Biblioteca Nacional, na qual atuou ao lado de Rubens Borba de Moraes, célebre bibliófilo paulista. Dois anos mais tarde, retornou para São Paulo, sua cidade natal, para substituir Afonso Taunay na direção do Museu

Paulista. Ele também promoveu uma profunda reorganização no Museu do Ipiranga, que havia ganhado o caráter de museu da história nacional e da história paulista (idealização do bandeirante). Sob a direção de Sérgio Buarque de Holanda, transformou-se em um museu de estudos antropológicos e etnográficos, com a contratação de dois importantes especialistas germânicos, Herbert Baldus e Harald Schultz.

Enquanto foi diretor do Museu Paulista, Sérgio Buarque de Holanda também se tornou professor de sociologia na Escola Livre de Sociologia e Política, a partir de 1947. No final da década de 1940, tomou parte das operações da Organização das Nações Unidas para a Educação, Ciência e Cultura (Unesco), que havia sido formada em Paris logo após o término da Segunda Guerra Mundial. Em 1949, foi convidado por Fernand Braudel e Lucien Febvre para proferir palestras sobre a cultura material na história colonial do Brasil. Por convite da Unesco, também lecionou, entre 1952 e 1954, na recém-fundada cátedra de Estudos Brasileiros da Universidade de Roma.

Em suma, como expôs Nicodemo (2012, p. 109), Sérgio Buarque de Holanda

> *dedicou-se ao desenvolvimento de um campo especializado de produção do conhecimento acadêmico, aliado a uma política de constituição de acervos, preservação de patrimônio histórico, artístico, arqueológico e etnológico, bem como à sistematização de museus e periódicos e circulação nacional e internacional de intelectuais.*

Podemos perceber, portanto, que quando foi convidado a substituir Ellis Júnior, que abandonara a cátedra por problemas graves de saúde, Sérgio Buarque de Holanda já era um intelectual reconhecidíssimo, de largo prestígio nacional e internacional. Ao contrário de seus antecessores na cadeira de História da Civilização Brasileira, ele possuía uma carreira institucional longa e era bastante familiarizado com os estudos universitários de nível superior.

Além disso, Sérgio Buarque de Holanda havia publicado *Monções* (1945), um importante livro sobre a exploração dos sertões brasileiros entre os séculos XVII e XVIII, seguindo a fenda aberta por Capistrano de Abreu, que buscava deixar de lado o estudo do litoral e dar mais atenção ao processo de penetração do território brasileiro (Holanda, 2014). A obra foi considerada por diversos especialistas como um **divisor de águas** entre o **ensaísta** e o **historiador**. Em *Monções*, o autor estudava o passado das populações paulistas, as andanças dos bandeirantes pelo sertão em busca de metais preciosos e cativos indígenas e, sobretudo, a atividade comercial que se desenvolveu nos rios da região rumo ao Centro-Oeste do país (Holanda, 2014).

Ao contrário de seus antecessores de cátedra, Sérgio Buarque de Holanda buscou abordar o passado paulista distanciando-se da mitologia bandeirante. Como bem destacou Souza (2014, p. 20):

Se Ellis Jr. havia destacado a importância do mameluco sob perspectiva ainda presa à concepção de raça, Sérgio procurou desvendar seu papel como intermediário entre dois mundos, debruçando-se sobre a constituição de uma cultura material específica, na qual traços indígenas e europeus se articularam e tornaram possível a adaptação dos adventícios portugueses ao novo meio.

Sérgio Buarque de Holanda substituiu informalmente Ellis Júnior a partir de 1956. Para realizar o concurso da cátedra, submeteu-se a um curso de mestrado na Escola Livre de Sociologia e Política de São Paulo, entre 1955 e 1957, e apresentou, em 1958, a tese de cátedra *Visão do Paraíso: os motivos edênicos no descobrimento e colonização do Brasil*, publicada como livro no ano seguinte. Na realidade, o catedrático já havia criado importantes vínculos com a USP desde o tempo em que fora diretor do Museu Paulista, tendo participado de algumas bancas examinadoras para os concursos de cátedra de Astrogildo Rodrigues de Mello (1946) e de Eduardo d'Oliveira França (1951), e para os concursos de livre-docência de Alice Piffer Canabrava (1946) e de Odilon Araújo Gellet (1946) (Nicodemo, 2012).

Ele também esteve entre os principais responsáveis pela maior formação de doutores da USP a partir dos anos 1950. Caldeira (2008, p. 89) observou que Sérgio Buarque "orientou teses sobre os mais diversos temas da história do Brasil, como a lavoura canavieira em São Paulo, o pensamento e a historiografia de Robert Southey, a escravidão negra em São Paulo, a Revolução de 1930, entre outros".

De acordo com uma de suas ex-alunas, Maria Odila Dias (1994, p. 270-271), Sérgio Buarque de Holanda

> *animava, emprestava livros, orientava generosamente. [...] Sem pompa e sem corte pessoal, acolhia generosamente orientandos de todas as proveniências [...]. Facilitava aos estudantes interessados o acesso ao intercâmbio com Universidades da Inglaterra e dos Estados Unidos, onde mantinha boas relações com os melhores historiadores nacionais e com os pioneiros brasilianistas, como Stanley Stein, Richard Morse e, em Londres, o amigo Charles Boxer.*

Entre as atividades mais importantes que Sérgio Buarque realizou na USP, devemos destacar a coordenação do projeto editorial da coleção História Geral da Civilização Brasileira (HGCB), assumida a partir de 1959, a convite de Jean-Paul Monteil, diretor francês da Editora Difusão Europeia do Livro (Difel). A ideia principal era seguir os modelos da *História geral das civilizações*, dirigida por Maurice Crouzet, e da *História geral das ciências*, de René Taton, ambos também publicados pela Difel.

HGCB foi a primeira obra coletiva de história do Brasil, certamente um dos mais importantes empreendimentos editoriais do país no que diz respeito ao campo dos estudos históricos brasileiros no século XX. Com a contribuição de colaboradores especializados no estudo de temas próprios de nosso meio social, o livro busca abarcar os aspectos econômicos, sociais, políticos e culturais da história nacional. De acordo com Caldeira (2008, p. 89), "a HGCB constitui a primeira obra da nossa historiografia concebida e realizada sob os princípios da multidisciplinaridade". Além de organizador do projeto, Sérgio Buarque de Holanda também contribuiu com diversos textos e com o sétimo volume, *Do Império à República* (1972), inteiramente redigido por ele mesmo.

Outro importante empreendimento de Sérgio Buarque de Holanda na USP foi a criação do Instituto de Estudos Brasileiros (IEB), em 1962. Projetado para ser um centro multidisciplinar de pesquisas e documentação sobre a história e as culturas do Brasil, seu objetivo primordial era facilitar a reflexão sobre a realidade brasileira, articulando diferentes áreas das humanidades. Esse caráter interdisciplinar era representado pelo primeiro Conselho Administrativo do IEB, composto por historiadores, geógrafos, antropólogos, economistas, sociólogos e arquitetos. Como destacou Caldeira (2008, p. 96), "Ao congregar diferentes disciplinas especializadas nos estudos e pesquisas referentes ao Brasil, o IEB constituiu-se como um *area studies center* dirigido para os estudos brasileiros".

Sérgio Buarque de Holanda planejou o IEB como alternativa para superar as limitações do sistema de cátedras da USP. De acordo com o autor, o regime de cátedras oferecia poucas condições para a formação de pesquisadores de alto nível. As responsabilidades estritas e os poucos recursos constituíam, sob sua perspectiva, verdadeiros obstáculos à aplicação e ao desenvolvimento científico. O sistema de atendia mais à finalidade de formar professores para o ensino secundário do que a de produzir pesquisa especializada. A criação do IEB pretendia, portanto, suprir essa falha, favorecendo a produção e o desenvolvimento de pesquisas de alto nível sobre o Brasil.

Cabe destacar que a criação do instituto aconteceu em um momento de efervescência cultural e expansão da ciência e do ensino universitário no Brasil. Em 1960, fundou-se a Universidade de Brasília (UnB) – idealizada por Darcy Ribeiro, Anísio Teixeira e desenhada por Oscar Niemeyer – na nova e recém-inaugurada capital do país. No mesmo ano, criou-se a Fundação de Amparo à Pesquisa do Estado de São Paulo e, em 1961, ocorreu o I Simpósio da Associação de Professores Universitários de História (Apuh). Portanto, o IEB surgiu em um contexto no qual os estudos universitários e científicos sobre o Brasil se consolidavam (Caldeira, 2008). Já bem no final da vida, em uma entrevista publicada na *Hispanic American Review*, em 1982, Sérgio Buarque de Holanda considerava que a criação do IEB e a aquisição da preciosa biblioteca pessoal do modernista Yan de Almeida Prado, com mais de 10 mil volumes sobre o Brasil, foram sua maior contribuição à USP (Martins, 2009).

(5.6)
A MEMÓRIA DOS PROFESSORES CATEDRÁTICOS DA USP

Quando a revista *Estudos Avançados* lançou, em 1994, um volume sobre os 60 anos da USP, diversos professores e ex-alunos elaboraram uma crônica das origens da Universidade com base em perfis de mestres ilustres[2] (Estudos Avançados, 1994). A leitura desse volume permite perceber que a memória do curso de História da USP foi construída mediante a presença de professores franceses na cadeira de História da Civilização. Os mestres estrangeiros são lembrados pelas gerações mais novas como atores fundamentais para a renovação dos estudos históricos no país e como os principais divulgadores da moderna história social e econômica praticada pelo movimento dos *Annales*. Por sua vez, os primeiros professores da cadeira de História da Civilização Brasileira, Afonso Taunay e Ellis Júnior, são lembrados como historiadores "tradicionais", ainda muito ligados aos moldes dos institutos históricos.

A geração mais jovem considera que, apenas com o ingresso de Sérgio Buarque de Holanda, os estudos históricos sobre o Brasil se modernizaram na USP. Isso fica bastante evidente nos depoimentos de alguns ex-alunos. Nesse sentido, França (1994, p. 155) afirmou:

> *Na Faculdade foram professores de História do Brasil, historiadores brasileiros – Afonso Taunay e Alfredo Ellis Junior –, afeiçoados a uma orientação tradicional. Somente mais tarde o professor Sérgio Buarque de Holanda entrou como docente na Faculdade. Assim, a influência modernizadora dos professores estrangeiros foi neutralizada por aqueles historiadores brasileiros comprometidos com uma visão mais tradicional de história.*

Na mesma linha, Fernando Novais (1994, p. 165, grifo do original) comentou:

---

2   *O editorial do n. 22 da revista* Estudos Avançados *foi escrito por Alfredo Bosi, e o volume contou com a participação de Florestan Fernandes, Marilena Chauí, Eduardo d'Oliveira França, Fernando Novais, Maria Isaura Pereira de Queiroz, Antonio Candido, Bento Prado Júnior, José Arthur Gianotti, Maria Odila Dias, Carlos Guilherme Mota, Raquel Glezer e Maria Helena Capelato (Estudos Avançados, 1994).*

*Os fundadores da Universidade não ousaram convidar um estrangeiro para ensinar História do Brasil quando se estruturou a área de história. Foi criada a cátedra de História da Civilização Brasileira, ocupada por Taunay e depois por Alfredo Ellis. Tanto um quanto outro, eram historiadores com méritos, principalmente Taunay. Mas eram fundamentalmente **tradicionais** no sentido de ficarem à margem da renovação da historiografia mundial, especialmente a francesa. Ambos marcaram a primeira fase dos trabalhos dessa cátedra, segundo uma orientação tradicional. Em razão disso, a modernização da historiografia se deu, não nos temas de História do Brasil, mas, através da cátedra de História Geral da Civilização. Ou seja, pela cadeira ocupada pelos professores estrangeiros.*

Com isso, percebemos a importância dos mestres franceses para a construção da memória do curso da USP.

(5.7)
O ensino universitário de história

A UDF foi fundada em 1935, no auge de um momento político bastante turbulento. Desde a década de 1920, grandes debates acerca da educação nacional preocupavam as elites brasileiras. Embora todos concordassem que era fundamental investir na educação e na criação de universidades, não havia um consenso sobre os rumos que a educação deveria seguir no país. Pelo contrário, a questão era objeto de uma acalorada disputa entre intelectuais vinculados, de um lado, à Igreja Católica e, de outro, ao movimento democrático da Escola Nova (Ferreira, 2013).

Durante a década de 1930, o governo de Getúlio Vargas se ocupou de diversas reformas educacionais. Acreditava-se, naquele momento, que a transformação social e a modernização da sociedade só seriam realizadas mediante uma mudança na educação, cuja responsabilidade principal era do Estado. Se o governo da Primeira República se caracterizava pela descentralização política e administrativa, a partir de 1930 essa tendência passou a ser revertida em prol de um aparelho de Estado mais centralizado, em que o poder se deslocava cada vez mais dos âmbitos local e regional para o do governo central. Assim, as reformas educacionais que se operaram na década de 1930 ocorreram em um contexto de forte tensão política entre os governos municipais e estaduais e o federal. Visando a um controle maior do poder central na educação nacional, as reformas desse momento tinham forte preocupação em homogeneizar as inciativas e as instituições educacionais universitárias (Fávero, 1996).

Nessa arena de combate, estavam, de um lado, os adeptos da Escola Nova, que assinaram o "Manifesto dos Pioneiros da Educação Nova" (1932), redigido por Fernando de Azevedo e assinado por 25 intelectuais e educadores e que defendia, em poucas palavras, o ensino obrigatório, gratuito e laico (Azevedo, 1958); de outro, encontravam-se intelectuais católicos que se reuniam em torno de Alceu Amoroso Lima, presidente do Centro Dom Vital e diretor da revista *A Ordem*. Eles se vinculavam à encíclica *Divinis Redemptoris*, do Papa Pio XI, que convidava os católicos a participar mais da vida dos povos. Eram obviamente contrários à laicidade da educação e acreditavam que certas "ideias socializantes" defendidas pelos membros da Escola Nova eram perigosas, pois podiam levar a sociedade brasileira a uma "marcha inevitável para o comunismo, isto é, para um totalitarismo esquerdizante" (Lima, 1973, p. 234).

Quando foi eleito prefeito do Rio de Janeiro em 1935, Pedro Ernesto Batista empreendeu uma série de reformas sociais nas áreas da saúde e da educação. Visando aumentar a autonomia do Distrito Federal em relação ao governo central da República, ele nomeou

Anísio Teixeira ao cargo de diretor-geral de instrução. Acontece que Teixeira havia assinado o "Manifesto dos Pioneiros da Educação Nova", em 1932, e era abertamente a favor da escola pública, gratuita, obrigatória e laica. Foi ele o encarregado de projetar a UDF (Ferreira, 2013).

(5.8)
A HISTÓRIA NA UDF

De maneira semelhante ao modelo da USP, a universidade projetada por Anísio Teixeira estava orientada à produção do saber, e não apenas à difusão e à conservação do conhecimento. Além de preparar professores para o ensino secundário, a UDF também foi planejada para ser um lugar de atividade científica livre e de produção cultural desinteressada. Criada pelo Decreto Municipal n. 5.513, de 4 de abril de 1935 (Distrito Federal, 1935), ela tinha cinco finalidades principais:

"promover e estimular a cultura de modo a concorrer para o aperfeiçoamento da comunidade brasileira"; "encorajar a pesquisa científica, literária e artística"; "propagar as aquisições da ciência e das artes, pelo ensino regular de suas escolas e pelos cursos de extensão popular"; "formar professores e técnicos nos vários ramos de atividade que as escolas e institutos comportariam"; [...] "prover a formação do magistério, em todos os seus graus". (Distrito Federal-RJ, 1935, citado por Carvalho, 2003, p. 177)

A ênfase na produção de conhecimento científico fica evidente nos vários centros de estudos criados nessa instituição: Centro de Estudos Históricos (1936), Centro de Estudos Eugène Albertini (1937), Centro de Estudos Sociológicos (1937) e Centro de Estudos Geográficos (1938).

Sobre a experiência universitária da UDF, Schwartzman (1979, p. 185) escreveu:

pela primeira vez na história do Brasil, tinha-se formado (com a UDF) uma rede de conexões entre os mais variados tipos de instituições (institutos, faculdades, repartições, museus etc.), integrando cientistas de vários ambientes de trabalho e permitindo muitas vezes superar as limitações materiais e técnicas de cada um deles pelas condições eventualmente mais favoráveis dos outros [...] tinha começado a brotar um sprit de corps, *uma identidade de grupo que fertilizava o trabalho de cada um e que antes só era encontrável a nível das instituições isoladas.*

A UDF não dispôs da mesma rede de apoio que a USP, que foi amplamente financiada pela elite paulista, nem contou com instalações novas e adequadas. Como observou Ferreira (2013, p. 22), "Seus diversos institutos espalhavam-se por diferentes edifícios públicos, inexistindo um campus centralizado [...] unidades foram distribuídas por escolas públicas primárias e secundárias localizadas no Largo do Machado e na rua do Catete ou ainda no Museu Nacional". Entretanto, a universidade foi formada por professores mais qualificados do que sua congênere paulista: contou com a colaboração do que havia de melhor entre a intelectualidade brasileira da época, como Arthur Ramos, Afonso Arinos de Melo Franco, Hermes Lima, Gilberto Freyre, Lúcio Costa, Heitor Villa-Lobos, Cândido Portinari, Heloísa Alberto Torres, Sérgio Buarque de Holanda, Delgado de Carvalho e outros (Fávero, 1996).

Mesmo a missão de professores franceses que foi recrutada por Afrânio Peixoto para colaborar com a UDF e que chegou ao Rio de Janeiro em 1936 era mais qualificada do que aquela que formou a USP: Henri Hauser (História Moderna e Econômica), Pierre Deffontaines (Geografia Humana), Robert Garric (Literatura), Gaston Leduc (Economia Social), Étienne Souriau (Filosofia e Psicologia), Henri Tronchon (Literatura Comparada), Eugène Albertini (História

Antiga) e Jacques Perret (Grego e Latim) (Lefèvre, 1993). Vários deles já eram professores universitários consagrados (Hauser e Albertini, por exemplo) ou estavam no auge de suas carreiras (como Tronchon e Deffontaines).

Eugène Albertini (1888-1941) atuou na cadeira de História Antiga da UDF. Ele havia realizado sua formação acadêmica na École Normale Supérieure de Paris entre 1900 e 1903. Depois disso, continuou os estudos na Escola de Roma até tornar-se professor da École des Hautes Études Hispaniques, entre 1909 e 1912. Ele havia sido professor de línguas e literatura clássicas na Universidade de Friburgo, em 1919, professor de História Antiga na Faculdade de Letras de Argel, em 1920, e professor de Civilização Romana no Collège de France, a partir de 1932.

Sua tese de doutorado foi publicada em duas partes em 1923 – a primeira sobre "A composição nas obras filosóficas de Sêneca", e a segunda sobre "As divisões administrativas da Espanha românica" – e revela seu duplo interesse pela literatura e pela história. Em 1922, Albertini publicou um livro sobre a África romana e, em 1929, um volume sobre o Império Romano para a importante coleção Peuples et Civilisations, dirigida por Louis Halphen e Philipp Sagnac. Além disso, foi membro do comitê de redação da importantíssima *Revue Historique* e colaborador dos *Annales* (Julien, 1941).

Quanto à atuação de Albertini no Brasil, sabemos que ele ministrou a aula inaugural de seu curso na UDF, em que discorreu sobre o então estado dos estudos sobre a civilização romana antiga, destacando suas técnicas e suas dificuldades. Além disso, ele reivindicava uma **história dos povos e das civilizações** que fosse capaz de superar os limites da história política tradicional, centrada unicamente em questões administrativas, diplomáticas e militares (Albertini, 1937). O professor também parece ter tido uma influência significativa sobre os alunos brasileiros, que fundaram, por iniciativa própria, o Centro de Estudos Eugène Albertini em homenagem ao francês. Um de seus ex-alunos, Eremildo Luiz Viana, destacou: "Estabelecido entre nós um curso de Civilização Romana, fomos felizes em receber, como regente da cadeira, um mestre da têmpera de Eugène Albertini [...] A beleza da Civilização Romana, que gerou tantas outras, provocou em nós uma admiração constante" (Viana, 2013, p. 83).

Quando chegou ao Brasil em 1936, **Henri Hauser** (1866-1946) já era um senhor de quase 70 anos de idade, com uma larga carreira institucional, um dos historiadores mais em voga de sua época, muito reconhecido internacionalmente, sobretudo nos Estados Unidos e na Inglaterra. Ele havia iniciado seus estudos acadêmicos durante a década de 1880, na *École Normale Supérieure*, tendo formação dupla em História e em Geografia, com mestres como Gabriel Monod e Vidal de la Blache, duas figuras fundamentais para a institucionalização universitária da História e da Geografia na França. Grande admirador de Jules de Michelet, desde cedo Hauser se interessou pelas questões de história econômica e social.

Na Faculdade de Letras de Clermont-Ferrand, Henri Hauser foi professor de História Antiga e Medieval e mestre de conferências sobre geografia (1893). Na Faculdade de Letras de Dijon, foi catedrático de História Moderna e Contemporânea e diretor do Instituto de Geografia (1902). Em Paris, ocupou uma cadeira de Geografia Industrial e Comercial no Conservatoire des Arts et Métiers (1918) e a primeira cadeira de História Econômica da Sorbonne (1919). Além disso, era membro do comitê de redação de numerosas revistas, inclusive da *Revue Historique* e da revista dos *Annales* (Soutou; Marin, 2006).

Por ser o membro mais velho e reconhecido, Hauser teve um papel muito importante no interior das missões universitárias francesas no Brasil. Ele facilitou a vinda de alguns importantes ex-alunos seus para a USP – como o historiador Fernand Braudel e o geógrafo Pierre Monbeig – e chefiou a missão francesa da UDF. Durante a curta passagem pelo Brasil, proferiu numerosas palestras e conferências em diversas instituições culturais brasileiras, como a Escola de Belas Artes, a Faculdade de Direito do Rio de Janeiro e a ABL, entre outras. Nessas ocasiões, abordou **temática variada**, desde as principais transformações sociais ocorridas entre os séculos XVI e XVIII até a Reforma Protestante e o Renascimento, além da concepção francesa de história econômica e da organização das universidades na França. Além disso, ministrou um curso de Diplomacia e Economia no Itamaraty, em que discorreu sobre os fatos que determinavam a predominância dos problemas econômicos da vida internacional contemporânea.

Na UDF, Hauser lecionou um curso de História Moderna e Econômica, no qual teve como assistente o jovem Sérgio Buarque de Holanda, que tinha acabado de publicar *Raízes do Brasil*. O contato com o professor francês foi fundamental para a formação de historiador do aluno, como destacou ele próprio alguns anos mais tarde:

> *Esse convívio, somado às obrigações que me competiam de assistente junto à cadeira de História Moderna e Econômica, sob a responsabilidade de Hauser, me haviam forçado a melhor arrumar, ampliando-os consideravelmente, meus conhecimentos nesse setor (estudos históricos), e a tentar aplicar os critérios apreendidos ao campo dos estudos brasileiros, a que sempre havia me dedicado, ainda que com uma curiosidade dispersiva e mal-educada.* (Holanda, 1979, p. 14)

Hauser também escreveu uma série de sugestões sobre o currículo do curso de História da UDF para o reitor Afrânio Peixoto. Nessas considerações, salientou que os alunos, além de serem preparados para exercer suas funções de professor nos ensinos primário e secundário, também deveriam ser iniciados no **trabalho histórico** e na **pesquisa** crítica. Ele acreditava que era melhor deixar os estudantes com mais tempo para se dedicar a suas leituras e pesquisas pessoais e também propunha que se fizessem mais exercícios práticos de pesquisa histórica. Sugeria até mesmo que se diminuíssem as horas das matérias de teoria pura, meramente expositivas, em prol de mais horas de "exercícios práticos de pesquisa" (Hauser, 1937a, tradução nossa).

Assim como Émile Coornaert, Hauser também chegou a escrever um artigo sobre a produção historiográfica no Brasil, em 1937, no qual destacou os esforços individuais de autores como Varnhagen, mas também observou que esses trabalhos eram quase sempre "insuficientemente críticos" (Hauser, 1937a, p. 89, tradução nossa). A seu ver, os historiadores brasileiros se deixavam levar demais pela eloquência e pela efusão patriótica. Por um lado, apesar de salientar a importância de instituições como o IHGB, ele afirmava que muitos de seus membros ainda confundiam discursos ou comemorações com trabalhos históricos. Por outro, via com entusiasmo o surgimento de uma nova geração de historiadores que estavam interessados e comprometidos em introduzir os "métodos rigorosos e críticos" na historiografia do Brasil, para superar de uma vez por todas os "métodos oratórios". A historiografia brasileira estava, segundo Hauser, dando seus primeiros passos em direção à "era da crítica" (Hauser, 1937b, p.91, tradução nossa)[3].

Para a cadeira de História da Civilização no Brasil, contratou-se o intelectual mineiro **Afonso Arinos de Melo Franco (1905-1990)**, que permaneceu como professor catedrático da UDF entre 1935 e 1938. Ele havia se formado na Faculdade de Direito do Rio de Janeiro, em 1917, e atuava como colaborador de diversos jornais e revistas.

---

3   Mais detalhes sobre a obra e a trajetória de Henri Hauser podem ser encontrados na tese de doutorado de José Adil B. de Lima (2017).

Muito interessado nos estudos históricos, publicou, em 1936, a obra *Conceito de civilização brasileira*, no qual recorria aos conceitos de *cultura* e *civilização* de autores germânicos como Oswald Spengler, Leo Frobenius e A. L. Kroeber (Franco, 1936). Como resumiu Carvalho (2005, p. 14):

> *para ele [Afonso Arinos], cultura teria a ver com valores, consciência coletiva, ciência, religião, artes. Seria o domínio subjetivo do mundo. Civilização, por outro lado, seria um produto da cultura, suas manifestações aparentes, materializadas em objetos práticos. Civilização seria o domínio objetivo do mundo pela técnica.*

Tendo em vista que o livro que publicou mais tarde – *Desenvolvimento da civilização material no Brasil* (1944) – foi elaborado com base em suas aulas na UDF, podemos perceber que Afonso Arinos propunha uma história social e econômica bastante sintonizada com os estudos de Capistrano de Abreu, Alcântara Machado, Gilberto Freyre e Afonso Taunay. Tratava-se de uma história do Brasil centrada em seus **aspectos materiais,** abordando temas como os povoamentos, as feitorias, os engenhos, as vilas e as cidades, o desenvolvimento de técnicas de produção, de transporte e de construção etc. (Carvalho, 2005).

(5.9)
O FIM DA UDF E A ESTRUTURAÇÃO DA FACULDADE NACIONAL DE FILOSOFIA

Criada em um momento de intensas disputas políticas, a UDF escolanovista teve, desde o princípio, sua constitucionalidade diariamente questionada nas sessões da Câmara Municipal do Rio de Janeiro. Após a Intentona Comunista, em fins de 1935, a UDF sofreu com um ambiente de suspeita e denúncias. Vários professores e funcionários foram afastados ou presos, entre eles Hermes Lima (diretor da Escola de Direito e Economia), Castro Rabello (diretor da Escola de Filosofia e Letras) e Anísio Teixeira (reitor); os demais dirigentes fizeram o possível para manter a universidade, mesmo aos trancos e barrancos. Contudo, a existência da UDF realmente contrariava o projeto federal do ministro da Educação e da Saúde, Gustavo Capanema.

A instalação da ditadura do Estado Novo, em 1937, facilitou o fechamento da UDF, que foi apropriada e remodelada como Universidade do Brasil (UB) no começo de 1939. Nesse processo, os católicos vinculados ao Centro Dom Vital foram favorecidos com a parte mais expressiva dos cargos da universidade, e Alceu Amoroso Lima foi convidado para dirigir a nova Faculdade Nacional de Filosofia (FNFi). O projeto da UB não foi tão inovador quanto o da UDF, pois a prioridade dos cursos deixou de ser a combinação entre ensino e pesquisa, e passou a ser apenas a de formar professores para o ensino secundário (Fávero, 1996; Ferreira, 2013).

Para a formação dos quadros da FNFi, foi selecionada uma série de pensadores sociais de renome e simpáticos ou comprometidos com a ideologia do Estado Novo. Mesmo os novos universitários franceses convocados para colaborar com a instituição – Victor Lucien Tapié (cadeira de História Moderna e Contemporânea, entre 1939 e 1943); Antoine Bon (cadeira de História Antiga e Medieval, entre 1939 e 1943); Francis Ruellan (cadeira de Geografia, entre 1941 e 1956); e André Gilbert (cadeira de Geografia Humana, entre 1939 e 1940) – apresentavam, de maneira geral, forte vinculação com os segmentos católicos.

Apesar de terem ficado mais tempo no Brasil do que a missão francesa da UDF, os professores franceses da FNFi parecem ter tido uma influência pouco expressiva nas novas gerações.

Victor-Lucien Tapié (1900-1974) havia se formado na Sorbonne, onde defendeu, em 1934, uma tese de doutorado chamada *A política externa da França (1616-1621)*. Antes de vir para a FNFi, ele ocupou uma cátedra na Universidade de Lille entre 1936 e 1939. Depois de seu retorno à França, ele se notabilizou pelos estudos de história da arte, sobretudo no livro *Barroco e classicismo*, de 1957 (Chaunu, 1983).

Apesar de ter escrito numerosos e conhecidos manuais de história para o ensino secundário, não parece que Tapié cativou muito seus alunos brasileiros. Eulália Lobo, que frequentou a FNFi entre 1941 e 1943, foi uma das poucas alunas que fizeram menção ao professor francês, ainda que de maneira crítica: "Havia ainda o Tapié, de História Moderna, que possuía uma grande elegância na apresentação, dava uma aula bem cartesiana, mas não tinha a profundidade de Antoine Bon. Era um pouco superficial" (Lobo, 2013, p. 245).

Quanto a **Antoine Bon**, conhece-se muito pouco de sua carreira institucional e de sua atividade na FNFi. Após retornar à França, ele publicou o reconhecido livro *O peloponeso bizantino até 1204* (1951). Lobo (2013, p. 245) mencionou que Bon tinha "uma capacidade grande de dar uma visão de conjunto, conjugando arte, a cultura, com o econômico". Para Ferreira (2013), tanto Tapié quanto Antoine Bon partilhavam de uma concepção de história que se aproximava da história factual e do estudo dos grandes heróis. Assim como ocorrera na USP, os professores franceses foram substituídos por seus assistentes, de tal forma que, com a saída de Antoine Bon, **Eremildo Viana** assumiu a cadeira de História Antiga e Medieval (1943) e, com a saída de Tapié, **Delgado de Carvalho** (1884-1990) passou a cuidar da cadeira de História Moderna e Contemporânea (1943) (Ferreira, 2013).

Na cadeira de História do Brasil, a situação foi diferente. Afonso Arinos, que a ocupava ainda na UDF, foi afastado e substituído na FNFi por **Hélio Viana** (1908-1972), que permaneceu nessa cátedra por longos anos. Viana havia se formado na Faculdade de Direito do Rio de Janeiro, em 1932. Bastante interessado nos estudos históricos e simpatizante das ideias integralistas, ministrou vários cursos de História do Brasil para os membros da Ação Integralista Brasileira. Apesar de sua proximidade com Plínio Salgado e seus partidários no começo dos anos 1930, Viana também se aproximou bastante do Estado Novo a partir de 1937. Em 1935, publicou o livro *Formação brasileira*. Além de ter ocupado a cadeira de História do Brasil da FNFi, entre 1939 e 1968, também foi coordenador da Comissão Nacional dos Livros Didáticos e da Sessão de História para a Educação Básica do Ministério da Educação.

Viana foi definido da seguinte maneira por Iglésias (2000, p. 234): "autor minucioso e correto nas informações, é excessivamente convencional e deixa de lado aspectos fundamentais. Supervaloriza nomes e datas, menospreza ou ignora aspectos econômicos, sociais, ideológicos". Além disso, ele é constantemente lembrado como um autor cuja concepção de história era ainda muito focada no âmbito **político** e nos feitos administrativos e **militares**, com um apreço excessivo pelo detalhamento de nomes, fatos e datas.

De maneira geral, em sua interpretação histórica do Brasil, Hélio Viana fazia um elogio da grandeza do Império e se esforçava para ressaltar a narrativa dos grandes homens e dos fatos que firmaram as bases do nacionalismo brasileiro. O autor sublinhava a importância da colonização portuguesa para a formação do país e da Monarquia e de seus esforços centralizadores para a garantia da união nacional. Muito afinado com o discurso ideológico do Estado Novo, Hélio Viana interpretava a implantação da República e de seu modelo federalista como responsável por quase todos os malefícios do país. Pelo mesmo motivo, pode ser entendido como uma espécie de continuador da obra de Varnhagen (Ferreira, 2013).

Viana parece ter tido um impacto bastante negativo nas várias gerações de alunos que teve. Maria Yedda Linhares, que frequentou seus cursos no início da década de 1940, destacou que o professor, além de não incentivar os alunos à pesquisa, muitas vezes também os desestimulava: "História do Brasil era Hélio Viana, uma tragédia. Eu me recordo que um dia disse a ele que tinha comprado um livro muito bom, muito interessante, do Caio Prado Jr. A reação foi: 'Não leia isso. É uma porcaria, está tudo errado'" (Linhares, 2013, p. 217).

A mesma autora recorda que, anos mais tarde, quando era catedrática de História Moderna e Contemporânea da FNFi, na década de 1950, Viana fez de tudo para suprimir seus esforços em criar um centro de pesquisas:

> *Pensávamos em organizar um centro de pesquisas, escolhemos até uma temática, mas Hélio Viana vetou de forma violenta. Disse que ia acabar com a cadeira de História Moderna e Contemporânea se persistíssemos. Queríamos estudar o comércio Atlântico no século XVIII [...] Mas Hélio Viana proibiu, disse que não podíamos ultrapassar os limites da plataforma continental brasileira...* (Linhares, 2013, p. 229)

Ex-alunos de Viana, que frequentaram seus cursos na década de 1950, também guardam lembranças nada nostálgicas das aulas e dos métodos de avaliação dele. Falcon (2013, p. 278) observou que "Hélio Viana era uma pessoa difícil, quase inacessível a maiores conversas [...] Nunca ninguém teve muito contato com Hélio Viana. Ele mandava ler os livros dele, que eram livros de curso secundário".

O sistema de avaliação excessivamente rigoroso e retrógrado também foi mencionado por vários ex-alunos. De acordo com Falci (2013, p. 321), o exame oral aplicado por Hélio Viana era "um verdadeiro sofrimento [...] ele queria saber era o nome dos presidentes e o período de cada um, nome e sobrenome! Por exemplo: Afonso

Augusto da Silva Pena, de tanto a tanto... Precisava ser na ordem, é claro". Dottori (2013, p. 347) ainda acrescentou que "um erro de data era um erro grave, uma imprecisão histórica. E nas provas, a resposta devia corresponder textualmente aos seus livros".

Mesmo a geração que acompanhou os cursos da década de 1960 parece ter detestado o professor. Cavalcanti (2013, p. 371) revelou que "achava o Hélio Viana muito medíocre. E continuo a achar, pelo livro dele e pelas aulas a que eu assistia. Suportei aquele cara dois anos obrigando a gente a decorar os rios que faziam a fronteira do Amazonas com outros países. Era uma historiografia muito antiga". E Wehling (2013, p. 422), por sua vez, salientou a resistência de Viana em dialogar com a historiografia francesa: "Nem queria saber de livros franceses, ficava na tradição clássica da historiografia brasileira, Varnhagen, Capistrano etc.".

A descrição sintética que apresentamos acima nos ajuda a compreender melhor o processo de institucionalização universitária da história no Brasil. Contudo, não podemos perder de vista que, ao examinar apenas os casos paulista e carioca, não damos conta de toda a experiência nacional, que foi muitas vezes variada em outras regiões[4].

Apesar disso, os casos que descrevemos são significativos e nos mostram que o processo de institucionalização universitária da história foi marcado pelo advento dos cursos de formação e especialização do ofício historiador e pela expansão das ferramentas de divulgação da produção historiográfica.

---

4   Sobre o processo de institucionalização universitária da história em diferentes regiões do Brasil, deve-se destacar o dossiê temático da revista História da Historiografia (n. 11, 2013) sobre "Os cursos de história: lugares, práticas e produções", sobretudo os artigos de Alessandra Soares Santos e de Mara Cristina de Matos Rodrigues, que tratam do caso mineiro e gaúcho, respectivamente.

De maneira geral, podemos dizer que, no Brasil, a primeira metade do século XX foi um momento de transição entre o modelo historiográfico proposto pelos Institutos Históricos e o modelo de historiografia proposto pelos pesquisadores universitários, transição essa que foi bastante conflituosa e disputada. Nesse clima competitivo, os historiadores universitários se esforçaram muito para construir uma imagem bastante depreciativa da historiografia dos Institutos Históricos. De acordo com eles, sob o signo do IHGB, a disciplina histórica mantinha-se muito restrita, elitista, muito marcada pela erudição, pela eloquência, pelo autodidatismo, pela efusão patriótica e/ou regionalista.

Como pudemos ver nos depoimentos de diversos professores e ex-alunos desses primeiros cursos universitários, o modelo historiográfico dos Institutos Históricos era entendido como algo antigo, que respondia aos anseios do século XIX e que precisava ser atualizado para a realidade do século XX. Todos eles se esforçaram para apresentar as universidades como um novo marco no desenvolvimento do conhecimento científico no Brasil, porque elas viriam para superar a tradição bacharelesca do homem de letras, do erudito autodidata.

No entanto, é preciso destacar que a institucionalização do discurso histórico nas universidades não se deu necessariamente pelo rompimento imediato com o modelo historiográfico dos Institutos Históricos e outras agremiações do gênero que reuniam autodidatas. Como pudemos observar na descrição apresentada acima, em muitos casos eram os próprios membros dos Institutos Históricos que ocupavam as vagas de professores catedráticos nas universidades, em razão da falta de um mercado de docentes diplomados.

Esse foi, aliás, um dos discursos que formularam a identidade da ANPUH alguns anos mais tarde, a ideia de que o recrutamento dos eruditos autodidatas nos primeiros cursos de graduação em história foi responsável pelo "marasmo" em que se encontrava a historiografia universitária até a década de 1960.

Outra coisa importante de salientar é que, nos casos aqui analisados, apenas na USP tivemos a construção de uma memória disciplinar forte em torno dos mestres franceses, memória essa capaz de criar a identidade e uma certa "escola uspiana de história". Estudos mais recentes, como os de Aryana Costa (2018) e de Diego José Fernandes Freire (2019) nos mostram como o departamento de história da USP, desde a década de 1950, tem mobilizado a herança dos professores franceses para justificar uma suposta posição hegemônica dentro do campo da historiografia brasileira. Principalmente durante a década de 1990, quando o campo historiográfico brasileiro já se encontrava consideravelmente diversificado e competitivo, contando com mais de 15 programas de pós-graduação em história de diferentes regiões do país[5], os historiadores vinculados a USP aproveitavam as comemorações dos 60 anos da universidade para reforçar a ideia de uma identidade uspiana, fortemente marcada pela presença francesa e pela autoridade intelectual dos *Annales*, que serviria como uma espécie de elementos distintivo de outros centros de pesquisa concorrentes.

Além disso, pudemos perceber que, durante a implementação dos primeiros cursos universitários de história no Brasil, que se desenvolveram em São Paulo e no Rio de Janeiro entre as décadas de 1930 e 1950, houve uma tendência geral para o ensino e a prática de uma história econômica e social que fosse capaz de superar as limitações da história política, excessivamente centrada em grandes homens e em feitos administrativos e militares.

---

5   *Na década de 1990, além da USP, havia programas de pós-graduação em história na UFPE, UFRJ, UFF, Unesp-Assis, Unesp-Franca, UFPR, UFSC, UFRGS, Unisinos, UFG e UnB.*

Porém, pode-se reconhecer a existência de pelo menos duas vertentes dessa história social e econômica. Uma delas foi representada pelos professores que ocuparam as cadeiras de História do Brasil – Afonso Taunay, Alfredo Ellis Jr., Afonso Arinos e Hélio Viana -, mais próxima da tradição fundada pelos Institutos Históricos e muito marcada pela efusão patriótica ou regionalista. A outra vertente está muito mais próxima da concepção francesa de história social e econômica, uma história que convida o pesquisador e exercer a interdisciplinaridade, ou seja, o diálogo com as ciências sociais. Essa tendência foi mais representada pelos professores franceses – Émile Coornaert, Fernand Braudel, Jean Gagé, Henri Hauser e Eugène Albertini – e seus assistentes – Eurípedes Simões de Paula, Eduardo d'Oliveira França, Alice Canabrava e Sérgio Buarque de Holanda.

Por fim, observa-se também que o momento político turbulento teve um efeito direto sobre a prática da pesquisa e da produção do saber nas instituições universitárias. Provavelmente em razão de sua proximidade com o governo federal, as universidades do Rio de Janeiro parecem ter sofrido mais com os movimentos centralizadores de Getúlio Vargas, que acabou podando, indiretamente, várias iniciativas de pesquisa científica, valorizando apenas a formação de professores para o ensino secundário. Assim, percebe-se que os professores franceses que atuaram no Rio de Janeiro, por mais que alguns tenham residido por vários anos (Tapié e Bon), não parecem ter exercido sobre os alunos cariocas a mesma influência que a missão francesa que atuou em São Paulo exerceu sobre os alunos paulistas.

(5.10)
BALANÇOS HISTORIOGRÁFICOS NOS ANOS 1940-1950

Os mestres franceses, na década de 1930, fizeram análises da produção historiográfica brasileira para o público francês, como os casos de Émile Coornaert e Henri Hauser. Nas décadas seguintes, os historiadores brasileiros se ocuparam desse trabalho. Em um momento de intensas transformações no campo de estudos nacionais, entre as instituições culturais e a universidade, os balanços historiográficos se faziam necessários.

Ex-assistente de Sérgio Buarque de Holanda na Seção de Publicações do Instituto Nacional do Livro, **José Honório Rodrigues** (1913-1987) começou, em fins dos anos 1940, a produzir uma obra que foi reconhecida como a mais abundante sobre teoria, metodologia e escrita da história no Brasil, além das edições críticas de autores clássicos, como Varnhagen e Capistrano de Abreu. Entre 1943 e 1944, esteve na Universidade de Colúmbia, nos Estados Unidos, como bolsista da Fundação Rockfeller, e lá percebeu a importância da publicação de documentos e do tratamento mais específico das **questões teórico-metodológicas**, praticamente ignoradas no Brasil, mesmo no meio universitário.

Depois, entre 1946 e 1958, Rodrigues foi diretor da Divisão de Obras Raras da Biblioteca Nacional. Iglésias (2000, p. 57) chegou a afirmar que "sem a passagem por esse cargo [José Honório Rodrigues] não teria condições de escrever muito do que melhor escreveu". Outro cargo público importante foi o de diretor do Arquivo Nacional, entre 1958 e 1964. Na universidade, como informou Iglésias (2000, p. 58), foi professor na Universidade Federal Fluminense, na Universidade Federal do Rio de Janeiro e na Universidade de Brasília, "mas sem continuidade ou por períodos longos". Foi ainda professor-visitante na Universidade do Texas, nos anos 1960, e na Universidade de Colúmbia, em 1970.

É de 1949 a obra com que Rodrigues deu início a seu projeto historiográfico, a *Teoria da história do Brasil*. Logo na introdução do livro, lê-se o direcionamento para a **profissionalização** do trabalho de historiador, o que dá uma boa ideia das preocupações daquele momento:

> *dar aos alunos uma ideia mais exata do que é a história, de seus métodos e de sua crítica, da bibliografia e historiografia brasileiras, de modo a prepará-los para um conhecimento crítico da história do Brasil. [...] Procura-se oferecer aos estudantes de história geral e do Brasil, aos professores secundários, aos estudiosos ocupados com a história concreta, uma visão de conjunto dos principais problemas de metodologia da história. [...] Uma verdadeira compreensão do ensino superior da história exige o contato do estudante com os grandes e pequenos mestres.* (Rodrigues, 1978b, p. 11)

Teoria da história do Brasil, de 1949, *A pesquisa histórica no Brasil*, de 1952, e *História da história do Brasil* (volume 1: *A historiografia colonial*), de 1979, compõem uma tríade entre as obras honorianas, consagradas, cada uma, respectivamente, à **teoria**, à **metodologia** e à **escrita** da história e reeditadas diversas vezes entre as décadas de 1950 e 1970.

Além de Rodrigues, ainda outros balanços historiográficos e manuais bibliográficos importantes marcaram a primeira fase de profissionalização da historiografia brasileira (Franzini; Gontijo, 2009). Em 1945, **Nelson Werneck Sodré** (1911-1999) aparecia com um balanço bibliográfico intitulado *O que se deve ler para conhecer o Brasil*, também revisado e ampliado diversas vezes. De 1949 é o *Manual bibliográfico de estudos brasileiros*, de **Rubens Borba de Morais** (1899--1986), que reuniu trabalhos de Gilberto Freyre, Sérgio Buarque de

Holanda, Caio Prado Júnior e José Honório Rodrigues, entre outros notáveis.

Entre esses balanços, um dos mais significativos foi o de Sérgio Buarque de Holanda – que mencionamos anteriormente –, *O pensamento histórico no Brasil nos últimos 50 anos*, publicado no *Diário Carioca*, em 1951. O autor se dizia um observador das transformações em curso no campo de estudos brasileiros. A recente preocupação com os parâmetros metodológicos aparece no texto como verdadeiro marco na produção historiográfica brasileira. Para Sérgio Buarque de Holanda, assim como em José Honório Rodrigues, o posto de fundador da moderna historiografia brasileira cabia a Capistrano de Abreu, pois este estaria a salvo de uma história factual, de tipo comemorativo (Holanda, 2008). Os ensaios históricos dos anos 1930, entre os quais se encontra seu *Raízes do Brasil*, Sérgio Buarque de Holanda (2008, p. 609) situava, agora, "na periferia dos estudos estritamente historiográficos", localizados na universidade, com base no suporte teórico-metodológico oferecido pelas missões francesas.

Síntese

Na discussão deste capítulo, percebemos que, durante a implementação dos primeiros cursos universitários de História no Brasil, houve uma tendência geral para o ensino e a prática de uma história econômica e social que fosse capaz de superar as limitações da história política, excessivamente centrada em grandes homens e em feitos administrativos e militares. Porém, notamos a existência de duas vertentes distintas dessa história social e econômica.

Uma delas é representada, sobretudo, pelos professores que ocuparam as cadeiras de História do Brasil – Afonso Taunay, Alfredo Ellis Júnior, Afonso Arinos e Hélio Viana –, mais próxima da tradição fundada pelos institutos históricos e muito marcada pela efusão patriótica ou regionalista.

A outra vertente está muito próxima da concepção francesa de história social e econômica, uma história que convida o pesquisador a exercer a interdisciplinaridade, ou seja, o diálogo com outras ciências sociais. Essa tendência é representada principalmente pelos professores franceses – Émile Coornaert, Fernand Braudel, Jean Gagé, Henri Hauser e Eugène Albertini – e seus assistentes – Eurípedes Simões de Paula, Eduardo d'Oliveira Lima, Alice Piffer Canabrava e Sérgio Buarque de Holanda.

Observamos também que o momento político turbulento influenciou diretamente a prática da pesquisa e da produção do saber nas instituições de ensino superior. Provavelmente em razão de sua proximidade com governo federal, as universidades do Rio de Janeiro parecem ter sofrido mais com os movimentos centralizadores de Getúlio Vargas, o qual podou várias iniciativas de pesquisa científica, valorizando apenas a formação de professores secundários.

Atividades de autoavaliação

1. Sobre o processo de institucionalização do pensamento histórico nas primeiras universidades brasileiras, assinale a afirmativa **incorreta**:
   a) A USP, fundada em 1934, tinha como objetivos principais formar professores para o ensino secundário e produzir conhecimento científico baseado em pesquisa livre e desinteressada. Sua organização institucional seguia o modelo francês, principalmente da Sorbonne.
   b) Diversos autores, como Sérgio Buarque de Holanda e Francisco Iglésias, consideraram a fundação das primeiras

universidades brasileiras um marco fundamental para a superação da tradição bacharelesca do "homem de letras", bastante característica das instituições culturais e artísticas herdadas do século XIX.

c) Os primeiros cursos universitários de História no Brasil buscaram dar continuidade ao modelo de história nacional criado pelo IHGB, promovendo uma narrativa desde a colonização e o povoamento do país.

d) Diferentemente do modelo de academias ilustradas do século XVIII, as primeiras universidades brasileiras, sobretudo a USP e a UDF (posteriormente FNFi), adotavam o regime de cátedras, em que o titular da cadeira devia desempenhar funções administrativas, de ensino e de pesquisa.

2. Sobre os primeiros cursos de História e Geografia da USP, assinale a afirmativa correta:

a) Émile Coornaert foi o primeiro e mais influente catedrático de História da Civilização da USP. O autor permaneceu longos anos no Brasil, escreveu diversos textos sobre sua experiência e formou dezenas de discípulos brasileiros.

b) Fernand Braudel, ao lecionar no Brasil entre 1935 e 1938, preocupou-se em selecionar alguns alunos "eleitos" para treiná-los na pesquisa histórica científica e rigorosa, tais como Eduardo d'Oliveira França e Eurípedes Simões de Paula.

c) Os professores franceses ensinavam uma história que era muito próxima da história social preconizada pelos membros do IHGB, sempre buscando enaltecer importantes figuras regionais e nacionais.

d) Afonso Taunay, primeiro titular da cadeira de História da Civilização Brasileira, preocupava-se em orientar seus alunos para a pesquisa histórica, sugerindo uma prática multidisciplinar que fosse capaz de inserir a história do Brasil na história geral das civilizações europeias.

3. Analise as sentenças a seguir e marque V para as verdadeiras e F para as falsas.

( ) Afonso Taunay, ao centralizar seus cursos em torno da história das bandeiras e do café no Brasil, apresentava a seus alunos uma história atenta aos movimentos coletivos, à economia e à sociedade – em suma, uma história social e econômica mais voltada para os costumes.

( ) Ellis Júnior, um dos principais ideólogos do regionalismo paulista da década de 1920, durante os vários anos em que esteve à frente da cadeira de História da Civilização Brasileira da USP (1938-1956), concentrou-se nos debates sobre a mestiçagem luso-indígena e sobre o movimento bandeirante.

( ) Ellis Júnior propôs uma história que pretendia superar a mitologia bandeirante estabelecida pelos membros do IHGSP durante a virada do século XIX para o XX.

( ) Todos os professores que ocuparam a cadeira de História da Civilização Brasileira da USP (Afonso Taunay, Ellis Júnior e Sérgio Buarque de Holanda) dedicaram-se à escrita da história da penetração do sertão brasileiro entre os séculos XVII e XVIII.

Agora, assinale a alternativa que apresenta a sequência correta:

a) F, V, F, V.
b) V, F, F, V.
c) F, V, F, F.
d) V, V, F, V.

4. Assinale a alternativa **incorreta**:
   a) Sérgio Buarque de Holanda, ao contrário de seus antecessores na cadeira de História da Civilização Brasileira, afastou-se da idealização do bandeirante. Ele também buscou formar novos pesquisadores profissionais, orientando dezenas de teses de mestrado e doutorado.
   b) Sérgio Buarque de Holanda impulsionou a criação do Instituto de Estudos Brasileiros (IEB) para promover a interdisciplinaridade e superar as limitações do sistema de cátedras que vigorava até então na USP.
   c) A UDF, projetada por Anísio Teixeira, educador partidário dos pressupostos da Escola Nova, estava bastante sintonizada com a orientação ideológica do Estado Novo, que tinha como prioridade única a formação de professores para o ensino secundário.
   d) A UDF estreou no Rio de Janeiro formada por professores mais qualificados do que sua congênere paulista.

5. Analise as sentenças a seguir e marque V para as verdadeiras e F para as falsas.
   ( ) A FNFi, criada em 1935 por Alceu Amoroso Lima, pretendia estender a influência católica na educação brasileira. Em razão de perseguições e denúncias de intelectuais

ligados ao movimento democrático da Escola Nova, a FNFi foi fechada precocemente em 1939 e substituída pela UDF.

( ) A missão francesa que veio para a inauguração da FNFi em 1940, sobretudo os historiadores Victor-Lucien Tapié e Antoine Bon, teve grande influência na produção de pesquisas acadêmicas brasileiras, pois fundou diversos centros de estudo – Centro de Estudos Históricos, Centro de Estudos Geográficos e Centro de Estudos Sociológicos.

( ) Durante a implementação dos primeiros cursos universitários de história do Brasil, adotaram-se, de maneira geral, o ensino e a prática de uma história social e econômica que fossem capazes de superar as limitações da história política, muito centrada na história dos grandes homens, feitos administrativos e batalhas militares.

( ) Existiram duas tendências diferentes de história social e econômica nas universidades brasileiras das décadas de 1930 e 1940. A primeira era bastante próxima da tradição fundada pelos institutos históricos e geográficos e bastante marcada pela efusão patriótica ou regionalista, ao passo que a segunda era mais próxima da concepção francesa de história social e econômica e mais aberta à interdisciplinaridade com as demais ciências humanas.

Agora, assinale a alternativa que apresenta a sequência correta:

a) F, F, V, V.
b) F, V, V, V.
c) V, F, V, F.
d) V, F, F, V.

Atividades de aprendizagem

Questões para reflexão

1. Reflita, com base na leitura deste capítulo e, também, do Capítulo 4, sobre as relações entre historiografia e política.

2. Com base nas reflexões da questão anterior, discorra sobre os motivos que levaram o projeto da USP a ser mais bem-sucedido do que o da UDF.

Atividade aplicada: prática

1. Elabore um fichamento dos depoimentos de Eduardo d'Oliveira França (<http://www.revistas.usp.br/eav/article/view/9688/11260>) e de Fernando Novais (<http://www.revistas.usp.br/eav/article/view/9689/11261>) para fixar o conteúdo abordado neste capítulo e observar o processo de construção da memória dos professores franceses na Universidade de São Paulo.

Capítulo 6
A historiografia brasileira
nos últimos 50 anos

O título escolhido para este capítulo indica um intertexto com o balanço bibliográfico de Sérgio Buarque de Holanda (2008), publicado originalmente em 1951, sobre a historiografia brasileira da primeira metade do século XX, balanço citado já na seção de apresentação deste livro. Nossa intenção, agora, é analisar a produção historiográfica no Brasil na segunda metade do século passado, período que, por assim dizer, consolidou a institucionalização da produção de conhecimento histórico tal como hoje a conhecemos, com a criação de programas de pós-graduação e departamentos de História nas universidades brasileiras.

Em termos teórico-epistemológicos, os anos 1960 e 1970 ficaram marcados pela prevalência de dois paradigmas, o dos *Annales* e o do marxismo. Em linhas gerais, a história esteve bastante próxima das concepções do estruturalismo e da sociologia.

Já nos anos 1980, partindo dos grandes centros, com a crise dos Estados-nação, a disciplina de História sofreu processos de fragmentação e de especialização de seus temas, objetos e abordagens. Os *Annales* reformularam seu programa em fins dos anos 1980, em direção à chamada *virada crítica*, incorporando aspectos do giro linguístico e elevando a primeiro plano o conceito de *representação*, muito utilizado na história cultural nos anos 1990. Os historiadores brasileiros das décadas finais do século XX e até hoje, quando as questões da memória e do chamado *presentismo* ocupam primeiro plano, mantiveram o já tradicional diálogo com a historiografia francesa, consolidado principalmente a partir da década de 1930.

São estes, portanto, os aspectos que examinaremos a seguir, em um balanço panorâmico das últimas cinco décadas dos estudos históricos entre nós: as primeiras associações profissionais, a reforma universitária e a criação dos departamentos e dos programas de pós-graduação em História, que ainda hoje estruturam o ofício tal como o estudamos, praticamos e ensinamos, dividido em diversos campos de especialização, com suas subdisciplinas e disciplinas auxiliares.

A aceleração da produção de pesquisas sobre esse assunto acompanha as intensas fragmentação e especialização da disciplina de História, mas, ao mesmo tempo, impõe uma permanente necessidade de reflexão sobre seus discursos, suas práticas e suas funções sociais.

(6.1)
REORGANIZAÇÃO DA PRODUÇÃO DE SABERES

Em 1968, conduzida do alto pelo regime militar, teve lugar uma profunda reforma universitária, que marcou a reorganização e a expansão da universidade no Brasil. Entre suas medidas, foram extintas as cátedras, em torno das quais eram centralizadas as decisões acadêmicas e que conferiam grandes poderes no âmbito universitário aos professores titulares. Além disso, ficou estabelecido o sistema de departamentos, que melhor dividia as responsabilidades e as atribuições entre seus membros e colegiados e supostamente favoreceria a conexão entre ensino e pesquisa.

Fernandes (1975) denunciou a condução autoritária do processo de reforma universitária, a despeito de sua aparência democrática, e a desconexão de sua execução com os anseios que brotavam do meio acadêmico, que, por fim, acabou por consentir, uma vez que, bem ou mal, a reforma atendia às necessidades de racionalização burocrática do funcionamento da instituição.

Logo no início da década de 1970, foram instituídos os programas de pós-graduação, como hoje os conhecemos. Para Schwartzman (1979), esses programas foram também afetados pelo clima político pós-1968, quando diversos professores foram afastados compulsoriamente de seus encargos no ensino e na pesquisa, deixando, de forma contraditória, com que os cursos ficassem desprovidos de suas lideranças intelectuais.

Contudo, a pesquisa acadêmica e a formação de professores/ pesquisadores para o ensino superior ganharam em regularidade e diversidade de espaços de discussão e de produção de saberes. A institucionalização da pós-graduação foi conduzida pela Coordenação de Aperfeiçoamento de Pessoal de Ensino Superior (Capes), órgão do Ministério da Educação (MEC). Também foram importantes para a reorganização do sistema universitário a criação, na década anterior, de associações de pesquisadores e de centros de pesquisa, como, no caso da História, a Associação Nacional dos Professores Universitários de História (Anpuh), em 1961, o Instituto de Estudos Brasileiros (IEB) da Universidade de São Paulo (USP), em 1962, ou, nos anos 1970, a introdução das ciências humanas na Sociedade Brasileira para o Progresso da Ciência (SBPC).

Na avaliação de Arruda e Tengarrinha (1999), considerando os aspectos principais anteriormente elencados, o período assinalou a consolidação da moderna produção historiográfica no Brasil. Os autores observam, ainda, a importância da descentralização dessa produção, quando a USP perdeu sua hegemonia absoluta e passou a dividir o protagonismo da produção historiográfica com novos centros, como a história econômica praticada em torno de Cecília Westphalen (1927-2004) na Universidade Federal do Paraná (UFPR) (Arruda; Tengarrinha, 1999).

6.1.1 Espaços de discussão da historiografia brasileira

Os encontros promovidos pelas associações representaram importante lugar de debates sobre a história e a historiografia do Brasil.

Em 1968, por iniciativa conjunta entre a Anpuh, seção Rio de Janeiro, e o Departamento de História da Universidade Federal Fluminense (UFF), foi realizado o Primeiro Encontro Brasileiro sobre Introdução ao Estudo da História, cujo objetivo foi "trocar experiências, confrontar orientações de pesquisas e debater problemas peculiares ao ensino da disciplina **Introdução ao estudo da História**" (UFF, 1970, p. 2, grifo do original). Segundo a apresentação dos anais do evento, publicados em 1970, "compareceram representantes de nove Estados e trinta e sete Universidades ou Faculdades isoladas e contou, ainda, com a participação de ilustres professores estrangeiros" (UFF, 1970, p. 3). Chama atenção a intervenção de Nogueira de Matos – da Universidade de Campinas (Unicamp) – sobre "o valor propedêutico [preparatório] da história da historiografia" (UFF, 1970, p. 109), que procurava defender a colocação da disciplina entre os temas de interesse de um curso de introdução à história. Para isso, propõe o autor uma "síntese histórica" da questão, desde a Antiguidade ao marxismo e à história econômica, e desde Capistrano de Abreu até José Honório Rodrigues (UFF, 1970).

A *Revista de História*, da USP, no seu número 88, em 1971, cedeu espaço para a publicação de textos da mesa-redonda sobre o *Estado atual da pesquisa histórica no Brasil* – esse, inclusive, foi o título do artigo que Westphalen e Mequelusse (1971, p. 353) publicaram nessa edição –, que teve ocasião em julho daquele ano, na XXIII Reunião Anual da Sociedade Brasileira para o Progresso da Ciência (SBPC), em Curitiba, por iniciativa conjunta da Anpuh do Paraná (Anpuh--PR), presidida então por Westphalen. O documento apresentado na Figura 6.1, a seguir, que pode ser lido na íntegra no *website* da *Revista de História* (Westphalen; Mequelusse, 1971), dá uma ideia dos debates em torno da (re)profissionalização, da diversificação e do aprofundamento dos estudos históricos no Brasil. O volume compila os textos da reunião conjunta da SBPC e da Anpuh sobre o estado da pesquisa histórica no Brasil, ocorrida na UFPR. A imagem atesta a importância dos novos lugares de debates sobre os rumos da historiografia brasileira.

Figura 6.1 – O *status* da pesquisa histórica no Brasil como tema de debates

CONGRESSOS

ESTADO ATUAL DA PESQUISA HISTÓRICA NO BRASIL.
Mesa-Redonda por ocasião da XXIII Reunião Anual da Sociedade Brasileira para o Progresso da Ciência (SBPC-ANPUH).

CECÍLIA MARIA WESTPHALEN
e
JAIR MEQUELUSSE
Da Universidade Federal do Paraná

0. — *Introdução*.

Como parte integrante da XXIII Reunião Anual da Sociedade Brasileira para o Progresso da Ciência (SBPC), realizou-se em Curitiba, graças à iniciativa da Diretoria da Associação Nacional de Professôres Universitários de História (ANPUH), e organizada pelo Núcleo Regional do Paraná, Mesa-Redonda sôbre o tema "Estado atual da Pesquisa Histórica no Brasil". Como relatores oficiais, foram convidados pelo Núcleo Regional do Paraná, com a colaboração do Departamento de História da Universidade Federal do Paraná, os professôres: Eurípedes Simões de Paula, Alice Piffer Canabrava, José Honório Rodrigues, Francisco Iglésias, Brasil Pinheiro Machado, Altiva Pilatti Balhana e Cecília Maria Westphalen. Foram convidados ainda todos os sócios da ANPUH e professôres de História de estabelecimentos de ensino superior do País, bem como especialistas membros de várias entidades ligadas à pesquisa histórica, como o Arquivo Nacional, o Instituto Histórico e Geográfico Brasileiro.

A Mesa-Redonda teve lugar no dia 6 de julho de 1971, e compreendeu duas sessões, realizadas no período da manhã e da tarde. Após a apresentação dos Relatores oficiais e da discussão dos respectivos Relatórios, a palavra foi deixada livre aos participantes para a apresentação de Comunicações, havendo apresentado trabalhos as Professôras Celia Freire d'Aquino Fonseca, Gilka Vasconcellos Ferreira Salles, Anita Novinsky, Jeanne Berrance de Castro, Júlia Maria Leonor Scarano, e Ana Maria de Almeida Camargo.

Fonte: Westphalen; Mequelusse, 1971, p. 353.

Já Alice Piffer Canabrava, grande expoente da história econômica da USP, ao dedicar-se, no mesmo evento, a apontamentos sobre nossos conhecidos Varnhagen e Capistrano de Abreu, procurou estabelecer os grandes marcos da produção histórica brasileira, entre o Instituto Histórico e Geográfico Brasileiro (IHGB) e as faculdades de Filosofia. Seriam estas as balizas, os grandes marcos da tradição historiográfica brasileira:

> *Capistrano de Abreu se coloca entre duas concepções: a História como narrativa do empírico, dentro do juízo moral, que tem em Varnhagen, no Brasil, seu representante máximo, e a História no quadro das ciências sociais, numa dimensão nova, segundo o caminho apontado em 1900 por Henri Berr. O grande historiador cearense tem a significação de um elo entre essas duas gerações.* (Canabrava, 1971, p. 423-424)

Em setembro desse mesmo ano (1971), ocorreu o Primeiro Encontro de Estudos Brasileiros, organizado pelo IEB. Canabrava (1972), em seu breve, porém importante *Roteiro sucinto do desenvolvimento da historiografia brasileira*, defendeu que o panorama geral desse campo poderia ser mais bem compreendido se dividido em setores especializados. Por isso, ela procurou mapear as contribuições das subdisciplinas mais importantes para o período em questão, sobretudo a História Econômica, que era sua área específica de atuação, depois a História Social e, por fim, a História Política.

Isso demonstra que o **crescimento** da produção historiográfica já não podia ser apreendido senão por **especialidades**. De outro lado, a coleção História Geral da Civilização Brasileira (HGCB), organizada por Sérgio Buarque de Holanda entre os anos 1960 e 1970, era vista pela autora como lugar de síntese dessas especialidades. Na ótica de Canabrava (1972, p. 9), a coleção proporcionava "um padrão do desenvolvimento atingido pelos estudos históricos, com respeito ao Brasil, em nosso país".

Diversos historiadores reagiram à exposição da autora, como os brasilianistas[1] Frédéric Mauro e Richard Graham. Iglésias (1972, p. 22-23), por exemplo, preocupou-se em "delimitar o campo" e, assim, definir o melhor conceito a ser utilizado. Propôs que, para o estudo da produção dos historiadores, fosse empregada a "história da historiografia" – no caso, a respeito das histórias do Brasil, ou seja, a história da historiografia brasileira.

Esses encontros, entre alguns outros ocorridos no período, constituem, de fato, excelente lugar de observação e estudo sobre os debates em torno da (re)institucionalização da disciplina histórica, quando os estudos de história da historiografia, em si, passaram por renovação significativa. Desse modo, as reuniões e as publicações que começaram a se avolumar nos anos 1960 e 1970 favoreceram a submissão dos saberes produzidos ao crivo intersubjetivo da comunidade acadêmica de historiadores (Carvalho, 2017).

(6.2)
Os brasilianistas

Desde há muito tempo, diversos estudiosos estrangeiros se ocuparam da pesquisa sobre a história do Brasil. Durante o século XX, particularmente em sua primeira metade, historiadores franceses demonstraram grande interesse em nosso país. Fernand Braudel, por exemplo, chegou a escrever um trabalho ainda inédito, manuscrito, intitulado "Ensaio sobre o Brasil no século XVI" (Lima, 2009).

---

1 Consultar a Seção 6.2.

Nas décadas de 1960 e 1970, ocorreu, por sua vez, um verdadeiro *boom* das pesquisas de autores norte-americanos sobre o Brasil.

Naqueles tempos, muito em função da Revolução Cubana, em 1959, e do golpe de 1964 no Brasil, crescia o interesse dos norte-americanos pelos estudos brasileiros e latinos, manifestados em volumosos financiamentos de pesquisa. Keneth Maxwell (1941-), Stanley Stein (1920-), Richard Morse (1922-2001) e Thomas Elliot Skidmore (1932-2016) são alguns dos mais reputados entre os brasilianistas norte-americanos do período.

A categoria *brasilianistas* foi inventada para abarcar, de modo **genérico**, os estudiosos estrangeiros especializados em assuntos brasileiros (Massi, 1990). Nessa categoria, há, todavia, uma enorme variedade de práticas historiográficas e de discursos sobre história do Brasil.

> *Trata-se de uma noção cunhada no Brasil, usada pela primeira vez em 1969 por Francisco de Assis Barbosa em apresentação ao livro de Thomas Skidmore, Brasil: de Getúlio a Castelo, ainda que alguns atribuam sua origem à imprensa dos anos 70. [...] O brasilianismo é um fenômeno claramente datado dos anos 60/70 quando o interesse norte-americano pelo Brasil se traduzia em generosos financiamentos para pesquisa. O motivo fundamental desse interesse é a revolução cubana e, em um momento posterior, o golpe de 64. Grandes levas de pesquisadores – antropólogos, sociólogos, cientistas políticos e, sobretudo, historiadores – chegavam ao Brasil anualmente para explicar a história política, econômica e social do país, e conhecer o seu perfil como nação. (Massi, 1990, p. 29-30)*

A homogeneidade impressa nessa categoria esconde, portanto, diversas variedades, sejam elas relativas aos temas e objetos de pesquisas, recortes e abordagens, sejam referentes ao campo de estudos (entre a história e as ciências sociais). Esse tratamento coeso deve-se, sobretudo, à imprensa, que, como demonstrou Massi (1990), provocou, nos anos 1960 e 1970, grande alarde no tratamento dos brasilianistas.

Eles eram vistos pela chamada *grande imprensa* como **ameaça** às carreiras dos pesquisadores brasileiros, quando não desconhecedores da realidade do Brasil profundo. A imprensa alternativa, por sua vez, sublinhava a ameaça relativa aos interesses do imperialismo norte-americano. Mesmo alguns historiadores, como José Honório Rodrigues, guardavam-lhes certa distância: entendiam que eles detinham técnica e disciplina invejáveis, voltadas para o acúmulo de fontes e dados de pesquisa, mas pecavam na interpretação da realidade brasileira (Rodrigues, 1976).

Vejamos, no excerto que segue, a importância conferida ao contexto político autoritário e de reestruturação da pesquisa no país em relação ao trabalho dos pesquisadores estrangeiros.

> *A partir de 60, o quadro se modifica inteiramente. Há uma vigorosa geração de cientistas sociais e historiadores formados aqui, o sistema universitário brasileiro encontra-se mais vertebrado com o início dos primeiros cursos de pós-graduação e o panorama político – marcado por tensões sociais e econômicas que culminaram no golpe militar de 64 – caracteriza-se pela forte repressão à intelectualidade local. Neste contexto, a recepção aos estrangeiros, sobretudo norte-americanos, ganha uma outra coloração.* (Massi, 1990, p. 30)

Considerando a tensão inerente ao contexto de autoritarismo, uma das obras mais relevantes do período foi a do norte-americano **Thomas Elliot Skidmore** (1982), *Brasil: de Getúlio Vargas a Castelo Branco, 1930-1964* – dela surgiu o termo *brasilianismo*, cunhado por Francisco de Assis Barbosa (1914-1991) na apresentação da primeira edição brasileira da obra, de 1969 (originalmente, o livro fora publicado em 1967 nos Estados Unidos). Trata-se de uma obra de sensível história política e do tempo presente – em primeiro plano, política, mas sem desconsiderar os aspectos sociais e, principalmente, o impacto das condições e das decisões da economia no plano político –, no momento mesmo em que predominavam os trabalhos, entre os brasileiros e os brasilianistas, sobre economia colonial e escravidão, com o uso dos aparatos da história quantitativa e serial e da concepção temporal das longas durações, em sentido *braudeliano*.

Era momento, também, em que se desconfiava dos vínculos entre os interesses de pesquisa dos brasilianistas e a intervenção estrangeira nos rumos da política nacional. De fato, muitos anos mais tarde, Skidmore confessou ter se beneficiado das relações com a embaixada americana – até mesmo fora avisado com antecedência sobre o golpe de 1964.

Polêmicas à parte, o livro procurou compreender as condições que levaram à queda de João Goulart (1919-1976), presidente entre setembro de 1961 e 1º de abril de 1964. Para isso, entretanto, precisou recuar até a Revolução de 1930 para compreender o sistema político desde a ascensão de Getúlio Vargas, passando pela redemocratização de 1945. Disse Skidmore (1982, p. 17) na introdução à edição brasileira, de 1969: "Estou convencido de que a derrubada de Goulart pôs termo à era de política democrática que começou em 1945. Não importa o que a política brasileira possa trazer depois disso. O processo político será fundamentalmente diferente do que era, entre 1945 e 1964".

Além disso, nas conclusões e no epílogo da obra, Skidmore (1982) procurava discutir se aquele "trauma político" se referia a uma revolução, segundo a versão dos militares e de setores das elites e da imprensa, ou a um golpe de Estado, segundo a versão que logo se consolidou não apenas entre as esquerdas, mas na memória coletiva mais ampla, transmitida, entre outras formas, pelo sistema educacional.

Skidmore (1982) deixou muitas questões em aberto – não era possível, ainda, determinar o sentido dos acontecimentos em curso –, mas não hesitou em nomear o trauma político de 1964 como um *golpe de Estado*. Em que pese a existência, hoje, de pequenos grupos negacionistas, não há dúvida de que se tratou de um golpe que implantou uma **ditadura**. Em 2014, por ocasião dos 50 anos do golpe, aliado às discussões em torno das Comissões da Verdade que apuravam as graves violações dos direitos humanos no período, proporcionou-se toda uma nova safra de estudos sobre a memória da ditadura, como veremos mais adiante, na Seção 6.5.

Vejamos um trecho da leitura da situação por Skidmore (1982), que compreendia o pouco apreço das elites brasileiras para com a inclusão social, democrática. A participação efetiva, ultrademocrática, pelas reformas de base propostas por João Goulart era vista por esses grupos de cima, ligados também ao capital estrangeiro, e pelo próprio exército como *irresponsabilidade*.

> *A ação dos militares em 1964 foi, assim, além de qualquer outra intervenção desde 1945, porque o Exército estava quase a ponto de repudiar a elite política como um todo. O Ato Institucional mudou temporariamente as regras da política democrática. A implicação era evidente: a política de compromisso tinha sido desacreditada pelo jogo "ultrademocrático" de Goulart. A intervenção do Exército era um retorno à mensagem antipolítica pregada por Jânio Quadros: tinha sido a irresponsabilidade dos "políticos" que conduzira o Brasil à beira do caos.* (Skidmore, 1982, p. 373)

Para além da discussão específica sobre revolução ou golpe, uma vez que o livro não se resume a ela, trata-se de um dos primeiros estudos a propor interpretações profundas (recuadas no tempo e bem embasadas em fontes) para o momento, estudo que hoje é considerado um clássico da historiografia sobre o século XX político no

Brasil e, especialmente, sobre as condições de emergência e atuação da ditadura civil-militar.

Mais recentemente, **Barbara Weinstein** (1952-), da Universidade de Nova York, autora, em 1986, de *The Amazon Rubber Boom, 1850-1920* – "*A expansão da borracha amazônica, 1850-1920*" (tradução nossa) –, questionou seriamente os limites da categoria *brasilianista* para se referir aos especialistas estrangeiros em história do Brasil, em artigo publicado na *Revista Brasileira de História* (Weinstein, 2016) e apresentado originalmente no XXVIII Simpósio Nacional de História, ocorrido em 2015 em Florianópolis (UFSC). Weinstein (2016) defende que o conceito carrega muito fortemente suas marcas de origem, entre a Guerra Fria e os anos de chumbo, mas que muitas mudanças aconteceram dos anos 1980 para cá no mundo acadêmico, como a intensificação da circulação e da transferência de saberes, modelos e paradigmas, e que complicaram qualquer tentativa de etiquetagem da produção acadêmica exclusivamente segundo o lugar nacional do pesquisador.

Nas palavras da autora, uma das principais distinções elencadas no período era o relacionamento com a **teoria marxista**, elemento central da produção da história no Brasil:

> *Em termos mais específicos (falando dessa época que durou até o fim dos anos 1970), havia outra marca da diferença entre historiadores do Brasil no Brasil e os brasilianistas: o grau de entrosamento com a teoria marxista. Apesar das condições de repressão e censura no Brasil durante aquele período – ou precisamente por causa delas –, uma boa parte da turma de historiadores no Brasil continuava trabalhando dentro de uma ou outra vertente de materialismo histórico. Mas nos Estados Unidos, em plena Guerra Fria, para um historiador ser tachado de "marxista" continuava sendo um caminho direto, se não ao desemprego, a certa marginalidade.* (Weinstein, 2016, p. 197-198)

Essa reflexão da autora nos traz de volta ao contexto da produção histórica no Brasil dos anos 1970, em que o marxismo na universidade tinha grande peso.

(6.3) História da historiografia: despertar nos anos 1970

Daremos enfoque, agora, à história da historiografia propriamente dita nos anos 1970, sua emergência, no Brasil, acompanhando o processo internacional. Se entre 1930 e 1950 tivemos balanços bibliográficos esporádicos, a partir de 1970 houve melhores condições para uma história da historiografia sistematizada e programática. As alterações no sistema universitário estudadas nos tópicos anteriores, bem como as demandas do contexto autoritário, provocaram a reflexividade quanto à natureza do conhecimento histórico, seus fundamentos teóricos e suas metodologias, a ponto de o professor da Unicamp **José Roberto do Amaral Lapa**, autor de um dos documentos de época mais valiosos, ter situado a historiografia brasileira contemporânea em "sua hora de autocrítica" (Lapa, 1976, p. 200). O problema foi que, algumas vezes, em lugar de uma autocrítica, o que se viu foi um **revisionismo** de caráter panfletário e de viés tão ideológico quanto as convicções que se queriam denunciadas e combatidas.

6.3.1 Sociologia e história

De acordo com Lapa (1976), que tomava como parâmetro o **progresso da sociologia**, o momento político pós-1964 levava à revisão crítica da historiografia, que poderia servir para impulsionar a produção histórica em termos qualitativos.

A obra dos cientistas sociais formados pela Universidade de São Paulo significou uma abertura considerável para a historiografia brasileira, particularmente na medida de suas implicações, pois ela ofereceu ao historiador entre outras motivações a revalorização histórica do século XIX brasileiro, repensado em diferentes temas como: economia tradicional e de mercado; trabalho escravo e trabalho livre; estatuto da terra, sua posse, partilha, propriedade e uso; o artesanato, a manufatura e a indústria; a urbanização e a formação e crescimento das classes médias; a fenomenologia política no longo processo de democratização do país, a institucionalização do Exército e o seu dimensionamento político, a análise dos movimentos revolucionários, a inserção do Brasil no processo evolutivo do capitalismo internacional etc. Esse repensar foi feito, por sua vez, em termos estruturais e com a preocupação de conhecer menos a realidade histórica sensível e mais a inteligível, bem como também, na maioria dos casos, de estabelecer a origem e as condicionantes conjunturais responsáveis pelo rumo tomado pela revolução brasileira neste século. (Lapa, 1976, p. 32-33)

O movimento se realizava, portanto, na esteira da influência da chamada *Escola Paulista de Sociologia*, congregada em torno da cadeira de Sociologia I, regida por Florestan Fernandes até 1969 (Arruda, 1994). Nesse período, houve a emergência do **marxismo universitário**, a partir do grupo de leitura da obra *O capital*, de Karl Marx. Enquanto Florestan Fernandes preparava *A revolução burguesa no Brasil* (1975), seus discípulos, como Fernando Henrique Cardoso (FHC), no Centro Brasileiro de Análise e Planejamento (Cebrap), elaboraram uma **teoria da dependência** que denunciava a reprodução do subdesenvolvimento na periferia do capitalismo e procurava superar o nacional--desenvolvimentismo, tese político-econômica até então prevalente.

Desse modo, ainda no refluxo da derrota de 1964, os sociólogos e os demais intelectuais de São Paulo atacavam os autores ligados ao

Instituto Superior de Estudos Brasileiros (Iseb), como Nelson Werneck Sodré (1911-1999), e o Partido Comunista Brasileiro (PCB) pelo fato de, ao terem apostado na conciliação de classes e defendido o desenvolvimentismo, reproduzirem o que consideravam a *ideologia dominante* (Bresser-Pereira, 2009).

6.3.2 ANNALES E MARXISMO

A história econômica e a história social representaram, nos anos 1970, as tendências majoritárias da historiografia brasileira, quando ocuparam o espaço deixado pelo esvaziamento das teorias do desenvolvimentismo das décadas anteriores e se mesclaram às orientações da Escola de Sociologia, que se constituíra desde a década de 1950 em torno de Florestan Fernandes.

A principal preocupação era a questão histórica da particularidade da inserção do Brasil no sistema capitalista, questão concentrada na **teoria da dependência** e expressa, por exemplo, na tese de Novais (1985), defendida na USP, em 1973, chamada *Portugal e Brasil na crise do antigo sistema colonial* (1777-1808). As histórias econômica e social emergiam então como vertentes de renovação: "A **Nova História**, que se propagou nos meios acadêmicos nos anos 1960 e 70, tinha em suas origens duas inspirações básicas – a dos *Annales* e a do marxismo" (Falcon, 1996, p. 10, grifo do original).

Também o interesse se deslocava do período colonial em direção ao Império e à República – em que se concentravam as atenções das pesquisas de Sérgio Buarque de Holanda nessa década. Fruto do desenvolvimento da história produzida em ambiente universitário, as abordagens holísticas e totalizantes, até então preponderantes, foram cedendo espaço para os estudos monográficos, de recortes circunscritos a problemáticas mais bem definidas.

Uma boa mostra da aproximação do marxismo e dos *Annales* pode ser encontrada no livro *Brasil em perspectiva*, organizado por Carlos Guilherme Mota (1968), cujo prefácio foi escrito pelo filósofo João Cruz Costa (1904-1978), um dos pioneiros da Faculdade de Filosofia da USP e autor da famosa *Contribuição para a história das ideias no Brasil* (1956). Costa (1968, p. 8) elogiava a iniciativa de "jovens historiadores e sociólogos" em "desmistificar" nossa história – Fernando Novais, Gabriel Cohn, Emília Viotti da Costa e outros acadêmicos da USP participavam do volume: "Utilizando os modernos instrumentos de investigação que a Faculdade de Filosofia, Ciências e Letras lhes proporcionou, os moços evitam agora, como se verifica neste livro, as espetaculares e falaciosas grandes sínteses históricas tão comuns no passado" (Costa, 1968, p. 8).

Mota (1968, p. 13), organizador do volume, reivindicava a filiação *braudeliana* ao introduzir os trabalhos, que encontravam sua unidade nos "enfoques modernos" e na colocação de "problemas novos". Ele citava a aula inaugural pronunciada por Fernand Braudel no Collège de France, em 1950, publicada mais tarde na *Revista de História* (n. 63), a fim de justificar as pretensões científicas de *Brasil em perspectiva*: "[O livro] Pretende lembrar, entre outras coisas, que há, em curso, uma história profunda, lenta, silenciosa, uma **história das estruturas**. Diversa de uma história de superfície, rápida, leve, no dia a dia, uma **história dos acontecimentos**" (Mota, 1968, p. 14, grifo do original).

A *história da historiografia* – termo que passou a ser utilizado naquela década por autores como Mota e Lapa, entre outros –, começou a se dedicar, em boa medida, à revisão crítica das sínteses sobre a cultura brasileira e sobre o caráter nacional produzidas nos anos 1930.

6.3.3 História da historiografia e crítica das ideologias

Crítico literário e sociólogo de formação, Antonio Candido (2002) definiu, em 1978, como *tempo do contra* o clima predominante na universidade brasileira. Ele falava para jovens estudantes da USP sobre "a questão da democracia, que é o caminho para a igualdade, que é o que realmente interessa" (Candido, 2002, p. 375). Estavam presentes ao encontro novos e velhos professores: "Hoje, a única pessoa de gravata aqui está de paletó vermelho, que é o professor Sérgio Buarque de Holanda" (Candido, 2002, p. 371). Entre os novos, "um professor jovem desta casa" – Carlos Guilherme Mota –, autor de um livro "exageradamente do contra [*Ideologia da cultura brasileira*, 1977]" (Candido, 2002, p. 379).

Houve, então, uma espécie de intermediação efetuada por Candido (2002, p. 379): "este livro é muito mais da geração dos senhores alunos do que de nós, velhos professores". Ocorreu, na época, um espinhoso debate entre Sérgio Buarque de Holanda e Carlos Guilherme Mota sobre diferentes concepções de metodologia e escrita da história. Mota, com base nas releituras contemporâneas de Marx, atacava Sérgio Buarque de Holanda como *ideólogo do conservadorismo*, porque era criador, assim como Gilberto Freyre, de uma concepção de cultura desvinculada das determinantes materiais e sociais; este, por sua vez, respondia com a advertência sobre a impossibilidade de se encontrar um **lugar não ideológico** para exprimir ideias (Holanda, 2011; Carvalho, 2017).

Mota (1977), em *Ideologia da cultura brasileira*, posicionava-se como herdeiro e continuador da geração de Antonio Candido, que, ao lado de Florestan Fernandes, era visto como o elo entre a geração anterior de catedráticos e os novos professores da USP. Os "novos" seriam Otávio

Ianni, Fernando Henrique Cardoso, Roberto Schwarcz, Maria Sylvia C. Franco, Emília Viotti da Costa e Arthur Gianotti, entre outros; os "antigos" eram Fernando de Azevedo, João Cruz Costa e Sérgio Buarque de Holanda. Mota conferia posição de centralidade a Caio Prado Júnior, responsável pela matriz marxista de estudos brasileiros, considerado "o historiador mais significativo do Brasil", autor da "obra de maioridade" dos estudos históricos entre nós (Mota, 1977, p. 32). *Raízes do Brasil*, por sua vez, estava muito próximo do mesmo "saudosismo aristocrático" de *Casa-grande & senzala*, de Gilberto Freyre, "cristalização de uma ideologia" (Mota, 1977, p. 32).

Em comparação com os balanços e as autocríticas das ciências sociais, Lapa (1976, p. 32), baseado em levantamento quantitativo da produção de teses universitárias, concluía que, nos estudos históricos e historiográficos contemporâneos, predominava a preocupação com a temática das ideologias: "a ideologia como objeto e não motor do conhecimento histórico".

O epílogo de *A história em questão*, de Lapa (1976), foi intitulado, de forma prescritiva, "Para uma história da historiografia brasileira". Em função da urgência de crítica ao poder vigente, o programa dessa história da historiografia deveria ser a "ruptura do pacto consensual" (Lapa, 1976, p. 32), contra "o caráter repetitivo dos modelos analíticos em relação aos perfis e às obras mais significantes" (Lapa, 1976, p. 190).

(6.4)
Histórias plurais nos anos 1980 e 1990

Logo na década seguinte, 1980, outros autores apontaram as limitações das análises historiográficas determinadas pela noção de ideologia. **Denise Bottman** (1985), preocupada com questões de epistemologia em dissertação na Unicamp, questionou a recusa de Mota em estudar a historiografia brasileira anterior aos anos 1930 porque, segundo ele, tratava-se apenas de uma expressão da dependência cultural. Iglésias (2000, p. 19), em uma autoproclamada "história da historiografia brasileira", dos cronistas coloniais até seu tempo (1987), publicada postumamente no ano 2000, denunciava o esquematismo da crítica da geração de 1930 pelos historiadores contemporâneos: "Trinta foi algo mais – o revisionismo de alguns historiadores recentes, negando-lhe tudo, é sem consistência, alguns não passando mesmo de curiosos exercícios" (Iglésias, 2000, p. 192).

Um dos levantamentos que manteve uma conexão com as pesquisas de 1970 em historiografia foi o de Carlos Fico e Ronald Polito (1992), *A história no Brasil (1980-1989): elementos para uma análise historiográfica*, que consideraram as contribuições de Lapa e de Mota como "os trabalhos mais sólidos de análise historiográfica de que se dispõe" (Fico; Polito, 1992, p. 16). Ainda assim, os autores recomendavam que se ampliasse o "conceito de historiografia", de suas condições de produção à "reprodução, circulação, consumo e crítica" do conhecimento histórico (Fico; Polito, 1992, p. 19). A crítica das ideologias, central naquela década, logo perdeu espaço para os conceitos de *mentalidade* e de *representação*, ao mesmo tempo que se proclamava o **fim das ideologias** com a queda do regime soviético em 1989-1991.

Não apenas internamente à historiografia, mas esse declínio se explica também com base nas novas condições da vida política e social brasileira, entre o breve encanto com a redemocratização e a frustração com as continuidades do tempo de autoritarismo, causadoras de vertiginosa despolitização dos estudos históricos (Ferreira, 2011). A historiografia francesa das mentalidades e a história cultural inspiraram largamente os historiadores brasileiros desde

1980, assim como os retornos da biografia, do acontecimento e da história política, que chegaram até nós com força na década de 1990 – regressos esses frutos da implosão da história total dos *Annales* (Dosse, 1992).

As pesquisas então se voltaram para temas como a história cotidiana, da vida privada, das mulheres, da disciplinarização das classes trabalhadoras, das margens, dos excluídos, do banditismo, das prisões e dos hospitais, da loucura ou da sexualidade – enfim, da pluralidade de identidades que compõe o tecido social. As reflexões teórico--metodológica e historiográfica ganharam, com isso, novo fôlego, seja nas teses e nas dissertações que discutiam a bibliografia consagrada, seja nos textos que procuravam contribuir para o esclarecimento das novas temáticas. Filósofos, como Michel Foucault (1926-1984) e seu conceito de *discurso*, e ensaístas, como Walter Benjamin (1892--1940) e sua *história a contrapelo*, além dos historiadores Michel de Certeau (1925-1986) e Paul Veyne (1930-) e a questão da escrita da história, eram muito frequentemente convocados a tais reflexões, que procuraram, sobremaneira, **pensar historicamente as diferenças**.

> *Um novo campo se constituía, das margens para o centro das pesquisas históricas, evidenciando o quanto o discurso marxista de interpretação histórica, atento aos modos de produção e estruturas sociais, havia envelhecido. Aqui não apenas emergia a temática da normatização e medicalização da sociedade, como inúmeras fontes documentais, absolutamente inexploradas e despercebidas pelos historiadores, vinham à tona, causando espanto e desconforto.* (Rago, 1999, p. 80)

São muitas as pesquisas citadas por **Margareth Rago** (1999), professora da Unicamp, que exemplificam a emergência desse novo campo, no qual ela mesma teve papel central com as obras *Do cabaré ao lar: a utopia da cidade disciplinar* (1985) e *Os prazeres da* noite: prostituição e códigos da sexualidade feminina em São Paulo (1991). Outros trabalhos consideráveis do período por ela listados como parte dos estudos da disciplinarização moderna, das relações microfísicas de poderes e de éticas e estéticas da subjetivação (Foucault), foram: *A invenção do Nordeste e outras artes* (1999), de Durval Muniz de Albuquerque Júnior, da Universidade Federal do Rio Grande do Norte (UFRN), e *Trabalho, lar e botequim* (1986), de Sidney Chalhoub. A propósito, este último faz parte de uma importante tendência de pesquisas do período sobre as condições de trabalho, a disciplina do tempo e a cultura popular da classe operária, realizadas sob inspiração dos trabalhos de Edward P. Thompson. Já sobre a história cultural, foram elencadas as relevantes contribuições sobre a Inquisição no Brasil colonial: de Laura de Mello e Souza – *O Diabo e a Terra de Santa Cruz: feitiçaria e religiosidade no Brasil colonial* (1986) –, e de Ronaldo Vainfas – *Trópico dos pecados: moral, sexualidade e Inquisição no Brasil* (1989).

Escrito em fins dos anos 1990, o balanço de Rago sobre a **nova historiografia brasileira** apontava algumas tendências de debates, como a revisitação dos clássicos da historiografia brasileira, a aposta no retorno das biografias e das memórias e as potencialidades da história escrita com paixão, para o grande público: "mais do que nunca, o ofício do historiador se amplia, aproximando-o de romancistas e jornalistas [...]. O historiador não é mais a figura indiferente ao presente [...], mas um dos intérpretes do passado e novo guardião de memórias" (Rago, 1999, p. 94).

Essa idealização do ofício de historiador, principalmente quanto à abertura ao público consumidor e à guarida de memórias, se mostra hoje, à distância de quase duas décadas, um pouco ingênua, pois a história tende a se posicionar em meio a guerras e disputas pelas memórias à direita e à esquerda ou entre grupos minoritários em luta por identidade.

A história produzida "para consumo" tem aparecido comprometida por graves problemas, sobretudo o revisionismo – quando não o negacionismo –, de temas como a escravidão e o racismo ou a ditadura. Mesmo sem possuir o monopólio do passado, os historiadores também não são guardiões da memória. Ainda que história e memória sejam permeáveis, ao historiador cabe o trabalho de **historicização** da segunda, com a liberdade e o distanciamento requeridos pelo rigor do ofício e a **resistência ao assédio** da **tirania da memória** e da **judicialização do passado** – o que pode, até mesmo, fortalecer tanto a memória em sua busca de fidelidade ao passado quanto a história em sua ambição de veracidade (Ricoeur, 2007).

Jurandir Malerba, da Universidade Federal do Rio Grande do Sul (UFRGS), já em 2002, criticou o balanço Rago pelo fato de ele, de certa forma, reduzir a historiografia brasileira aos trabalhos de filiação foucaultiana (Malerba, 2002). Apesar de sua grande importância, nem tudo girava em torno da influência de Foucault sobre a historiografia brasileira, que, desde os anos 1980, passou a valorizar, por exemplo, a história regional. O trabalho de Malerba (2002) representa um passo importante em direção ao que ele entende por profissionalização da crítica historiográfica no Brasil. A rigor, sua pesquisa aponta, com base na análise dos estudos da década de 1990, o baixo índice de crítica historiográfica entre nós, uma atividade ainda dispersa e muito tímida (Malerba, 2002).

Os projetos mais amplos e significativos de análise historiográfica dos anos 1990 eram, para Malerba, a série de quatro volumes sobre a cultura historiográfica brasileira, trabalho de Antonio Asthor Diehl (1983) – especialmente o último volume: *A cultura historiográfica nos anos 80: mudança estrutural na matriz historiográfica no Brasil* – e o já citado levantamento de Fico e Polito, que ampliava consideravelmente o conceito de *análise historiográfica* ao incorporar as preocupações com a circulação e o consumo (ou recepção) da produção de trabalhos históricos (Malerba, 2002).

Os livros *Domínios da história* (1997), de Ciro Flammarion Cardoso e Ronaldo Vainfas, e *Historiografia brasileira em perspectiva* (1998), de Marcos Cezar Freitas, também foram por ele considerados importantes, embora o primeiro não tratasse de análise historiográfica propriamente dita, mas de exames teórico-metodológicos, e o segundo fosse uma coletânea de ensaios carente de unidade (Malerba, 2002).

(6.5)
História, memória e perspectivas da historiografia brasileira

Ainda com relação a Malerba (2002), vejamos sua definição de **crítica historiográfica**, esforço realizado no propósito de contribuir, na virada do século XXI, com a incipiente profissionalização desse ramo de atividade do pensamento histórico:

> *O caráter autorreflexivo do conhecimento histórico talvez seja o maior diferenciador da História no conjunto das Ciências Humanas. Embora às vezes nos deparemos com algumas aberrações em contrário, o trabalho histórico profissional, aquele que se vem construindo nos programas de pós-graduação e centros de pesquisa do país, essa história profissional exige um exercício de memória, de resgate da produção do conhecimento histórico sobre qualquer tema que se investigue. Não nos é dado supor que partimos de um "ponto zero", decretando a morte cívica de todo um*

elenco de pessoas que, em diversas gerações, e à luz delas, se voltaram a este ou aquele objeto que porventura nos interesse atualmente. Devido a uma característica básica do conhecimento histórico, que é sua própria historicidade, temos que nos haver com todas as contribuições dos que nos antecederam. (Malerba, 2002, p. 182)

Essa citação remete à seção de apresentação de nosso livro, quando mencionamos a fórmula de Benedetto Croce quanto à crítica historiográfica segundo a historicidade do texto histórico. Contudo, sublinhamos – o que está de acordo com as tendências contemporâneas – a importância de se estudar não apenas o **pensamento histórico**, de forma ideal, mas também, sobretudo, suas práticas disciplinares, suas diferentes formas de recepção no tempo e, ainda, sua memória.

Desde os anos 1980, em função da crise global do Estado-nação, Pierre Nora anunciava o início de uma "nova consciência historiográfica" (Nora, 1984, p. XVII) – a transição de uma história-memória em direção à história crítica, ou seja, a dissociação entre história e memória, que passaria à condição de objeto de investigação dos historiadores. Conforme se fechava em si mesmo o presentismo – diante da ausência de projetos de futuro nas sociedades modernas de fins do século XX –, outros autores desenvolveram os prognósticos de Nora, assinalando, em lugar de um corte muito profundo entre história e memória, seus intercâmbios permanentes. Não apenas seu objeto, a memória constitui a própria matriz da história. Ambas apresentam um mesmo referencial, o passado, e o que muda é a forma de relaciona-se com ele: a **história** tem compromisso com a veracidade, ao passo que a **memória** ambiciona a fidelidade em relação ao que aconteceu (Ricoeur, 2007). Desse modo, ressaltamos a importância tanto da **história da memória** quanto da **memória da história** – ou, para usar um conceito, a **memória disciplinar**.

6.5.1 Memória da história (memória disciplinar)

Vejamos como a memória da história funciona com um exemplo concreto. Margareth Rago (1999) apontava como tendência, em fins dos anos 1990, a releitura dos clássicos da historiografia brasileira. Tal prática, todavia, servia para legitimação e discussão dos novos rumos da historiografia: "identificar, na medida do possível, que tipo de tradição bibliográfica tratou, no passado, de temas que a historiografia contemporânea hoje frequenta largamente e discutir se as abordagens desta mesma bibliografia antiga se fazem hoje presentes de algum modo" (Vainfas, 2009, p. 221). Essas são palavras de Ronaldo Vainfas, da Universidade Federal Fluminense (UFF), em avaliação sobre o papel da história cultural dos anos 1980 e 1990 na historiografia brasileira. Ele ressaltava, nesse sentido, o papel dos estudos coloniais de Capistrano de Abreu ou as inovações de Gilberto Freyre, em *Casa-grande & senzala*.

> *Precursor na linguagem, precursor no tratamento de temas-tabu, como as sexualidades, tratadas sem constrangimento e até com sofreguidão; precursor no rastreamento das religiosidades cotidianas, dos usos e costumes da casa-grande, da culinária, das afetividades. Precursor ao enfrentar as barreiras da raciologia cientificista que dominava o pensamento brasileiro desde o século XIX e propor a fusão de brancos, índios e negros também no plano das culturas em contato. Influência da antropologia de Frans Boas, de quem fora aluno nos anos 1920. Freyre realmente quase antecipa, neste passo, a problemática das mestiçagens culturais, hoje tão em voga na pesquisa histórica das sociedades coloniais.* (Vainfas, 2009, p. 224)

O expediente foi utilizado, também, uma década antes, na leitura de Souza (1998, p. 28) sobre a "gênese dos estudos de cultura do período colonial". Segundo a autora,

> *A influência de Sérgio Buarque de Holanda no plano dos estudos de cultura talvez não se tenha feito notar de imediato. Nos finais dos anos 1950 a historiografia começava a se caracterizar por trabalhos mais econômicos, gravitando em torno das obras de Caio Prado Jr. e de Celso Furtado. Como se verá adiante, a história da cultura só começou a ganhar força no final dos anos 1970. Então, o recurso aos estudos de Sérgio se tornaria imperativo, e sua poderosa personalidade intelectual dominaria a cena.*
>
> (Souza, 1998, p. 28)

Não há nenhum pecado nisso. Faz parte do jogo das inovações disciplinares essa apropriação crítica das tradições. Todavia, notemos como ocorre um engendramento de memórias que merece ser investigado.

Uma das tendências atuais na historiografia brasileira tem sido o estudo da **memória da história**. O exemplo mais cabal é, sem dúvida, a crítica de diversos historiadores ao cânone fundador da moderna historiografia brasileira constituído pela tríade Gilberto Freyre, Sérgio Buarque de Holanda e Caio Prado Júnior. Esse cânone foi estabelecido por Antonio Candido no prefácio de 1969 à quinta e definitiva edição de *Raízes do Brasil*, de Sérgio Buarque de Holanda, que considerava esse autor como o pilar da tríade, "um clássico de nascença" (Candido, 1969, p. XXI). Entre outros pesquisadores, Franzini e Gontijo (2009) verificaram que, na base dessa produção, encontravam-se operações memorialísticas que tiveram por finalidade a constituição de tradições e a fixação de patrimônios nacionais, ao mesmo tempo que o cânone relegava outros autores, como Oliveira Viana e Paulo Prado – que também abordamos no Capítulo 4 –, ao esquecimento ou às margens dessas tradições.

Se, em 2002, Malerba apontava a necessidade de profissionalização da crítica historiográfica, a situação no fim da primeira década do século XXI já começava a se transformar. Após o período dos balanços bibliográficos nas décadas de 1940 e 1950, das tentativas de sistematização da historiografia, um tanto isoladas, feitas por José Honório Rodrigues nesses mesmos anos de 1940 e 1950, do despertar de uma história da historiografia programática na década de 1970 – que não teve continuidade nas décadas de 1980 e 1990, quando a atividade se deu de forma ocasional e dispersa, como apontou Malerba (2002) –, atualmente a prática ganhou força e guarida institucional.

Não se trata, agora, de um programa, mas de um processo de disciplinarização. Assiste-se à proliferação de espaços específicos de pesquisa nos programas na pós-graduação, de discussão em simpósios e demais encontros e de escoamento dessa produção em revistas especializadas e dossiês específicos. Há, hoje, maior coesão para a comunidade de interesses em torno da teoria da história e da história da historiografia.

Merece destaque, nesse cenário, a fundação, em 2009, da Sociedade Brasileira de Teoria e História da Historiografia (SBTHH), que publica a *Revista de História da Historiografia*, da Universidade Federal de Ouro Preto (Ufop).

Dessa forma, com a especialização dessa disciplina, cada vez menos se encontram os exercícios de catalogação de autores e de obras significativas em que a história da historiografia cumpria o papel de simples lugar de memória.

6.5.2 História da memória no tempo presente

Logo no início do século XXI, as relações entre história e memória ficaram acentuadas com as comemorações dos 500 anos da conquista das terras brasileiras pelos portugueses. Houve graves embates, com prejuízo para os grupos indígenas, que protestaram e foram reprimidos violentamente. No campo da memória coletiva, perceberam-se as manipulações e as seletividades que visavam esconder os conflitos históricos.

> A crença em certos valores nacionais (o mito do "paraíso tropical", por exemplo) acompanhou os programas comemorativos que se deram por missão buscar no passado histórico as raízes identitárias da nação. Enfatizando a noção de identidade nacional, definida pela pretendida ideia de harmonia e de cordialidade entre os brancos, os índios e os negros, os discursos comemorativos, em sua grande maioria, reproduziram os velhos clichês da sociologia. Transformados em estudos clássicos, os trabalhos que fazem alusão à unidade da cultura brasileira, na sua diversidade, tiveram tendência a renegar os conflitos raciais, os antagonismos sociais e a violência da história. (Silva, 2002, p. 433-434)

Ainda mais recentemente, no ano de 2014, completaram-se 50 anos do golpe militar de 1964. Concomitantemente, tornaram-se conhecidos os resultados dos trabalhos de investigação da Comissão Nacional da Verdade (CNV), que apurou, entre 2012 e 2014, as violações dos direitos humanos no período da ditadura. Essa ocasião representou oportunidade para uma nova leva de trabalhos (a exemplo de Motta; Reis; Ridenti, 2014) que discutem não apenas os anos de ditadura em seus variados aspectos, até mesmo em comparação aos demais regimes autoritários da América Latina, mas também, no campo da memória histórica, as marcas da presença incômoda desse passado recente.

O regime militar procurou modernizar de forma autoritária o país, sem alterar minimamente a ordem social. O que unia a coalizão golpista liderada pelos militares era o exagerado sentimento anticomunista e o conservadorismo diante do reformismo democrático da tradição trabalhista. Nesse sentido, uma das teses mais recentes que procura interferir na **memória histórica** é a da presença de outros segmentos da sociedade civil que compuseram o regime militar, entre industriais, latifundiários e até setores da imprensa liberal. A **memória hegemônica** sobre a ditadura militar, forjada desde os anos 1970 no contexto das lutas pela redemocratização, sugeriu uma distância entre os militares e setores da sociedade civil que os apoiavam.

Napolitano (2014) afirma que essa memória hegemônica é, assim, **liberal**, pois, embora incorpore elementos da cultura de esquerda, refuta os radicalismos e privilegia a instabilidade institucional. Ela, influenciada pelo pacto conciliatório expresso na Lei da Anistia – Lei n. 6.683, de 28 de agosto de 1979 (Brasil, 1979) –, que previa anistia para os dois lados, condenou o regime, mas relativizou o golpe.

> *A vitória da crítica ao regime autoritário no plano da memória se fez de maneira seletiva, sutil e, ao invés de radicalizar a crítica sobre os golpistas civis e militares pela derrocada da democracia em 1964, culparam os radicalismos à direita e à esquerda. [...] A condenação da linha dura e da guerrilha, por diferentes vias e motivos, é o cerne dessa memória que pretendia reconciliar o Brasil pós-anistia. O preço a pagar era o perdão e o esquecimento.* (Napolitano, 2014, p. 318)

O Estado brasileiro tem uma tímida política de memória, que prioriza a reparação às vítimas da repressão, mas não uma efetiva justiça para os culpados, com sua punição, e avança apenas lentamente no esclarecimento sobre muitos casos de mortes e desaparecimentos – diferentemente, e muito mais tarde, por exemplo, dos países vizinhos Argentina e Chile. Outro fator que pesa sobre o tema é o não reconhecimento pelas Forças Armadas de sua dívida histórica, envolta em denso silêncio dos oficiais. Mesmo sem poder de punição, a CNV (e seus ramos regionais, locais e institucionais) avançou ao delimitar quais foram os crimes e quem eram os criminosos e as vítimas da ditadura.

Muito em função de os trabalhos terem ocorrido durante um governo de esquerda, da ex-Presidente Dilma Rousseff, do Partido dos Trabalhadores (PT), passou-se a questionar a memória hegemônica da ditadura. Como efeito colateral indesejado, a CNV estimulou certo revisionismo – quando não a negação ou a manipulação da memória – de grupos de extrema-direita, alguns abertamente autoritários, que chegaram a fazer o elogio do golpe militar e até da tortura e de torturadores confirmados – foi o caso, este último, do deputado Jair Messias Bolsonaro, do Partido Progressista (PP), durante a votação, em sessão especial da Câmara dos Deputados, em abril de 2016, pelo afastamento da então Presidente da República Dilma Rousseff (1947-), vítima, no passado, de tortura e de demais arbitrariedades do regime militar.

Contudo, importa considerar aqui a orientação que o pensamento histórico pode oferecer em direção à "política da justa memória" (Ricoeur, 2007, p. 477), de **superação do passado** e de cura dos traumatismos da memória coletiva. Nisso, a **função social da história** pode ser ativada, pois, mediada por fontes e metodologias, ela procura se distanciar das guerras de memória e melhor compreender os fundamentos históricos dos acontecimentos traumáticos. Não se trata de uma idealizada postura neutra, pois as relações entre história e memória são permeáveis, mas, antes, uma posição bem fundamentada, mediada pela análise metódica das fontes, contra os abusos dos "assassinos da memória", para usar a consagrada expressão que Pierre Vidal-Naquet (1988) criou para definir os revisionistas e os negacionistas do Holocausto – e que dá título à sua obra.

6.5.3 Questionando o cânone da história da historiografia brasileira

De maneira geral, podemos perceber que a história da historiografia no Brasil ganhou grande autonomia por meio da formação e consolidação de profissionais especialistas nessa área em diversos departamentos de história e programas de pós-graduação. A criação de organizações como a *Sociedade Brasileira de Teoria e História da Historiografia* e de periódicos como *História da Historiografia* são alguns indícios desse crescimento e gradativa autonomia.

No entanto, apesar de toda sua especialização e profissionalização, percebemos que a história da historiografia brasileira ainda continua estabelecendo um cânone de autores bastante excludente, bastante omisso com sujeitos sociais outros que não o branco, europeizado, ocidental e masculino.

Sob o influxo de teorias pós-coloniais e decoloniais, alguns autores recentes têm destacado a importância de questionar esse cânone da história da historiografia brasileira.

Mária da Glória Oliveira, no artigo *Os sons do silêncio: interpelações feministas decoloniais à história da historiografia* (2018), denuncia a invisibilidade das mulheres na história intelectual do Brasil. Em suas diferentes abordagens, a maior parte das obras de história intelectual ou de história da historiografia no Brasil (inclusive o próprio livro que escrevemos) não inclui ou inclui muito poucas obras de autoria feminina.

A autora aponta que os historiadores da historiografia brasileira permanecem cegos para as variadas formas de exclusão e silenciamento das contribuições das mulheres. Ainda estamos acostumados com um modelo de história da historiografia com foco predominante no estudo do repertório canônico de autores masculinos e de instituições acadêmicas que vetavam a participação feminina em seus quadros (basta pensarmos que instituições como o IHGB ou a Academia Brasileira de Letras não admitiam mulheres como membros).

De acordo com os levantamentos realizados por Mária da Glória, na revista *História da Historiografia* apenas 29% dos artigos foram escritos por mulheres, e somente 5 artigos tratam da trajetória de escritoras ou historiadoras. Na Sociedade Brasileira de Teoria e História da Historiografia, apenas 39% dos membros são mulheres. Nota-se, portanto, que até hoje existe um certo desequilíbrio de gênero na composição da área de pesquisa em teoria da história e história da historiografia.

Nesse sentido, deve-se louvar os esforços de pesquisas que visam corrigir esse desequilíbrio de gênero, destacando as trajetórias e contribuições de pesquisadoras e professoras mulheres para o desenvolvimento da historiografia brasileira, como as teses de Daiane Vaiz Machado (2016) sobre a historiadora paranaense, Cecília Westphalen, e de Otávio Erbereli Júnior (2019), sobre a historiadora paulista, Alice P. Canabrava.

Outros autores, como Marcelo Felisberto Morais de Assunção e Rafael Petry Trapp, têm questionado a exclusão de pessoas negros do cânone da história da historiografia brasileira. Em artigo recente, publicado na *Revista Brasileira de História*, os autores denunciam o fato de que, até hoje, os praticantes da história da historiografia no Brasil se mantêm cegos aos debates as questões étnico-raciais, que têm ganhado bastante força nos últimos.

Nos principais eventos, periódicos e coletâneas especializadas na área, raramente se fala de autores negros. Por muito tempo, os historiadores evitaram discussões de gênero e de raça em nome de critérios de análise supostamente neutros, objetivos e universais.

Contudo, graças a um enorme esforço coletivo de institucionalização do debate racial nos últimos anos, a problemática racial bem ganhando espalho no debate teórico e epistemológico, entrando aos poucos nos campos da história intelectual e história da historiografia. De acordo com Assunção e Trapp (2021, p. 233-234):

> *Indisciplinar o cânone da história da historiografia não se constitui apenas em uma demanda ética, mas também epistêmica, pois implica numa revisão significativa das formas pelas quais as representações e as racionalizações históricas foram naturalizadas, obedecendo a padrões de racionalização que são expressão não-confessada do racismo e da colonialidade no campo da História e, nomeadamente, da história da historiografia.*

Nesse sentido, os autores argumentam que o estudo sobre intelectuais negros, como Beatriz Nascimento (1942-1995) e Clóvis Moura (1925-2003) podem nos ajudar a "descolonizar" o cânone da história da historiografia.

Beatriz Nascimento é negra, nordestina, radicada no Rio de Janeiro, filha de uma família bastante humilde. Um caso raro entre famílias de sua classe social, Beatriz realizou sua graduação em história na UFRJ e foi estagiária de José Honório Rodrigues no Arquivo Nacional, no início dos anos 1970.

Esse contato com José Honório Rodrigues foi determinante para a formação intelectual da autora. Nessa época, o historiador carioca preparava aquele que viria a ser seu último livro, *História da história do Brasil: historiografia colonial*, que só viria a ser publicado em 1979. Nesse livro, Rodrigues criticava a ausência de conhecimentos substanciais sobre as rebeliões negras na história do Brasil colonial. Ele constatava, com desânimo, que ainda não havia sido escrita nem história nem historiografia por mãos negras, a história do Brasil "oficial" sempre foi e ainda era essencialmente branca.

Alguns anos antes da publicação desse livro de José Honório, a sua ex-estagiária, Beatriz Nascimento, havia proferido a seguinte afirmação, em uma conferência na Quinzena do Negro, organizada na USP em 1877: "A história do Brasil... Eu gostaria de dizer que uma frase de José Honório Rodrigues, que se tornou quase uma afirmação geral, é que a história do Brasil foi uma história escrita por mãos brancas. Tanto o negro quanto o índio, quer dizer os que viveram aqui, juntamente com os brancos, não têm suas histórias escritas, ainda" (Nascimento Apud Assunção; Trapp, 2021, p. 234).

Durante o final dos anos 1970 e por boa parte dos anos 1980, Beatriz Nascimento foi uma das principais personagens dos movimentos negros e da luta antirracista no Brasil. No campo da história, seu projeto foi iniciar uma história do Brasil escrita por mãos negras. Infelizmente, devido a sua morte precoce (ela foi assassinada em 1995). A autora não pôde concluir seu projeto, e sua obra publicada é bastante escassa.

Mesmo assim, em diversos artigos, Beatriz Nascimento criticou o fato de que, na escrita da história do Brasil, os negros sempre cumprem um papel passivo de escravos. Ao contrário da grande maioria dos especialistas sobre a escravidão brasileira, a autora não olhava apenas para os negros dominados em cativeiro, mas também (e principalmente) para os negros que resistiam a escravidão e que viviam livres nos quilombos. Ela é uma das primeiras pesquisadoras a fazer uma longa pesquisa, ainda que não finalizada formalmente, sobre os quilombos na história do Brasil.

Clóvis Moura é outro importante intelectual negro, frequentemente marginalizado dos cânones da sociologia e da história no Brasil. Moura era nordestino e militante do PCB e dos movimentos negros e antirracistas brasileiros. Intelectual autodidata, desde os anos 1940 e 1950, ele debateu questões sociais e raciais com importantes intérpretes brasileiros, como Arthur Ramos, Edison Carneiro e Caio Prado Júnior. Sob a influência da antropologia cultural de Ramos e Carneiro, ele discutia a historiografia brasileira a partir do protagonismo negro. Por outro lado, inspirado no marxismo de Caio Prado, ele buscava elaborar um retrato violento do sistema escravista e do sentido da colonização como um todo.

Clóvis Moura criticou principalmente a ideia de "democracia racial" presente na obra de Gilberto Freyre, que apresentava negros submissos e passivos vivendo confortavelmente em um sistema escravista particularmente brando e harmonioso. Em oposição a essa visão conservadora, Moura procurava salientar as lutas de classes protagonizadas pelas populações negras. Um de seus livros mais conhecidos é justamente *Rebeliões da Senzala* (1959), que busca fazer uma história das rebeliões escravas no Brasil em uma perspectiva de longa duração.

A obra de Clóvis Moura sempre foi marcada por um tom polêmico e por um projeto de reescrita da história do Brasil. Em diversos artigos, o autor foi um árduo crítico da escrita da história acadêmica, por sua visão demasiadamente empática com o discurso dos vencedores, e por sua suposta tendência a neutralidade e despolitização.

Sua maior crítica à escrita hegemônica da história do Brasil está no livro *As injustiças de Clio: o negro na historiografia brasileira* (1990). Nessa obra, Clóvis Moura analisa o cânone da historiografia brasileira pelo olhar da crítica racial, desde Frei Vicente do Salvador, no século XVIII, até Oliveira Vianna, no século XX. O autor denuncia o fato de que o cânone da historiografia brasileira tem na branquitude o seu ponto fulcral. De acordo com ele:

> *Fruto de um pensamento que assimila e reflete uma visão desfocada da realidade étnica e social do Brasil, essa historiografia [brasileira], tendo como embasamento teórico um conjunto de pensamento elitista, eurocêntrico e*

racista muitas vezes, jamais colocou o negro como agente histórico-social dinâmico, quer como indivíduo, quer como grupo ou segmento. (Moura citado por Assunção; Trapp, 2021, p. 247)

Em suma, frequentemente omitidos pelo cânone da história da historiografia – são quase sempre tachados de autores que priorizam mais a militância social e política do que o rigor acadêmico -, autores com Beatriz Nascimento e Clóvis Moura são importantes porque nos fazem perceber o quão necessário e urgente é fazer uma "descolonização" disciplinar da história, para produzir novas histórias que não sejam escritas apenas por mãos brancas.

6.5.4 História pública e digital

De maneira articulada tanto ao crescimento do campo de teoria e história da historiografia quanto às crescentes demandas sociais pelos particularismos memoriais e consequente pluralização da história, houve um intenso desenvolvimento nessa década de 2020 da preocupação com a história nas redes, sua difusão e acessibilidade para com o grande público.

Um dos grandes motivos impulsionadores para essa preocupação foi a súbita ascensão da extrema-direita a nível mundial, com suas versões simplificadas e até muitas vezes caricaturizadas dos passados traumáticos e violentos, como da escravidão, do nazi-fascismo, das ditaduras e autoritarismos do século 20, seu questionamento das democracias, ideias essas largamente difundidas nas redes sociais e outras plataformas de conteúdo digital.

Os historiadores profissionais e professores de história têm sido convocados nesse campo de disputas a participar e se posicionar, contando com seu instrumental teórico-metodológico que, se não garante o restabelecimento da "verdade dos fatos", ao menos introduz aí tanto uma mediação com o meio acadêmico, capaz de dialetizar, relativizar e historicizar certos postulados, quanto uma força considerável baseada na autoridade adquirida por meio da pesquisa, a fim de desfazer mitos e preconceitos. A pandemia de Covid-19, que obrigou à digitalização de vários setores e ambientes profissionais e educativos, fez acelerar esse processo.

A história pública se define não apenas pela presença da história e dos historiadores no mundo digital, mas principalmente nas novas ferramentas disponibilizadas por ele, que não obstante produzem novas consequências e convocam à reflexão sobre metodologias de pesquisa e manejo dos bancos de dados, além de suas formas de divulgação. Um exemplo de trabalho nesse campo é a pesquisa sobre os arquivos e a história da Covid-19 no Brasil, que nos colocou a todas e todos como testemunhos dessa catástrofe global. Essa pesquisa e a construção de um "Coronarquivo", organizado pelo Centro de Humanidades digitais da Universidade Estadual de Campinas (Unicamp), se deu a partir de "diversas iniciativas de arquivamento de evidências desse período por diferentes agentes — universidades, arquivos estatais, organizações privadas e pessoas comuns — passaram a coletar registros em arquivos digitais colaborativos inspirados na técnica de *crowdsourcing"* (esta última se refere à coleta de dados, informações e opiniões voluntariamente compartilhadas por um grande grupo de sujeitos preocupados com determinado problema). Como se trata de uma área em desenvolvimento, algumas questões fundamentais são condensadas a seguir e podem nos servir de orientação para observar o desenvolvimento desse campo.

O arquivo digital requer atenção teórica de historiadores, como qualquer outro. Há particularidades na configuração das operações realizadas nesse tipo de arquivo, entretanto, que sublinham a importância da análise crítica de seu funcionamento. A codificação binária, o processamento de bits na disponibilização de documentos, a presença de softwares e provedores privados na viabilização do armazenamento e as plataformas de rede envolvidas na interface de acesso aos arquivos digitais são fatores inéditos, que necessitam de contemplação urgente — pois já se apresentam como recursos amplamente utilizados. Tais elementos desdobram-se em dilemas sérios. Por um lado, a implementação de arquivos digitais — em iniciativas nato--digitais ou na digitalização de acervos — é importante para a constituição e acesso público a acervos outrora restritos a especialistas e visitas presenciais. Por outro, a presença de grandes corporações e a instabilidade de linguagens e plataformas de amplo acesso ameaçam a segurança e aventam a monetização da custódia de documentos particulares ou de interesse público. (Marino, 2021, p. 561)

6.5.5 Uma abertura em direção à história global?

Uma das tendências atuais que pode ser apontada na historiografia como um todo é a ascensão da chamada *história global*, questão acentuada pela pandemia de covid-19, como acabamos de ver. Essa modalidade de história é fruto de longa gestação, transnacional e de confluência de diversas linhas heterogêneas, desde os anos novecentos até hoje: a continuidade da história universal, a história comparada e as várias gerações da *world history* norte-americana, que culminaram na fundação do *Journal of World History* (1990). Concorreram para ela, também, os *post-colonial* e os *subaltern studies* dos anos 1970, além das teorias das **transferências culturais**, da **história conectada** e das **histórias cruzadas**. Nos anos 1990, configurou-se a *global history*, concepção mais apropriada para a apreensão de um mundo interconectado, interdependente, em aceleração – **globalizado**, em uma palavra.

As teorias e as metodologias da **história cruzada** e das **transferências culturais**, por sua vez, demonstram a irredutibilidade das ideias e dos saberes aos domínios disciplinares e aos espaços culturais estritos. As circulações culturais de ideias, objetos, grupos e identidades e a apreensão da fluidez das redes nas quais os saberes circulam, suas reconfigurações e renegociações de fronteiras disciplinares, são algumas das possibilidades que se querem apreendidas por esse **paradigma das mobilidades**. Esse padrão comporta, no conjunto das ciências humanas e sociais, grande diversidade de tipos de transferências – entre dois ou mais aspectos: momentos históricos, culturas, disciplinas, textos ou regimes discursivos –, valorizando, assim, os fenômenos de hibridação e de mestiçagem cultural e o vai e vem constante entre passado e presente.

A historiografia brasileira tem esboçado alguns movimentos nesse sentido: i) ao pesquisar a importância do Projeto Unesco (da Organização das Nações Unidas para a Educação, Ciência e Cultura), nos anos 1940, no incremento da institucionalização das ciências sociais no Brasil, com que se inaugurava a pesquisa sistemática da "situação racial" no país e o questionamento da crença na "democracia racial" (Maio, 1999, p. 142-143); ii) ao estudar a circulação de intelectuais brasileiros em missão de divulgação cultural, como Sérgio Buarque de Holanda, que assumiu a cátedra de Estudos Brasileiros na Universidade de Roma em 1954 (Nicodemo, 2013); iii) ao considerar não apenas a presença das missões francesas na concepção da universidade brasileira, mas também a recepção estrangeira da historiografia brasileira, notadamente a de Gilberto Freyre, na França, e seu relacionamento com Lucien Febvre e Fernand Braudel, dos *Annales* (Andrade, 2011); iii) ao privilegiar os debates transnacionais e interdisciplinares (Silva, 2014).

A recente pesquisa de Pereira, Santos e Nicodemo (2015) procurou mapear a emergência da categoria *historiografia* no Brasil, mas em perspectiva global, considerando o surgimento desse campo de estudos em diferentes tradições historiográficas internacionais e em tempos diferentes. A categoria apareceu, no Brasil, como parte do esforço de libertação da história literária oitocentista, e, mais tarde, nos anos 1940-1950, para a demarcação de fronteiras com relação aos domínios da sociologia. Desse modo, a prática da historiografia ficou marcada por uma função reguladora das expectativas da escrita da história, principalmente na universidade (Pereira; Santos; Nicodemo, 2015). Apenas recentemente a **História da Historiografia**, como subdisciplina mais bem delimitada, começou a se impor entre nós.

Há diversos riscos na história global, como o de ausência de rigor, dadas a heterogeneidade metodológica e as dimensões dos objetos estudados. Hartog (2009) levanta os problemas inerentes a um ponto de vista supostamente de fora do globo, por isso mesmo, inevitavelmente teleológico. Ele assinala, contudo, a possibilidade de uso dos **regimes de historicidade** como ferramentas comparativas das diferentes formas de temporalidade: as imbricações, as proximidades e os afastamentos das experiências do tempo em distintas culturas histórico-historiográficas (Hartog, 2009).

É preciso refletir, ainda – e, talvez, mais do que nunca –, sobre a prevalência do eurocentrismo e do etnocentrismo na historiografia. No caso brasileiro, um possível caminho (ainda que indireto) é o estudo das crônicas e dos primeiros documentos históricos, com o tempo assimilados à história da historiografia, sobre como os autores lidavam com "o registro das representações dos passados indígenas" (Pereira; Santos; Nicodemo, 2017, p. 165).

Síntese

Neste capítulo derradeiro de nossos estudos, procuramos delinear o panorama da historiografia brasileira nos últimos 50 anos, quando o lugar privilegiado de produção da história passou a ser indiscutivelmente o ambiente universitário. Desse modo, analisamos as reformulações no sistema universitário, como a criação dos programas de pós-graduação na década de 1970.

Nossa preocupação principal foi, com o olhar retrospectivo, demonstrar o processo de estabilização que ocorreu desde então, com seus altos e baixos, de uma subdisciplina acadêmica voltada para a análise historiográfica, qual seja, a História da Historiografia.

Nesse sentido, foi importante perceber os diferentes núcleos temáticos que se sucederam nos estudos sobre a historiografia brasileira nas últimas décadas, como a crítica das ideologias (anos 1970), o cotidiano e as mentalidades (anos 1980 e 1990) e as relações entre memória e história nas primeiras décadas do século XXI, quando despontou uma perspectiva mais ampla, de abertura da história da historiografia brasileira para o diálogo intercultural, em escala transnacional.

Indicações culturais

A MEMÓRIA que me contam. Direção: Lucia Murat. Brasil: Imovision, 2013. 95 min.
Esse filme retrata as angústias e a memória de amigos que viveram e militaram contra a ditadura militar, reunidos anos depois, após a morte de uma ativista do grupo, que sofria com as sequelas da tortura. Lucia Murat, a diretora, 25 anos antes dessa produção, estreava no cinema com o drama documental *Que bom te ver viva* (1989), também sobre memórias da ditadura.

O DIA que durou 21 anos. Direção: Camilo Tavares. Brasil: Pequi Filmes, 2012. 77 min.

Essa produção aborda a interferência norte-americana no golpe militar de 1964, que vinha sendo concebido desde 1961, com a crise provocada pela renúncia do Presidente da República Jânio Quadros. O roteiro do documentário foi escrito com base em registros oficiais recentemente tornado públicos nos Estados Unidos e disponíveis para consultas, como telegramas, áudios, depoimentos de personagens e de estudiosos e imagens inéditas.

LUCCHESI, A. História digital. 24 maio 2020. Disponível em: <https://www.youtube.com/watch?v=Q17Gcz5J9So>. Acesso em: 11 ago. 2023.

Atividades de autoavaliação

1. Sobre a reinstitucionalização da disciplina de História na universidade brasileira entre os anos 1960 e 1970, assinale a alternativa **incorreta**:
   a) A reforma universitária de 1968 reorganizou a universidade em departamentos, extinguindo o sistema de cátedras.
   b) Os programas de pós-graduação instalados a partir da década de 1970 contribuíram para a diversificação da produção histórica no Brasil.
   c) As associações e os congressos de história, que passaram a ocorrer com maior frequência, favoreceram a circulação e o rigor dos saberes históricos produzidos.
   d) Os chamados *brasilianistas* foram bem recebidos pelos pesquisadores brasileiros e pela imprensa, em função do contexto político e da estrutura do sistema universitário.

2. Sobre a historiografia brasileira em 1970, analise as sentenças a seguir e marque V para as verdadeiras e F para as falsas.

   ( ) A influência dos *Annales* e do marxismo prevaleceu, nessa década, em trabalhos sobre economia colonial e escravidão, que se estruturavam em longas durações e em dados seriais.

   ( ) A história afastou-se da sociologia, uma vez que esta privilegiava o estudo das estruturas sociais, ao passo que aquela se preocupava com o individual e o singular.

   ( ) O conceito de *ideologia*, de matriz marxiana, foi introduzido como parâmetro das análises historiográficas.

   ( ) O trabalho de Carlos Guilherme Mota considerava os autores da geração de 1930 ideólogos e criticava a veiculação de uma noção elitista de cultura brasileira que apagava as contradições sociais.

   Agora, assinale a alternativa que apresenta a sequência correta:

   a) V, F, V, V.
   b) F, F, V, V.
   c) V, V, F, V.
   d) F, F, F, V.

3. Sobre a história cultural e das mentalidades no Brasil dos anos 1980 e 1990, analise as sentenças a seguir e marque V para as verdadeiras e F para as falsas.

   ( ) A continuidade do debate de 1970 sobre as ideologias não foi tão forte, tendo prevalecido na historiografia as noções de imaginário e de representações.

   ( ) A recepção das ideias de Michel Foucault se exprimia na noção de discurso e nas temáticas sobre as margens.

( ) O trabalho Carlos Fico e Ronald Polito ampliava as bases da análise historiográfica, incorporando a preocupação com a circulação e a crítica dos trabalhos históricos produzidos.

( ) As releituras dos clássicos da historiografia brasileira foram valorizadas pela busca de uma memória disciplinar para a história cultural no Brasil.

Agora, assinale a alternativa que apresenta a sequência correta:

a) V, V, F, F.
b) V, V, V, V.
c) F, V, V, V.
d) V, V, F, V.

4. A respeito da historiografia sobre a ditadura militar no Brasil, assinale a alternativa **incorreta**:

   a) Trata-se de uma história ainda em aberto, em disputa, que apresenta pontos de vista diversos e muda de perspectiva conforme novos documentos se tornam acessíveis.

   b) Os 50 anos do golpe militar de 1964, rememorados em 2014, incentivaram diversas novas pesquisas de fôlego que atualizaram a historiografia sobre o período.

   c) Uma das teses mais recentes sobre o período atribui a culpa exclusivamente aos militares e poupa a sociedade civil que apoiou o golpe e boa parte do regime.

   d) Ao contrário, por exemplo, da Argentina, a ausência de uma justiça de transição no Brasil dificulta a demarcação nítida entre o fim do regime militar e o período democrático subsequente.

5. Sobre a historiografia no início de século XXI, assinale a alternativa correta:
   a) A história global é uma novidade absoluta, que emergiu a partir dos anos 1990 em paralelo ao fenômeno da globalização.
   b) O Brasil esteve isolado do conjunto de inovações historiográficas do século XX.
   c) Em geral, a historiografia brasileira no século XX importou as inovações da historiografia francesa.
   d) A história global é um campo de estudos amplo, homogêneo e bem definido do ponto de vista teórico--metodológico, por isso representa uma tendência forte atualmente.

Atividades de aprendizagem

Questões para reflexão

1. Reflita sobre em que medida os estudos dos grupos marginalizados, das minorias, da história das mulheres ou do cotidiano podem contribuir para a leitura da realidade brasileira atual. Em que situações do cotidiano social elas poderiam ser evocadas para a orientação das ações?

2. Reflita sobre o lugar do Brasil em uma história que se pretende global, considerando sua posição de país emergente no cenário internacional, em relação às tradições historiográficas consolidadas em países como França ou Alemanha. Como nos alerta Hartog, seria possível um ponto de vista do todo, isento e equilibrado? Ou o "lugar" de produção do discurso histórico, como diz Certeau, seria proeminente?

Atividade aplicada: prática

1. Elabore um fichamento dos textos de Rago (2018) e de Malerba (2002) sobre a historiografia brasileira dos anos 1980 e 1990, observando as diferenças e as semelhanças nas perspectivas de cada um e as críticas de um a outro. O objetivo desse exercício, além da fixação do conteúdo, é observar a importância da recensão historiográfica para os avanços do campo disciplinar. Os textos estão disponíveis em: <http://www.seer.ufrgs.br/index.php/anos90/article/view/6543/3895> (Rago) e <http://www.seer.ufrgs.br/index.php/anos90/article/view/6543/3895> (Malerba).

Considerações finais

Dos cronistas do período colonial à história nacional do Instituto Histórico e Geográfico Brasileiro (IHGB), do pensamento social da geração de 1870 ao Modernismo e ao ensaio histórico de 1930, da criação das primeiras faculdades de Filosofia nas universidades à fragmentação e à especialização, passando pelos brasilianistas franceses e norte-americanos, além do retorno sobre a memória e a abertura às perspectivas atuais, este livro apresentou uma ampla gama de histórias, autores e obras que tiveram por propósito refletir sobre a escrita da história do Brasil.

Ao fim desse longo percurso, munidos de farta bagagem, vale a pena visitar uma definição atual de historiografia brasileira proposta pelo professor da Universidade de Brasília (UnB), Estevão de Rezende Martins (2011, p. 202-203):

> *A historiografia brasileira contemporânea abarca pelo menos dois grandes grupos de investigações: um, genérico, diz respeito à história escrita no Brasil e desde suas perspectivas de interesse e análise; outro, específico, relativo à história que tem o Brasil, de uma ou outra forma, como objeto. Neste segundo grupo está incluída a historiografia dita "brasilianista", produzida sobretudo fora do país, notadamente nos Estados Unidos e na*

> Europa. [...] Desde os anos 1970 o crescimento da pesquisa histórica no Brasil tornou-se exponencial. Esse crescimento vem acompanhado de outro, o do interesse, no espaço público, por temas históricos e por seu tratamento historiográfico. Quase cinquenta anos de avanços notáveis na apropriação sistemática das fontes para a história do Brasil, na internacionalização dos temas e das perspectivas, na expansão global de estudos no Brasil e sobre ele, na contextualização sistêmica do pensamento, da consciência e da cultura históricas tiveram suas etapas prévias.

Além da definição em si, importa notar que o autor sublinha o interesse público pelos assuntos históricos e a internacionalização das perspectivas – ele mesmo escreveu esse texto para a *Revista Portuguesa de História*. Esses dois temas, procuramos, ainda que brevemente, apontar no último capítulo, na seção "História do presente, memória da história e perspectivas da historiografia brasileira". Alguns pesquisadores têm se voltado para a história pública e digital, pensando sobre os deslocamentos entre os historiadores, suas metodologias e seus públicos na era digital, que coloca novos e radicais desafios. As questões do eurocentrismo e do etnocentrismo, passíveis de discussão – aliás, altamente recomendável –, figuram ainda como tendência quando se analisam a historiografia brasileira em escala transnacional ou o discurso histórico sobre o passado indígena, aspectos que procuramos indicar em nossa obra, embora não mais do que isso.

Em todos esses problemas, mostra-se a dimensão cidadã da historiografia. Pensar historicamente significa, no dizer de Antoine Prost, em suas *Doze lições sobre a história*, "humanizar a humanidade em cada um e em todos" (Prost, 2010, p. 346, tradução nossa).

O estudo de teorias, metodologias e histórias da história tem também função crítica aplicável ao próprio trabalho dos pesquisadores e dos estudantes de História. Foi nisso que, sobremaneira, procuramos nos concentrar. Dessa forma, em termos pedagógicos, este livro também apresenta, por assim dizer, finalidades práticas. Serve ao estudante, que, perante suas pesquisas – de conclusão de curso, por exemplo –, deve realizar no mínimo um levantamento bibliográfico pertinente a seu objeto de estudo e se posicionar diante disso. Um dos mais recentes e importantes manuais de historiografia considera o exame do passado historiográfico, entre outras possibilidades, como "apropriação crítica das tradições" (Offenstadt, 2011, p. 7, tradução nossa).

Todo esforço de historicização de qualquer passado requer, portanto, um diálogo com a tradição de estudos que o precede: seja em sentido comemorativo ou afirmativo, que privilegia sua continuidade, seja em caráter crítico, que busca as inovações, encontramo-nos frequentemente diante dos impasses entre a necessidade de diálogo com a tradição e o desejo de inovação. Para tanto – e para a autocrítica dos saberes históricos estabelecidos – uma história da historiografia é fundamental.

Referências

ABREU, J. C. de. **Capítulos da história colonial**: 1500-1800. Brasília: Conselho Editorial do Senado Federal, 1998. (Biblioteca Básica Brasileira). Disponível em: <https://www2.senado.leg.br/bdsf/bitstream/handle/id/1022/201089.pdf>. Acesso em: 9 abr. 2018.

ACORDO ortográfico. **Portal da Língua Portuguesa**. Disponível em: <http://www.portaldalinguaportuguesa.org/acordo.php>. Acesso em: 5 abr. 2018.

ALBERTINI, E. L'état présent des études sur la civilisation romaine. In: ALBERTINI, E. **Lições inaugurais da missão francesa durante o ano de 1936**. Rio de Janeiro: Ed. da UDF, 1937. p. 22-35.

ALONSO, M. A. O príncipe e seu reinado. In: CALVALCANTI, H.; CONCEIÇÃO, S. (Org.). **Joaquim Nabuco e nossa formação**. Recife: Fundação Joaquim Nabuco; Massagana, 2012. p. 25-35.

ANDRADE, C. B. da S. **Le Brésil entre le mythe et l'idéal**: la réception de l'œuvre de Gilberto Freyre en France dans l'après-guerre. Thèse (Doctorat en Histoire Moderne et Contemporaine) – Université Paris IV-Sorbonne, Paris, 2011.

ANHEZINI, K. **Um metódico à brasileira**: a história da historiografia de Afonso de Taunay (1911-1939). São Paulo: Ed. da Unesp, 2011.

ARRUDA, J. J.; TENGARRINHA, J. M. **Historiografia luso-brasileira contemporânea**. Bauru: Edusc, 1999.

ARRUDA, M. A. do N. A trajetória da pesquisa na sociologia. **Estudos Avançados**, São Paulo, v. 8, n. 22, p. 315-324, set./dez. 1994. Disponível em: <https://www.revistas.usp.br/eav/article/view/9715/11287>. Acesso em: 16 abr. 2018.

ASSUNÇÃO, M. F.; TRAPP, R. P. É possível indisciplinar o cânone da história da historiografia brasileira? Pensamento afrodiaspórico e (re)escrita da história em Beatriz Nascimento e Clóvis Moura. **Revista Brasileira de História**, São Paulo, v. 1, n. 88, 2021.

AZEVEDO, F. de. **A educação entre dois mundos**. São Paulo: Edições Melhoramentos, 1958.

BELLUZZO, A. M. A propósito d'o Brasil dos viajantes. **Revista USP**, São Paulo, n. 30, p. 8-19, jun./ago. 1996. Disponível em: <http://www.revistas.usp.br/revusp/article/view/25903/27635>. Acesso em: 2 abr. 2018.

BOGONI, S. **O discurso de resistência e revide em *Conquista espiritual* (1639), de Antonio Ruiz de Montoya**: ação e reação jesuítica e indígena na colonização ibérica da região do Guairá. 186 f. Dissertação (Mestrado em Letras) – Universidade Estadual de Maringá, 2008.

BOTTMAN, D. G. **Padrões explicativos na historiografia brasileira**. 139 f. Dissertação (Mestrado em História) – Universidade Estadual de Campinas, Campinas, 1985.

BRASIL. Constituição (1824). **Livro 4º de Leis, Alvarás e Cartas Imperiaes**, Rio de Janeiro, 22 abr. 1824. Disponível em: <http://www.planalto.gov.br/ccivil_03/constituicao/constituicao24.htm>. Acesso em: 5 abr. 2018.

BRASIL. Constituição (1891). **Diário Oficial [da] República dos Estados Unidos do Brasil**, Rio de Janeiro, 24 fev. 1891. Disponível em: <http://www.planalto.gov.br/ccivil_03/constituicao/constituicao91.htm>. Acesso em: 12 abr. 2018.

BRASIL. Constituição (1937). **Diário Oficial da União**, Rio de Janeiro, 10 nov. 1937. Disponível em: <http://www.planalto.gov.br/ccivil_03/constituicao/constituicao91.htm>. Acesso em: 12 abr. 2018. Disponível em: <http://www.planalto.gov.br/ccivil_03/constituicao/constituicao37.htm>. Acesso em 12 abr. 2018.

BRASIL. Decreto n. 19.890, de 18 de abril de 1931. **Diário Oficial da União**, Poder Executivo, Rio de Janeiro, DF, 1º maio. 1931. Disponível em: <http://www2.camara.leg.br/legin/fed/decret/1930-1939/decreto-19890-18-abril-1931-504631-publicacaooriginal-141245-pe.html>. Acesso em: 12 abr. 2018.

BRASIL. Decreto-Lei n. 5.452, de 1º de maio de 1943. **Diário Oficial da União**, Poder Executivo, Rio de Janeiro, DF, 9 ago. 1943. Disponível em: <http://www.planalto.gov.br/ccivil_03/decreto-lei/Del5452.htm>. Acesso em: 11 abr. 2018.

BRASIL. Lei n. 6.683, de 28 de agosto de 1979. **Diário Oficial da União**, Poder Executivo, Brasília, DF, 28 ago. 1979. Disponível em: <http://www.planalto.gov.br/ccivil_03/leis/l6683.htm>. Acesso em: 16 abr. 2018.

BRESCIANI, M. S. M. **O charme da ciência e a sedução da objetividade:** Oliveira Vianna entre intérpretes do Brasil. São Paulo: Ed. da Unesp, 2005.

BRESSER-PEREIRA, L. C. Do nacionalismo à dependência. **Estudos Avançados.** São Paulo, v. 23, n.65, p. 319-328, 2009. Disponível em: <http://www.scielo.br/pdf/ea/v23n65/a21v2365.pdf>. Acesso em: 17 abr. 2018.

BRUXEL, A.; RABUSKE, A. Apresentação do texto vernáculo luso-brasileiro. In: MONTOYA, A. R. de. **Conquista espiritual feita pelos religiosos da Companhia de Jesus nas províncias do Paraguai, Paraná, Uruguai e Tape.** Tradução de Padre Arnaldo Bruxel. Porto Alegre: Martins Livreiro, 1985. (Coleção Obras Redivivas, v. 11). p. 9-10.

BURKE, P. **A escola dos Annales:** a Revolução Francesa da historiografia (1929-1989). São Paulo: Ed. da Unesp, 1990.

CALDEIRA, J. R. de C. Sérgio Buarque de Holanda e a criação do Instituto de Estudos Brasileiros da USP. In: EUGÊNIO, J. K.; MONTEIRO, P. M. (Org.). **Sérgio Buarque de Holanda:** perspectivas. Campinas: Ed. da Unicamp, 2008. p. 83-102.

CANABRAVA, A. P. Apontamentos sobre Varnhagen e Capistrano de Abreu. **Revista de História**, São Paulo, n. 88, p. 417-424, set./dez. 1971. Disponível em: <http://www.revistas.usp.br/revhistoria/article/view/131200/127608>. Acesso em: 16 abr. 2018.

CANABRAVA, A. P. Roteiro sucinto do desenvolvimento da historiografia brasileira. In: SEMINÁRIO DE ESTUDOS BRASILEIROS, 1., 1972, São Paulo. **Anais...** São Paulo: IEB, 1972. p. 4-9.

CANDIDO, A. A Revolução de 1930 e a cultura. **Novos Estudos Cebrap**, São Paulo, v. 8, n. 1, p. 27-36, abr. 1984. Disponível em: <http://novosestudos.uol.com.br/produto/edicao-08/>. Acesso em: 11 abr. 2018.

CANDIDO, A. Fortuna crítica. In: CUNHA, E. **Os sertões: edição crítica e comemorativa**. São Paulo: UBU; Sesc, 2016. p. 644-646.

CANDIDO, A. Literatura e cultura de 1900 a 1945. In: CANDIDO, A. **Literatura e sociedade**: estudos de teoria e história literária. São Paulo: Companhia Editora Nacional, 1965. p. 129-165.

CANDIDO, A. O significado de *Raízes do Brasil*. In: HOLANDA, S. B. de. **Raízes do Brasil**. 5. ed. Rio de Janeiro: José Olympio, 1969. p. XI-XXXII.

CANDIDO, A. O tempo do contra [1978]. In: CANDIDO, A. **Textos de intervenção**. São Paulo: Editora 34, 2002. p. 369-379.

CARDIM, F. **Tratados da terra e gente do Brasil**. Belo Horizonte: Itatiaia; São Paulo: Ed. da USP, 1980. Disponível em: <https://docs.ufpr.br/~lgeraldo/cardim.pdf>. Acesso em: 4 abr. 2018.

CARDIM, F. **Tratados da terra e gente do Brasil**. 3. ed. Brasília: INL, 1978.

CARVALHO, J. M. Prefácio à terceira edição. In: FRANCO, A. A. **Desenvolvimento da civilização material no Brasil**. Rio de Janeiro: Topbooks, 2005. p. 9-16.

CARVALHO, M. V. C. **Outros lados**: Sérgio Buarque de Holanda, crítica literária, história e política (1920-1940). 264 f. Tese (Doutorado em História) – Universidade Estadual de Campinas, Campinas, 2003. Disponível em: <http://repositorio.unicamp.br/jspui/handle/REPOSIP/279948>. Acesso em: 13 abr. 2018.

CARVALHO, R. G. de. **Sérgio Buarque de Holanda, do mesmo ao outro**: escrita de si e memória (1969-1986). 328 f. Tese (Doutorado em História) – Universidade Federal do Paraná, Curitiba, 2017.

CARVALHO, R. G. de. Sobre a atualidade de Raízes do Brasil, de Sérgio Buarque de Holanda. In: SILVA, H. R. da (Org.). **Circulação das ideias e reconfiguração dos saberes.** Blumenau: Edifurb, 2014. p. 51-74.

CASTELLO, J. A. **A literatura brasileira**. São Paulo: Edusp, 2004. v. 1: origens e unidade (1500-1960).

CAVALCANTI, P. C. U. Pedro Celso Uchoa Cavalcanti. In: FERREIRA, M. M. **A história como ofício**: a constituição de um campo disciplinar. Rio de Janeiro: Ed. da FGV, 2013. p. 367-388. Entrevista.

CERTEAU, M. de. **A escrita da história**. 2. ed. Tradução de Maria de Lourdes Menezes. Rio de Janeiro: Forense Universitária, 2008.

CHALHOUB, S. **Machado de Assis, historiador**. São Paulo: Companhia das Letras, 2003.

CHARTIER, R. O homem de letras. In: VOVELLE, M. (Dir.). **O homem do Iluminismo**. Lisboa: Presencial, 1997. p. 119-153.

CHAUNU, P. Mémoire vivante, mémoire presente: Victor-Lucien Tapié (1900-1974) et l'université. **Histoire, Économie & Société**. Année, n. 2-3, p. 375-383, 1983.

COORNAERT, É. Aperçu de la production historique récente au Brésil. **Revue d'Histoire Moderne**, n. 21, p. 44-67, 1936.

COSTA, A. L. **De um curso d'água a outro**: memória e disciplinarização do saber histórico na formação dos primeiros professores do curso de História da USP. 257 f. (Doutorado em História Social) - Instituto de História Social, Universidade Federal do Rio de Janeiro, Rio de Janeiro, 2018.

COSTA, J. C. Prefácio. In: MOTA, C. G. (Org.). **Brasil em perspectiva**. São Paulo: Difel, 1968. p. 4-7.

CROCE, B. **História como história da liberdade**. Rio de Janeiro: Topbooks, 2006.

CUNHA, E. da. **Os Sertões**: edição crítica e comemorativa. São Paulo: Editora UBU; Sesc, 2016.

CUNHA, E. da. **Os Sertões**: edição crítica por Walnice Nogueira Galvão. São Paulo: Brasiliense, 1985.

DIAS, M. O. L da S. Sérgio Buarque de Holanda na USP. **Estudos Avançados**, São Paulo, v. 8, n. 22, p. 269-274, set./dez. 1994. Disponível em: <http://www.revistas.usp.br/eav/article/view/9708/11280>. Acesso em: 12 abr. 2018.

DISTRITO FEDERAL-RJ. Prefeitura do Distrito Federal. Decreto n. 5.513, de 4 de abril de 1935. **Jornal do Brasil**, Rio de Janeiro, DF, 5 abr. 1935.

DOSSE, F. **A história em migalhas**: dos Annales à Nova História [1987]. Campinas: Ed. da Unicamp, 1992.

DOTTORI, C. Clóvis Dottori. In: FERREIRA, M. M. **A história como ofício**: a constituição de um campo disciplinar. Rio de Janeiro: Ed. da FGV, 2013. p. 335-356. Entrevista.

ESTUDOS Avançados. São Paulo, v. 8, n. 22, set./dez. 1994. Disponível em: <http://www.scielo.br/scielo.php?script=sci_issuetoc&pid=0103-401419940003&lng=en&nrm=iso>. Acesso em: 12 abr. 2018.

EXTRACTO dos Estatutos do Instituto Histórico e Geográfico Brasileiro. **Revista do Instituto Historico e Geographico do Brazil**, Rio de Janeiro, 3. ed., n. 1, p. 18-20, 1839. Disponível em: <https://drive.google.com/file/d/0B_G9pg7CxKSsNnh2dFVNTkhxclU/view>. Acesso em: 5 abr. 2018.

FALCI, M. B. Miridian Britto Falci. In: FERREIRA, M. M. **A história como ofício**: a constituição de um campo disciplinar. Rio de Janeiro: Ed. da FGV, 2013. p. 311-334. Entrevista.

FALCON, F. J. C. A identidade do historiador. **Revista Estudos Históricos**, Rio de Janeiro, v. 9, n. 17, p. 7-30, jan./jun. 1996. Disponível em: <http://bibliotecadigital.fgv.br/ojs/index.php/reh/article/view/2014/1153V>. Acesso em 16 abr. 2018.

FALCON, F. J. C. Francisco Falcon. In: FERREIRA, M. M. **A história como ofício**: a constituição de um campo disciplinar. Rio de Janeiro: Ed. da FGV, 2013. p. 271-310. Entrevista.

FARACO, C. Machado de Assis: um mundo que se mostra por dentro e se esconde por fora. In: MACHADO DE ASSIS, J. M. **Esaú e Jacó**. São Paulo: Ática, 1998. Suplemento.

FAUSTO, B. **História do Brasil**. São Paulo: Edusp, 2015.

FÁVERO, M. L. A Universidade do Distrito Federal (1935-39): uma utopia vetada? **Ciência Hoje**, Rio de Janeiro, v. 21, n. 125, p. 69-73, nov./dez. 1996.

FERNANDES, F. **A integração do negro na sociedade de classes**. 5. ed. São Paulo: Globo, 2008.

FERNANDES, F. **Universidade brasileira**: reforma ou revolução? São Paulo: Alfa-Ômega, 1975.

FERREIRA, A. C. **A epopéia bandeirante**: letrados, instituições, invenção histórica (1870-1940). São Paulo: Ed. da Unesp, 2001.

FERREIRA, A. C. A historiografia profissional paulista: expansão e descentramento. In: GLEZER, R. (Org.). **Do passado para o futuro**: edição comemorativa dos 50 anos da Anpuh. São Paulo: Contexto, 2011. p. 321-341.

FERREIRA, M. M. **A história como ofício**: a constituição de um campo disciplinar. Rio de Janeiro: Ed. da FGV, 2013.

FICO, C.; POLITO, R. **A história no Brasil (1980-1989)**: elementos para uma avaliação historiográfica. Ouro Preto: Ed. da Ufop, 1992.

FRANÇA, E. d'O. Eduardo de Oliveira França: um professor de História. **Estudos Avançados**, São Paulo, v. 8, n. 22, p. 151-160, set./dez. 1994. Entrevista. Disponível em: <http://www.revistas.usp.br/eav/article/view/9688/11260>. Acesso em: 12 abr. 2018.

FRANCO, A. A. de M. **Conceito de civilisação brasileira**. São Paulo: Companhia Editora Nacional, 1936.

FRANZINI, F.; GONTIJO, R. Memória e historiografia no Brasil: a invenção de uma moderna tradição, anos 1940-1960. In: SOIHET, R. et al. (Org.) **Mitos, projetos e práticas políticas**: memória e historiografia. Rio de Janeiro: Civilização Brasileira, 2009, p. 141-160.

FREIRE, D. J. F. Memória, história e identidade: o caso da escola uspiana de história. **Art cultura**, v. 21, n. 39, p. 139-153, jul./dez. 2019.

FREYRE, G. **Casa-grande & senzala**: edição crítica. Madrid: Allca XX, 2002.

FREYRE, G Documentos brasileiros. In: HOLANDA, S. B. de. **Raízes do Brasil**: edição crítica. São Paulo: Companhia das Letras, 2016. p. 341-346.

FREYRE, G **Interpretação do Brasil**. São Paulo: Companhia das Letras, 2001.

FREYRE, G **Oliveira Lima, Dom Quixote gordo**. Recife: UFPE, 1970.

FREYRE, G Prefácio à 1ª edição. In: FREYRE, G. **Casa-grande & senzala**: formação da família brasileira sob o regime da economia patriarcal. São Paulo: Global, 2003. (Introdução à história da sociedade patriarcal no Brasil, v. 1). Disponível em: <https://issuu.com/rbya/docs/giberto_freyre_casa_grande_e_senzal>. Acesso em: 11 abr. 2018.

GALVÃO, W. N. **Euclides da Cunha**: militante da república. São Paulo: Expressão Popular, 2010.

FREYRE, G Fortuna crítica. In: CUNHA, E. **Os sertões**: edição crítica e comemorativa. São Paulo: UBU/Sesc, 2016, p. 616-623.

GANDAVO, P. M. de. **História da província Sãcta Cruz que vulgarmete chamamos Brasil**. Lisboa: Officina de António Gonsaluez, 1576. Disponível em: <http://purl.pt/121/4/res-365-p_PDF/res-365-p_PDF_24-C-R0150/res-365-p_0000_capa-capa_t24-C-R0150.pdf>. Acesso em: 3 abr. 2018.

GANDAVO, P. M. de. **Tratado da terra do Brasil. História da província Santa Cruz, a que vulgarmente chamamos Brasil**. Brasília: Senado Federal; Conselho Editorial, 2008. (Edições do Senado Federal, v. 100). Disponível em: <http://www2.senado.leg.br/bdsf/bitstream/handle/id/188899/Tratado%20da%20terra%20do%20Brasil.pdf>. Acesso em: 3 abr. 2018.

GLEDSON, J. **Machado de Assis**: ficção e história. Rio de Janeiro: Paz e Terra, 1986.

GOMES, A. de C. **História e historiadores**. Rio de Janeiro: Ed. da FGV, 1996.

GONTIJO, R. **O velho vaqueano**: Capistrano de Abreu (1858-1927) – memória, historiografia e escrita de si. Rio de Janeiro: 7 Letras, 2013.

GUIMARÃES, M. L. S. **Historiografia e cultura histórica**: notas para um debate. Ágora, Santa Cruz do Sul, v. 11, n. 1, p. 31-47, 2005.

GUIMARÃES, M. L. S. **Historiografia e nação no Brasil**: 1838-1857. Tradução de Paulo Knauss e Ina de Mendonça. Rio de Janeiro: Ed. da Uerj, 2011. (Edições Anpuh).

HALE, C. As ideias políticas e sociais na América Latina, 1870-1930. In: BETHELL, L. (Org.). **História da América Latina**. São Paulo: Edusp, 2015. v. IV: de 1870 a 1930. p. 331-414.

HARTOG, F. De l'histoire universelle à l'histoire globale? Expériences du temps. Le Débat, v. 154, n. 2, p. 53-66, 2009.

HAUSER, H. Notes et réflexions sur le travail historique au Brésil. **Revue Historique**, t. 181, p. 86-97, 1937a.

HAUSER, H. **Relatório dos professores franceses**. Rio de Janeiro: Arquivo Proedes; UFRJ, 1937b.

HOBSBAWM, E. **A era das revoluções (1789-1848)**. Tradução de Maria Tereza Lopeis Teixeira e Marcos Penchel. São Paulo: Paz e Terra, 2009.

HOBSBAWM, E. **A era do capital (1848-1875)**. Tradução de Maria Tereza Lopeis Teixeira e Marcos Penchel. São Paulo: Companhia das Letras, 2012.

HOLANDA, S. B. de. **Monções**. São Paulo: Companhia das Letras, 2014.

HOLANDA, S. B. de. **O espírito e a letra**. São Paulo: Companhia das Letras, 1996.

HOLANDA, S. B. de. O pensamento histórico no Brasil nos últimos 50 anos [1951]. In: EUGÊNIO, J. K.; MONTEIRO, P. M. (Org.). **Sérgio Buarque de Holanda**: perspectivas. Campinas: Ed. da Unicamp, 2008. p. 601-615.

HOLANDA, S. B. de. **Raízes do Brasil**. Rio de Janeiro: J. Olympio, 1936.

HOLANDA, S. B. de. **Raízes do Brasil**: edição crítica. São Paulo: Companhia das Letras, 2016.

HOLANDA, S. B. de. Sobre uma doença infantil da historiografia [1973]. In: COSTA, M. da (Org.). **Escritos coligidos**: livro II, 1950-1979. São Paulo: Ed. da Unesp/Fundação Perseu Abramo, 2011. p. 419-434.

HOLANDA, S. B. de. **Tentativas de mitologia**. São Paulo: Perspectiva, 1979.

IGLÉSIAS, F. Comentário ao "Roteiro sucinto do desenvolvimento da historiografia brasileira", de Alice Canabrava. In: SEMINÁRIO DE ESTUDOS BRASILEIROS, 1.,1972, São Paulo. **Anais**... São Paulo: IEB, 1972, p. 21-34.

IGLÉSIAS, F. **Historiadores do Brasil**: capítulos de historiografia brasileira. Rio de Janeiro: Nova Fronteira, 2000.

IUMATTI, P. T. **Caio Prado Jr.**: uma trajetória intelectual. São Paulo: Brasiliense, 2007.

JULIEN, C.-A. Eugène Albertini: necrologie. **Revue Historique**, n. 191, p. 373-374, 1941.

KOSELLECK, R. **Futuro passado**: contribuição à semântica dos tempos históricos. Rio de Janeiro: PUC; Contraponto, 2006.

LAPA, J. R. do A. **A história em questão**: historiografia brasileira contemporânea. Petrópolis: Vozes, 1976.

LEFÈVRE, J.-P. Les missions universitaires françaises au Brésil dans les années 1930. **Vingtième Siècle: Revue d'Histoire**, Paris, n. 38, p. 24-33, avril/juin 1993.

LIMA, A. A. **Memórias improvisadas**: diálogos com Medeiras Lima. Petrópolis: Vozes, 1973.

LIMA, H. S. **Tempo e historicidade em *Os sertões* de Euclides da Cunha**. 120 f. Dissertação (Mestrado em História) – Universidade Federal do Paraná, Curitiba, 2013.

LIMA, J. A. B. de. **A obra de Henri Hauser e sua trajetória intelectual no Brasil (1866-1946)**. 298 f. Tese (Doutorado em História) – Universidade de São Paulo, São Paulo, 2017. Disponível em: <http://www.teses.usp.br/teses/disponiveis/8/8138/tde-17012018-165302/pt-br.php>. Acesso em: 26 abr. 2018.

LIMA, L. C. **Fernand Braudel e o Brasil**: vivência e brasilianismo (1935-1945). São Paulo: Edusp, 2009.

LIMA, L. C. **Sociedade e discurso ficcional**. Rio de Janeiro: Guanabara, 1986.

LINHARES, M. Y. Maria Yedda Linhares. In: FERREIRA, M. M. **A história como ofício**: a constituição de um campo disciplinar. Rio de Janeiro: Ed. da FGV, 2013. p. 213-242. Entrevista.

LOBO, E. Eulália Lobo. In: FERREIRA, M. M. **A história como ofício**: a constituição de um campo disciplinar. Rio de Janeiro: Ed. da FGV, 2013. p. 243-262. Entrevista.

MACHADO DE ASSIS, J. M. **Memórias póstumas de Brás Cubas**. São Paulo: Penguin Classics; Companhia das Letras, 2014a.

MACHADO DE ASSIS, J. M. **O alienista**. São Paulo: Penguin Classics; Companhia das Letras, 2014b.

MAIO, M. C. O Projeto Unesco e a agenda das ciências sociais no Brasil dos anos 40 e 50. **Revista Brasileira de Ciências Sociais**, São Paulo, v. 14, n. 41, p. 141-158, out. 1999. Disponível em: <http://www.scielo.br/pdf/rbcsoc/v14n41/1756.pdf>. Acesso em: 16 abr. 2018.

MALERBA, J. Notas à margem: a crítica historiográfica no Brasil dos anos 1990. **Textos de História**, Brasília, v. 10, n. 1/2, p. 181-212, 2002. Disponível em: <http://periodicos.unb.br/index.php/textos/article/view/5943/4918>. Acesso em: 16 abr. 2018.

MARINO, I.; et al. Como contar a história da Covid-19? Reflexões a partir dos arquivos digitais no Brasil. **Esboços**, Florianópolis, v. 28, n. 48, p. 558-583, maio/ago. 2021.

MARTINS, E. de R. Conhecimento histórico e historiografia brasileira contemporânea. **Revista Portuguesa de História**, Coimbra, n. 42, p. 197-217, 2011. Disponível em: <https://digitalis-dsp.uc.pt/bitstream/10316.2/27928/3/RPH42_artigo11.pdf?ln=pt-pt>. Acesso em: 13 abr. 2018.

MARTINS, R. (Org.). **Sérgio Buarque de Holanda**: encontros. Rio de Janeiro: Beco do Azougue, 2009.

MARTIUS, K. F. P. von. Como se deve escrever a historia do Brazil. **Revista Trimensal de Historia e Geographia**, Rio de Janeiro, n. 6, p. 381-403, 1844. Disponível em: <https://drive.google.com/file/d/0B_G9pg7CxKSsd1RLQmlTT2k3QmM/view>. Acesso em: 5 abr. 2018.

MASSI, F. P. Brasilianismos, 'brazilianists' e discursos brasileiros. **Revista Estudos Históricos**, Rio de Janeiro, v. 3, n. 5, p. 29-44, 1990. Disponível em: <http://bibliotecadigital.fgv.br/ojs/index.php/reh/article/download/2293/1432>. Acesso em: 16 abr. 2018.

MONTEIRO, J. M. Caçando com gato: raça, mestiçagem e identidade paulista na obra de Alfredo Ellis Jr. **Novos Estudos Cebrap**, São Paulo, v. 1, n. 38, p. 79-88, mar. 1994. Disponível em: <http://novosestudos.uol.com.br/produto/edicao-38/>. Acesso em: 12 abr. 2018.

MONTEIRO, L. N. História da astronomia Guarani: as obras do padre jesuíta António Ruiz de Montoya e a tradução da cosmologia Guarani no século XVII. In: SEMINÁRIO NACIONAL DE HISTÓRIA DA CIÊNCIA E DA TECNOLOGIA, 13., 3-6 set. 2012, São Paulo. **Anais**... São Paulo: SBHC, 2012. Disponível em: <http://www.13snhct.sbhc.org.br/resources/anais/10/1344447513_ARQUIVO_TextoSBHC-enviado.pdf>. Acesso em: 4 abr. 2018.

MONTOYA, A. R. de. **Conquista espiritual feita pelos religiosos da Companhia de Jesus nas províncias do Paraguai, Paraná, Uruguai e Tape**. Tradução de Padre Arnaldo Bruxel. Porto Alegre: Martins Livreiro, 1985. (Coleção Obras Redivivas, v. 11).

MORAES, E. J. de. Modernismo revisitado. **Revista Estudos Históricos**, Rio de Janeiro, v. 1, n. 2, p. 220-238, 1988. Disponível em: <http://bibliotecadigital.fgv.br/ojs/index.php/reh/article/view/2165/1304>. Acesso em: 11 abr. 2018.

MOTA, C. G. (Org.). **Brasil em perspectiva**. São Paulo: Difel, 1968.

MOTA, C. G. **Ideologia da cultura brasileira**. São Paulo: Ática, 1977.

MOTTA, R. P. S.; REIS, D. A.; RIDENTI, M. (Org.) **A ditadura que mudou o Brasil** – 50 anos do golpe de 1964. Rio de Janeiro: Zahar, 2014.

MÜLLER, B. (Org.). **Marc Bloch, Lucien Febvre et les Annales d'Histoire Économique et Sociale:** correspondance. Paris: Librarie Arthème Fayanard, 1994. 3 v.

NABUCO, J. **A escravidão.** Recife: Fundaj; Massangana, 1988. (Abolição / Fundação Joaquim Nabuco, v. 9). Disponível em: <http://www.dominiopublico.gov.br/download/texto/jn000061.pdf>. Acesso em: 6 abr. 2018.

NAPOLITANO, M. **1964:** história do regime militar brasileiro. São Paulo: Contexto, 2014.

NICODEMO, T. L. Intelectuais brasileiros e a política de divulgação cultural do Brasil entre 1930-1950: primeiros apontamentos para o estudo do problema. **Dimensões:** Revista de História da UFES, v. 30, p. 110-132, 2013. Disponível em: <http://www.periodicos.ufes.br/dimensoes/article/viewFile/6147/4488>. Acesso em: 16 abr. 2018.

NICODEMO, T. L. Sérgio Buarque de Holanda e a dinâmica das instituições culturais no Brasil 1930-1960. In: MARRAS, S. (Org.). **Atualidade de Sérgio Buarque de Holanda.** São Paulo: Edusp, 2012. p. 109-132.

NICOLAZZI, F. F. **Um estilo de história:** a viagem, a memória, o ensaio: sobre Casa-Grande & Senzala e a representação do passado. São Paulo: Ed. da Unesp, 2011.

NOGUEIRA, M. A. **Joaquim Nabuco.** São Paulo: Brasiliense, 1987.

NORA, P. Entre mémoire et histoire: la problématique des lieux. In: NORA, P. (Dir.). **Les lieux de mémoire.** Paris: Gallimard, 1984. Tome 1: la république. p. XVII-XVIII.

NOVAIS, F. Fernando Novais: Braudel e a "missão francesa". **Estudos Avançados,** São Paulo, v. 8, n. 22, p. 61-66, set./dez. 1994. Entrevista. Disponível em: <http://www.scielo.br/pdf/ea/v8n22/14.pdf>. Acesso em: 12 abr. 2018.

NOVAIS, F. **Portugal e Brasil na crise do antigo sistema colonial** (1777-1808). 3. ed. São Paulo: Hucitec, 1985.

OFFENSTADT, N. **L'historiographie**. Paris: PUF, 2011.

OLIVEIRA, M. da G. Os sons do silêncio: interpelações feministas decoloniais à história da historiografia. **História da Historiografia**, Ouro Preto, v. 11, n. 28, 2018.

OLIVEIRA LIMA, M. de. Discurso de posse. **Academia Brasileira de Letras**, [1903]. Disponível em: <http://www.academia.org.br/academicos/oliveira-lima/discurso-de-posse>. Acesso em: 9 abr. 2018.

OLIVEIRA LIMA, M. de. **D. João VI no Brasil**. Rio de Janeiro: Toopbooks, 1996.

OLIVEIRA LIMA, M. de. **Formação histórica da nacionalidade brasileira**. 2. ed. Rio de Janeiro: Topbooks, 1997.

OLIVEIRA LIMA, M. de. Francisco Adolfo de Varnhagen, Visconde de Porto Seguro. **Revista do Instituto Histórico e Geográfico de São Paulo**, São Paulo, n. 13, p. 61-91, 1908.

PALLARES-BURKE, M. L. G. **Gilberto Freyre**: um vitoriano dos trópicos. São Paulo: Ed. da Unesp, 2005.

PARADISO, S. R. A demonização em *A conquista espiritual* (1639), de Antonio Ruiz de Montoya e na Festa de S. Lourenço (1587), de José de Anchieta. In: MAGALHÃES, A. C. M.; FERRAZ, E. B. S.; LEOPOLDO, R. N. (Org.). **O demoníaco na literatura**. Campina Grande: Eduepb, 2012. p. 199-214.

PEREIRA, M. H. de F.; SANTOS, P. A. C. dos. Odisseias do conceito moderno de história: Necrológio de Francisco Adolfo de Varnhagen, de Capistrano de Abreu, e O pensamento histórico no Brasil nos últimos cinquenta anos, de Sérgio Buarque de Holanda, revisitados. **Revista do Instituto de Estudos Brasileiros**, São Paulo, n. 50, p. 27-78, mar. 2010. Disponível em: <http://www.revistas.usp.br/rieb/article/view/34649/37387>. Acesso em: 9 abr. 2018.

PEREIRA, M. H. de F.; SANTOS, P. A. C. dos; NICODEMO, T. L. Brazilian Historical Writing in Global Perspective: on the Emergence of the Concept of "Historiography". **History and Theory**, v. 54, p. 84-104, Dec. 2015.

PEREIRA, M. H. de F. Historiografias periféricas em perspectiva global ou transnacional: eurocentrismo em questão. **Revista Estudos Históricos**, Rio de Janeiro, v. 30, n. 60, p. 161-186, jan./abr. 2017. Disponível em: <http://bibliotecadigital.fgv.br/ojs/index.php/reh/article/view/65456/65427>. Acesso em: 16 abr. 2018.

PERICÁS, L. B. **Caio Prado Júnior**: uma biografia política. ão Paulo: Boitempo, 2016.

PITTA, S. da R. **Historia da America portugueza**: desde o anno de mil e quinhentos do seu descobrimento até o de mil e setecentos e vinte e quatro. Bahia: Imprensa Economica, 1878. (Coleção de obras relativas á historia da capitania depois província da Bahia). Disponível em: <http://objdigital.bn.br/acervo_digital/div_obrasgerais/drg1314300/drg1314300.pdf>. Acesso em: 4 abr. 2018.

PRADO, A. A. **Dois letrados e o Brasil nação**: a obra crítica de Oliveira Lima e Sérgio Buarque de Holanda. São Paulo: Ed. 34, 2015.

PRADO JÚNIOR, C. **Formação do Brasil contemporâneo.** São Paulo: Brasiliense, 1994.

PRADO, P. **Retrato do Brasil**: ensaio sobre a tristeza brasileira. São Paulo: Companhia das Letras, 2012.

PROST, A. **Douze leçons sur l'histoire**: édition augmentée. Paris: Gallimard, 2010.

RAGO, M. A "nova" historiografia brasileira. Anos 90, Porto Alegre, v. 7, n. 11, p. 73-96, jul, 1999. Disponível em: <http://www.seer.ufrgs.br/index.php/anos90/article/view/6543/3895>. Acesso em: 16 abr. 2018.

REIS, J. C. **As identidades do Brasil**: de Calmon a Bonfim. Rio de Janeiro: Ed. da FGV, 2006. v. 2.

REIS, J. C. **As identidades do Brasil**: de Varnhagen a FHC. Rio de Janeiro: Ed. da FGV, 1999. v. 1.

REVISTA do Instituto Historico e Geographico do Brazil. Rio de Janeiro, n. 1, 1839. Disponível em: <https://drive.google.com/file/d/0B_G9pg7CxKSsNnh2dFVNTkhxclU/view>. Acesso em: 5 abr. 2018.

RICOEUR, P. **A memória, a história, o esquecimento.** Campinas: Ed. da Unicamp, 2007.

RODRIGUES, J. H. **A pesquisa histórica no Brasil.** São Paulo: Companhia Editora Nacional, 1978a.

RODRIGUES, J. H. **História da história do Brasil.** São Paulo: Companhia Editora Nacional; Brasília: INL, 1979. 1° parte: A historiografia colonial. (Brasiliana: Série Grande Formato, v. 21).

RODRIGUES, J. H. Os estudos brasileiros e os "brazilianists". **Revista de História**, São Paulo, v. 54, n. 107, p. 189-219, 1976. Disponível em: <https://www.revistas.usp.br/revhistoria/article/view/105687/104421>. Acesso em: 17 abr. 2018.

RODRIGUES, J. H. Prefácio. In: ABREU, J. C. de. **Capítulos de história colonial (1500-1800) & Os caminhos antigos e o povoamento do Brasil**. 5. ed. Brasília: Ed. Univ. de Brasília, 1963. p. 5-17.

RODRIGUES, J. H. **Teoria da história do Brasil**. 5. ed. São Paulo: Companhia Editora Nacional, 1978b.

RODRIGUES, L. S. Armadilha à francesa: homens sem profissão. **História da Historiografia**, Ouro Preto, n. 11, p. 85-103, abr. 2013. Disponível em: <https://www.historiadahistoriografia.com.br/revista/article/view/539/347>. Acesso em: 12 abr. 2018.

ROIZ, D. **Os caminhos (da escrita) da história e os descaminhos de seu ensino**. Curitiba: Appris, 2012.

SANTOS, C. C. S.; VALLE, R. M. Introdução. In: GANDAVO, P. de M. **História da Província Santa Cruz**. São Paulo: Hedra, 2008. p. 1-11.

SCHWARCZ, L. M.; STARLING, H. **Brasil**: uma biografia. São Paulo: Companhia das Letras, 2015.

SCHWARTZ, S. B. **A América Latina na época colonial**. Rio de Janeiro: Civilização Brasileira, 2002.

SCHWARZ, R. **Um mestre na periferia do capitalismo**: Machado de Assis, São Paulo, Duas Cidades, 1990.

SCHWARTZMAN, S. **Formação da comunidade científica no Brasil**. São Paulo: Companhia Editora Nacional, 1979.

SILVA, H. R. da. "Rememoração"/Comemoração: as utilizações sociais da memória. **Revista Brasileira de História**, São Paulo, v. 22, n. 44, p. 425-438, 2002. Disponível em: <http://www.scielo.br/pdf/rbh/v22n44/14006.pdf>. Acesso em: 16 abr. 2018.

SILVA, H. R. da. (Org.). **Circulação das ideias e reconfiguração dos saberes**. Blumenau: Edifurb, 2014.

SKIDMORE, T. E. **Brasil:** de Getúlio Vargas a Castelo Branco, 1930-1964. 7. ed. Rio de Janeiro: Paz e Terra, 1982.

SOUTOU, G. H.; MARIN, S.-A (Dir.). **Henri Hauser (1866-1946):** humaniste, historien, républicain. Paris: Presses de l'Université Paris-Sorbonne, 2006.

SOUZA, G. S. de. **Tratado descriptivo do Brasil em 1587.** Rio de Janeiro: Typographia Universal de Laemmert, 1851. Disponível em: <https://digital.bbm.usp.br/bbd/handle/1918/01720400>. Acesso em: 4 abr. 2018.

SOUZA, L. de M. e. Aspectos da historiografia da cultura sobre o Brasil colonial. In: FREITAS, M. C. de (Org.). **Historiografia brasileira em perspectiva.** Rio de Janeiro: Contexto, 1998. p. 17-38.

SOUZA, L. de M. e. Prefácio. In: HOLANDA, S. B. de. **Monções.** São Paulo: Companhia das Letras, 2014. p. 15-37.

STERN, S. J. Paradigma da conquista, história, historiografia e política. In: BONILLA, H. (Org.). **Os conquistados.** 1492 e a população indígena das Américas. São Paulo: Hucitec, 2006. p. 27-66.

TURIN, R. **Tessituras do tempo:** discurso etnográfico e historicidade no Brasil oitocentista. Rio de Janeiro: Eduerj, 2013.

UFF – Universidade Federal Fluminense. **Anais do 1º Encontro Brasileiro sobre Introdução ao estudo da História.** Niterói: Instituto de Ciências Humanas e Filosofia, 1970.

VAINFAS, R. História cultural e historiografia brasileira. **História: Questões & Debates,** Curitiba, v. 50, n. 1, p. 217-235, jan./jun. 2009. Disponível em: <http://revistas.ufpr.br/historia/article/view/15676/10417>. Acesso em: 16 abr. 2018.

VARNHAGEN, F. A. de. **História geral do Brasil.** Belo Horizonte: Itatiaia, 1981.

VELLOSO, M. P. **História & modernismo**. Belo Horizonte: Autêntica, 2010.

VIANA, E. Eremildo Viana. In: FERREIRA, M. M. **A história como ofício**: a constituição de um campo disciplinar. Rio de Janeiro: Editora FGV, 2013. p. 201-212. Entrevista.

VIANNA, O. **Evolução do povo brasileiro**. 3. ed. Rio de Janeiro: Companhia Editora Nacional, 1938.

VICENTE DO SALVADOR. **História do Brasil (1500-1627)**. 1. ed. Rio de Janeiro: Fundação Darcy Ribeiro, 2013. (Coleção Biblioteca Básica Brasileira, v. 16). Disponível em: <http://www.fundar.org.br/bbb/index.php/project/historia-do-brasil-1500-1627-frei-vicente-do-salvador/>. Acesso em: 4 abr. 2018.

VIDAL-NAQUET, P. **Os assassinos da memória**: "um Eichmann de papel" e outros ensaios sobre o revisionismo. Campinas: Papirus, 1988.

WALLENSTEIN, J. H. de. Memória sobre o melhor plano de se escrever a história antiga e moderna do Brazil segundo a proposição do Instituto Historico e Geografico Brasileiro. **Revista Trimensal do Instituto Historico Geográfico e Ethnographico do Brasil**, Rio e Janeiro, n. 45, v. 1, p. 159-160, 1882. Disponível em: <https://drive.google.com/file/d/0B_G9pg7CxKSsRzFMU0dKUXBGa28/view>. Acesso em: 5 abr. 2018.

WALLERSTEIN, I. M. **O sistema mundial moderno**. Porto: Afrontamentos, 1974.

WEGNER, R. Um modernista na universidade. In: EUGÊNIO, J. K.; MONTEIRO, P. M. (Org.). **Sérgio Buarque de Holanda**: perspectivas. Campinas: Ed. da Unicamp, 2008. p. 481-501.

WEHLING, A. Arno Wehling. In: FERREIRA, M. M. **A história como ofício**: a constituição de um campo disciplinar. Rio de Janeiro: Ed. da FGV, 2013. p. 419-438. Entrevista.

WEINSTEIN, B. Sou ainda uma *Brazilianist*? **Revista Brasileira de História**, São Paulo, v. 36, n. 72, p. 195-217, maio/ago. 2016. Disponível em: <http://www.scielo.br/pdf/rbh/v36n72/1806-9347-rbh-2016v36n72_011.pdf>. Acesso em 16 abr. 2018.

WESTPHALEN, C. M; MEQUELUSSE, J. Estado atual da pesquisa histórica no Brasil: mesa-redonda por ocasião da XXIII Reunião Anual da Sociedade Brasileira para o Progresso da Ciência (SBPC-ANPUH). **Revista de História**, São Paulo, v. 43, n. 88, p. 353-368, 1971. Disponível em: <http://www.revistas.usp.br/revhistoria/article/view/131108/127543.>. Acesso em: 16 abr. 2018.

WHITE, H. V. **Meta-história**: a imaginação histórica do século XIX. 2. ed. São Paulo: Edusp, 1995.

Bibliografia comentada

Nesta seção, indicamos trabalhos que procuram dar conta da historiografia brasileira e de sua história de maneira abrangente. Alguns dos materiais apresentados serviram de base para a produção deste livro. Na seleção das indicações, consideramos tanto o caráter documental quanto a atualização dos estudos sobre historiografia que os textos apresentam.

GUIMARÃES, M. L. S. **Livro de fontes de historiografia brasileira**. Rio de Janeiro: Eduerj, 2010.

Este livro compila alguns textos fundadores da historiografia brasileira produzidos no século XIX e publicados na *Revista do Instituto Histórico e Geográfico Brasileiro* (RIHGB). Esses documentos se propunham a ser modelos de escrita da história do Brasil, adequados à demanda de afirmação do Estado nacional sob a Monarquia, e disputavam entre si a hegemonia como escrita oficial da história do Brasil. Um dos objetivos da coletânea é justamente indicar a existência dessas disputas, a despeito de uma memória consagrada em torno do modelo hegemônico – representado por Varnhagen. Entre os registros, encontramos o discurso de inauguração do Instituto

Histórico e Geográfico Brasileiro (IHGB), por Januário da Cunha Barbosa, em 1839, e o Parecer acerca das memórias sobre o modo pelo "qual se deve escrever a história do Brasil", ata de reunião publicada em 1869 na RIHGB.

IGLÉSIAS, F. **Historiadores do Brasil**: capítulos de historiografia brasileira. Rio de Janeiro: Nova Fronteira, 2000.

Escrita nos anos 1980 e 1990, mas publicada postumamente, essa história da historiografia brasileira de Francisco Iglésias, da Universidade Federal de Minas Gerais (UFMG), contempla os principais nomes que versaram sobre a história do Brasil do período colonial até a década de 1980. Com prosa leve e ritmada, a obra de Iglésias conduz o leitor de forma agradável por cerca de 400 anos de historiografia, de Pero Magalhães Gandavo a Fernando Novais, sem adotar muitos recursos do estilo acadêmico. O inconveniente é que, por vezes, o texto demonstra uma atitude normativa, algo honoriana – em referência a José Honório Rodrigues –, de definir o que é ou não é historiografia, o que hoje é discutível.

LAPA, J. R. do A. **A história em questão**: historiografia brasileira contemporânea. Petrópolis: Vozes, 1976.

O livro de José Roberto do Amaral Lapa, da Universidade de Campinas (Unicamp), representa um documento muito importante do estado da historiografia brasileira nos anos 1970. O autor analisou quantitativa e qualitativamente as teses defendidas na Universidade de São Paulo (USP) a fim de evidenciar as mudanças e os deslocamentos nos padrões da historiografia brasileira, que, aos poucos, voltava-se para o estudo de períodos mais recentes, como o Império e a República, bem como se encontrava mais próxima da sociologia. Ao fim do volume, Lapa elaborou um programa "para uma história da historiografia brasileira", que começava a se esboçar na época de publicação da obra como campo de estudos relativamente específico.

NEVES, L. M. B. P. das et al. (Org.). **Estudos de historiografia brasileira.** Rio de Janeiro: Ed. da FGV, 2011.

Esse livro reúne artigos de pesquisadores do campo de estudos historiográficos. Divide-se em cinco partes: "Horizontes de investigação", "Fundações da história do Brasil", "Escrita da história e construções identitárias", "Memórias, trajetórias e instituições" e "Os usos da biografia". A parte relativa às "Memórias, trajetórias e instituições" é particularmente interessante, sobretudo em relação aos conteúdos trabalhados em nosso livro, como a trajetória de Henri Hauser nos primórdios da universidade brasileira, a década de 1930 entre a história e a memória da historiografia e a invenção da moderna tradição historiográfica por José Honório Rodrigues.

NICOLAZZI, F. **História e historiadores no Brasil:** do fim do Império ao alvorecer da República (1870-1940). Porto Alegre: EdiPUCRS, 2015.

Essa obra traz textos de historiografia brasileira produzidos entre as três últimas décadas do século XIX e a primeira metade do século XX, todos comentados e contextualizados por pesquisadores contemporâneos. O livro se soma a um primeiro volume, *História e historiadores no Brasil: da América portuguesa ao Império do Brasil (1730-1860)*, organizado por Flavia Varella, Maria da Glória de Oliveira e Rebeca Gontijo. Ambos os volumes apresentam preciosidades, como a produção letrada dos anos setecentos, da Academia Brasílica dos Esquecidos e dos Renascidos (1759), ou a conferência de Alcides Bezerra, *Os historiadores do Brasil no século XIX*, publicada como separata do Relatório Anual da Diretoria do Arquivo Nacional, de 1926, órgão que Fernando Nicolazzi dirigia desde 1922.

REIS, J. C. **As identidades do Brasil**: de Varnhagen a FHC. Rio de Janeiro: Ed. da FGV, 1999. v. 1.

José Carlos Reis escreveu um dos livros mais populares nos cursos de graduação em História, o qual, não raro, está presente nas bibliografias das disciplinas de Historiografia Brasileira. Na produção deste livro, recorremos algumas vezes à obra de Reis. Tratando desde a história nacional do IHGB até a Escola Paulista de Sociologia, de Florestan Fernandes e Fernando Henrique Cardoso, o autor examina criticamente as obras que interpretaram o Brasil sob pontos de vista políticos diversos, conservadores ou revolucionários. Os historiadores e outros intelectuais discutidos por Reis extrapolaram largamente o ambiente acadêmico e fizeram com que suas interpretações fossem conhecidas em nossa cultura histórica, orientando, nas esferas identitária e política, os cidadãos brasileiros. Por isso, a chave de leitura da obra está concentrada na relação estabelecida pelos intérpretes com o tempo brasileiro. Há dois outros volumes que completam a obra, *De Calmon a Bonfim* e *De Carvalho a Ribeiro*, este último de 2017.

RODRIGUES, J. H. **História da história do Brasil**. São Paulo: Companhia Editora Nacional; Brasília: INL, 1979. 1ª parte: A historiografia colonial. (Brasiliana: Série Grande Formato, v. 21).

Ainda que brevemente, já abordamos aqui parte da obra de José Honório Rodrigues, mas sua centralidade como pioneiro nas matérias de teoria, metodologia e história da historiografia merece ser mais uma vez lembrada. O projeto de história da história, iniciado em 1978 com *A historiografia colonial*, era publicar três volumes. Porém, o segundo saiu postumamente, sob os cuidados de sua esposa, Lêda Boechat Rodrigues, em 1988, e tratava da historiografia conservadora. O terceiro volume, sobre historiografia e ideologia, anunciado no prefácio do primeiro volume, nunca chegou a ser publicado. O grande objetivo de Rodrigues para sua coleção era a revisão do conservadorismo na historiografia brasileira, visto por ele como o maior problema nessa área. Além disso, os três volumes comporiam, retrospectivamente, a parte de historiografia do projeto "teoria, pesquisa, historiografia", iniciado em 1949 com a *Teoria da história do Brasil* e continuado em *A pesquisa histórica no Brasil*, de 1952.

Respostas

Capítulo 1

Atividades de autoavaliação
1. d
2. d
3. b
4. b
5. a

Atividades de aprendizagem

Questões para reflexão
1. Ambas as questões são de caráter reflexivo em torno das relações entre passado e presente, suas continuidades e suas rupturas.

Capítulo 2

Atividades de autoavaliação
1. c
2. b

3. d
4. a
5. c

Atividades de autoaprendizagem

Questões para reflexão

1. Por meio de uma análise comparativa entre as concepções de Martius e de Varnhagen, é possível perceber a inclinação para a questão civilizacional em Martius (compreendendo as três raças) e a predileção de Varnhagen pela história político--diplomática. Em ambos os casos, há a prevalência do elemento colonizador branco sobre os demais grupos étnicos.
2. No período analisado, a história produzida no IHGB servia como forma de legitimação do Estado nacional sob a Monarquia.

Capítulo 3

Atividades de autoavaliação

1. c
2. d
3. a
4. b
5. b

Atividades de aprendizagem

Questões para reflexão

1 e 2. Ambas as questões têm caráter reflexivo, voltadas para a comparação entre o passado e o presente quanto às práticas e às funções do ofício de historiador.

Capítulo 4
Atividades de autoavaliação
1. d
2. a
3. c
4. b
5. b

Atividades de aprendizagem

Questões para reflexão
1. Pela compreensão dos contextos global e nacional, percebe-se a relação que cada uma das obras estabeleceu com o tempo histórico, como o conservadorismo de Oliveira Vianna, o saudosismo de Gilberto Freyre, o pessimismo de Paulo Prado, o progressismo de Sérgio Buarque de Holanda e o *télos* revolucionário de Caio Prado Júnior.
2. Por meio da análise da crítica à democracia de fachada que o autor aponta, é possível refletir sobre o passado e o presente da historiografia brasileira.

Capítulo 5
Atividades de autoavaliação
1. c
2. b
3. d
4. c
5. a

Atividades de aprendizagem

Questões para reflexão
1. De acordo com as amplas transformações ocorridas nos contextos entre a história do IHGB e a universitária, percebe-se que a autonomia em relação ao poder político era bem maior no segundo caso (embora não fosse total), mais comprometida com a produção científica e com a modernização.
2. Em relação à UDF e à USP, entre outros fatores, os contextos nacional e regional têm grande peso: o fechamento do regime de Getúlio Vargas solapa o projeto de autonomia universitária da UDF, ao passo que a USP contava com apoio das elites paulistas.

Capítulo 6

Atividades de autoavaliação
1. d
2. a
3. b
4. c
5. c

Atividades de aprendizagem

Questões para reflexão
1. A historiografia brasileira nos anos 1980 e 1990 se voltou para o estudo das minorias, dos marginalizados etc. Desse modo, ela oferece uma série de reflexões sobre esses temas, que podem orientar a visão do passado e do presente.
2. Pela observação da crítica de Malerba à suposta inflação da referência foucaultiana na historiografia brasileira realizada pela autora, é possível comparar as duas concepções e destacar suas proximidades e seus afastamentos.

Sobre os autores

Helder Silva Lima é mestre em História pela Universidade Federal do Paraná (UFPR), com pesquisa sobre "Tempo e historicidade em *Os sertões*, de Euclides da Cunha" (2013). Atualmente, é palestrante e escreve artigos sobre cultura popular e cultura folclórica. Além disso, está desenvolvendo sua nova pesquisa, cujo tema é Sertão de Canudos, Antonio Conselheiro e o livro do Evangelho na conjectura da emergência do anticristo no final do século XIX.

José Adil Blanco de Lima é doutor em História Social pela Universidade de São Paulo (USP), mestre em História pela Universidade Federal de Juiz de Fora (UFJF) e bacharel em História pela Universidade Federal do Paraná (UFPR). Tem experiência em pesquisa nas áreas de história da historiografia, historiografia brasileira, historiografia francesa e teoria de metodologia da história.

Raphael Guilherme de Carvalho é doutor em história pela Universidade Federal do Paraná (UFPR) com estágio doutoral no Institut d'Histoire du Temps Présent (IHTP). Recebeu menção honrosa no prêmio Capes de Teses de 2018. Realizou pós-doutorado no Instituto de Estudos Brasileiros da Universidade de São Paulo (IEB/USP) e no mesmo IHTP. Autor de *Sérgio Buarque de Holanda, escrita de si e memória (1969-1986)* (Ed. UFPR, 2021).

Obras de referência para a composição da capa

AMÉRICO, Pedro. **Independência ou morte (O grito do Ipiranga)**. 1888. Óleo sobre tela: color.; 415 × 760 cm. Museu Paulista, São Paulo.

CALIXTO, Benedito. **Proclamação da República**. 1893. Óleo sobre tela: color.; 123,5 × 200 cm. Pinacoteca Municipal de São Paulo.

DEBRET, Jean-Baptiste. **Carregadores de café a caminho da cidade**. 1826. Aquarela sobre papel: color.; 15,9 × 21,8 cm. Museus Castro Maya – IPHAN/MinC, Rio de Janeiro.

DEBRET, Jean-Baptiste. **Estudo para sagração de Dom Pedro**. [s.d.]. Óleo sobre tela: color.; 43 × 63 cm. Museu Nacional de Belas Artes, Rio de Janeiro.

DEBRET, Jean-Baptiste. **Pequena moenda para fazer caldo de cana**. 1822. Aquarela sobre papel: color.; 17,60 × 24,50 cm. Museus Castro Maya – IPHAN/MinC, Rio de Janeiro.

RUGENDAS, Johann Moritz. **Jogar capoeira ou danse de la Guerre**. 1835. Litografia.

SILVA, Henrique José da. **D. Pedro I aos 26 anos**. 1824. Óleo sobre tela: color. Museu Imperial, Rio de Janeiro.

SILVA, Oscar Pereira da. **Desembarque de Pedro Álvares Cabral em Porto Seguro em 1500**. 1922. Óleo sobre tela: color.; 190 × 333 cm. Museu Paulista, São Paulo.

Impressão:
Agosto/2023